KB071391

풍류정신의 사람,
김범부의 생각을 찾아서

이 도서의 국립중앙도서관 출판시도서목록(CIP)은 서지정보유통지원시스템 홈페이지(http://seoji.nl.go.kr)와 국가
자료공동목록시스템(http://www.nl.go.kr/kolisnet)에서 이용하실 수 있습니다. (CIP제어번호 : CIP2013013100)

풍류정신의 사람,

김범부의
생각을 찾아서

김범부 지음 I 김정근 풀어씀

한울
아카데미

【 차례 】

【 김범부 사진 】

◀ 다솔사 시절의 범부

해방 직후의 범부 ▶
(앞줄 두루마기 차림이
범부이고, 범부의 왼쪽에
범산 김법린이 서 있다)

◀ 서울 수유동 독립유공자 묘역의 범부 묘소

【 김범부 저서 】

◀ 『화랑외사』 (이문출판사, 1981)

『풍류정신』 (정음사, 1986) ▶

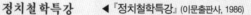

◀ 『정치철학특강』 (이문출판사, 1986)

『범부 김정설 단편선』 (최재목, 정다운 엮음, 선인, 2009) ▶

상실된 '고향 찾기'에 헌신한 사상가, 범부 김정설을 말한다

책 속에 묻혀 있던 명언들

"한대·온대가 지구 자체만의 한대·온대는 아니다. 이것은 전 태양계와 관련된 약속이다. …… 이 지상에서 일주일야一晝一夜가 있는 것은 우주적 일대 조화의 원칙에서 그렇게 되어야 할 원리가 있는 것이다."

"조선의 겨레는 물동이의 모성母性과 밥상의 부성父性, 이 양친兩親의 자손 子孫임에 틀림없다."

"언어란 소리로 들을 수 있는 생각이다."

모두 아름답고 사려 깊은 언어다. 누가 한 말일까? 범부凡父 김정설金 鼎卨, 일명 김기봉(金基鳳)이란 분의 글에 나오는 명구다. 이런 범부의 명언 과 명구들, 그리고 그 밑에 묻힌 사상들을 우리는 기념해주지 못하고 있었다. 세월 속에 묻어두고 있었다. 하지만 최근 학계는 물론 사회에서도 범부에 대한 관심이 높아지면서 그에 대한 평가가 새롭게 이루어지고 있다. 사후 40여 년 만이다. 이제 범부 사상을 전문적으로 연구하고 토론하는 '범부연구회'도 결성되었다.

최근에 이르기까지 거의 잊혔다가 다시 주목받기 시작한 범부. '경주가 낳은 사상가', '천재적 인물', '기인', '이인' 등 여러 가지 말로 사람들의 기억 속에서 회상되어 오긴 했지만, 그의 진면목은 거의 베일에 가려져 있었다.

범부, 그는 누구인가?

범부는 점필재 김종직의 15대손으로 1897년 2월 18일 경주부 북부동에서 김임수의 장남으로 출생하여, 4세부터 13세까지 지역의 명유名儒인 김계사에게 한문과 사서삼경이른바 칠서(七書) 등을 수학했다. 이후 많은 학술 및 사회 활동을 했고, 1966년 12월 10일 향년 70세에 간암으로 세상을 떠났다.

범부 김정설. '범부'는 호이고 '정설'은 이름이다. 보통 성과 호를 합하여 '김범부'라 부른다. 범부란 무엇인가? 자칫하면 '범부'를 '범인凡人' 혹은 '모든 이들의 아버지'로 읽는 수가 있는데, 이것은 오해이다. '父' 자는 원래 '아버지'라는 뜻 외에 '남성'을 가리키는 말로 '보'로도 읽는다. 범부는 자신을 낮추어 '그저 평범한 남자'라는 겸양어로 '凡父범보'라는 말을 호로 썼다고 한다. 그런데 주변 사람들이 자꾸 '범보'를 '범부'라 부르다보니 그만 그렇게 되어버렸다는 것이다. 여기서도 그냥 '범부'로 부르기로 한다.

김범부의 이력은 아직 불충분한 점들이 많아 확정하기에 한계가 있다. 지금까지 밝혀진 주요 사항만 나열하면 이렇다.

범부는 1897년 경상북도 경주에서 태어나 김계사에게 수학한 후, 백산상회 장학생으로 일본에 건너갔다. 일본 각지 유명 대학에서 선진 학술과 외국어를 수학한 후, 귀국하여 8·15 광복까지 경상남도 사천의 다솔사 등 산사를 찾아다니며 불교철학 및 동방사상 연구, 강의에 몰두했다.

1950년 제2대 국회의원 선거 때 부산 동래에서 당선되었고, 이후 경주 '계림학숙일반적으로 계림대학으로 불림'의 학장을 지냈다.

1958년 건국대학교에서 '정치철학강좌'를 담당하고 이와 동시에 같은 대학에 부설된 '동방사상연구소' 소장으로 취임, 역학·음양론·오행사상 등을 다루는 '동방학강좌'를 시작했다. 이때에 범부는 '동방학 방법론'을 제창한다. 그의 동방학은 기존의 동양학과는 다른 독창적인 것이었다.

1961년 박정희를 중심으로 한 5·16 군사정변 직후, 한때 '오월동지회' 부회장회장은 박정희 국가재건최고회의 의장을 지내기도 했다. 그는 여러 형태로 박정희와 대화하며 사회의 원로로서 자문 역할을 하는 가운데, 국가 재건에 필요한 새마을운동, 국민윤리, 풍류도風流道 = 국풍(國風) = 화랑도(花郎道) 확립을 건의한 것으로 알려진다. 아울러 범부는 '민족적 민주주의'라는 것을 주창했다. 또 그는 국민정신 개조를 위해서 불가피하게 '군인정치'의 필요성을 옹호했던 것으로 보인다.

범부가 생각한 화랑은 강력한 육체적 힘과 탁월한 재주를 지닌 사람이다. 범부가 지은 『화랑외사』에 실린 「화랑가」1948년에 구술의 " ……

화랑이 피어 나라가 피어 / 화랑의 나라 영원한 꽃을 // 말은 가자고 굽을 쳐 울고 / 칼은 번뜩여 번개를 치네 // …… 장부의 숨결이 시원하고나"라는 구절을 보면, 범부는 화랑을 '꽃'과 '칼'이 결합하고 그것을 지탱하는 '장부'라는 건장한 신체를 가진 사람으로 보고 있다. 다시 말해서 칼과 꽃을 겸비한, '신체적으로 강하면서도 내면적으로 심성이 아름다운', 이상적인 '국민적 신체상'으로 연결되기에 충분한 인물상이었다. 그리하여 범부의 사상은 1960년대 이후 박정희 군사정권의 '조국 근대화' 논리를 뒷받침하는 강력한 이데올로기로 작동하게 되었다. 이러한 사실은 1976년 박정희가 직접 작사 · 작곡한 노래, 「나의 조국」의 "삼국 통일 이룩한 화랑의 옛 정신을 오늘에 이어받아 새마을 정신으로 영광된 새 조국의 새 역사 창조하여"라는 대목에서 엿볼 수 있다.

화랑에 대한 범부의 생각을 좀 더 들어보자. 범부는 『국민윤리특강』에서 화랑의 세 요소를 다음과 같이 피력한다.

이 화랑을 진정하게 인식을 하려면 화랑정신 가운데 세 가지 요소를 먼저 규정하고 그 규정 밑에서 이 화랑정신을 살펴야 화랑의 전모를 관찰할 수 있습니다. 그 세 가지는 무엇이냐 하면, 첫째는 '종교적 요소'입니다. 둘째는 '예술적 요소'입니다. 셋째는 '군사적 요소'입니다. 그런데 일반적으로 화랑에 대한 상식은 대개 어떠한 관념으로 규정되어 있느냐 하면 군사 면에 치중되고, 종교 면과 예술 면을 결여하고 있습니다. (현대적 문투로 약간 고침)

화랑 연구는 북한보다는 남한에서 보다 활발히 진행되었다. 1920년대 민족주의 사학자들은 민족운동의 일환으로 우리 민족의 정치적 우월성을 강조하기 위해 화랑에 관심을 가졌다. 반면 일제 시기 식민주의

사학자들은 화랑을 일본의 무사도와 관련시켜, 남방문화에서 기원한 것으로 보고 이를 원시공동체사회의 전사집단으로 보았다.

하지만 범부는 화랑의 세 가지 요소를 ① 무속적종교적 → ② 예술적심미적 → ③ 군사적상무적이라는 순서로 이야기하고, 오히려 ①과 ②를 중시하며, 이 세 요소가 화랑도에는 모두 구비된 것으로 주장한다. 이것은 종래 연구자들이 화랑도를 무사도로 등식화해온 왜곡된 흐름, 그리고 1950년대 당시 화랑이 단지 군인의 상무정신을 고취시키는 수단으로 자리 잡아가던 추세에 대한 범부의 이의 제기이자 교정이었다.

수운 최제우가 경주를 동방의 왕도王都로 보았듯이, 범부도 풍류도로서의 '동학'이 기원한 장소인 경주를 '신도성시정신神道盛時精神', 즉 '신도神道 = 샤머니즘 = 무속가 번성했던 시기의 정신'이 살아 있는 곳으로 적극 평가한다. 이는 동학을 풍류도의 정통으로서 평가하는 하나의 주요한 배경이 된다. 범부는 서방서양에 대칭되는 지역으로 동방이란 개념을 사용하는데, 여기에는 한국도 포함되며, 이를 한국문화 사상의 바탕이 되는 개념으로 보았다.

범부는 동방문화의 바탕이 되는 것을 '신도'로 파악했다. 다른 말로 하면 동방문화는 풍류도 = 화랑도 = 국풍이다. 범부는 3,000~4,000년 전 몽골계의 고대문화와 공통성을 가진 사상즉 동방사상으로서의 '신도사상'이었던 '샤머니즘 = 무속 → 만신(萬神) = 신선(神仙)'의 정신이 신라에서 다시 융성하여 '나라의 샤먼'인 '화랑花郎의 도화랑도 = 국선國仙의 도국선도, 선도(仙道) = 풍류도'가 독창적으로 성립했다고 본다. 화랑은 기본적으로 샤먼, 신관神官인 것이다. 화랑의 지위는 당시 사회에서 최고위였고, 그들의 습속이었던 화랑도가 풍류도로서 '국교'였는데, 줄여서 '국풍'이라고도 불렀다.

범부는 이와 같은 풍류라는 '도道'의 흐름맥락, 즉 '풍류도통風流道統' 속에 동학을 위치시킨다. 범부의 이러한 시도는 사상사적으로 매우 독창적인 것이다. 동학과 수운에 대한 주목의 근저에는 범부가 지향했던 '천인묘합天人妙合, 하늘과 사람이 신묘하게 합일하는 것 = 터지는融通透徹 멋 = 풍류 = 제작 = 사우 맞음'이라는 '풍류도적 시점'이 자리한다.

이처럼 그는 경주, 화랑, 풍류와 풍류정신, 신라 정신사의 의미를 근현대기에 새롭게 재발굴하고, 그것을 우리의 에토스로서 확정하여 '동방학'이라 명명한 선각자다. 범부는 한국 국민의 정신사적 '기억'을 형식적 기둥으로 세우고, 고대에서 현대에 이르는 시간 전체를 거실내용의 '폭로 삼았다. 말하자면 한국인의 한국인다운 정신적 '경계선 = 국경'과 '국토'를 설정한 것이다. 이를 통해 우리의 언어·문화·습관을 공유하는 이른바 '한국적' 사상·정신의 독자적 문화영역이 마련된다. 이것이 그가 주창한 동방학의 의의이다. 범부의 '동방'이란 개념은 넓게는 '중국, 한반도, 일본을 포괄하는 동아시아'를 말한다. 하지만 그 초점은 항상 '한반도의 땅과 사람과 사물'에 있었다.

범부가 세상을 떠나자 서정주는 그를 위한 조시弔詩에서, '신라의 제주祭主'라는 표현을 썼다. 제주란 '제사를 주관하는 사람'이다. 보통 집안의 맏아들이 이 역할을 하는데, 실제 범부는 신라·신라정신을 추모하는 데 제주 역할을 했다. 이렇게 그는 재야 이데올로그로서 박정희 정권 초기 국가재건에 필요한 사상과 정신을 '안출案出', '천명闡明'하고, 새로운 감각의 스토리텔링을 제공하는 역할을 했다.

범부는 1963년 박정희 정권이 출범하기까지, 이른바 '혁명정권'에 자신이 이상으로 추구했던 '신생국가', '건국'의 성공을 기대했다. 하지만 세상을 떠나기 전 해인 1965년당시 69세에 쓴 「우리는 경세가를 대망한다」에서 그는 난국을 이렇게 '한탄'한다.

> 금일의 한국은 과연 말 그대로 전에 없었던 난국에 처한 형편이다. ……
> 이렇게도 비상한 난국에 신생국가로서 건국기인 지금, 한 사람의 경세가가
> 보이지 않는 것을 한탄한다. (현대적 문투로 약간 고침)

범부는 박정희 정권이 출범하면서부터 생겨난 정치적 난국을 응시하고 있었다. 어떻게 하면 이 민족도 남과 같이 잘 살게 될 것인가를 평생의 과제로 삼았던 범부. 박정희 정권이 그가 바라던 그런 이상적인 방향으로 향해 가고 있지 않음을 그는 직감했다. 불행하게도 범부는 박정희 정권의 타락의 과정을 더 지켜보지 못하고 새로운 경세가를 '대망'하면서 1966년 70세의 나이로 세상을 떠난다.

토종 사상가

범부는 효당 최범술, 범산 김법린과 함께 3범범부 · 범술 · 범산으로 불리기도 한다. 또한 범부는 한시漢詩에도 조예가 깊었다. 범부는 4세에서 13세까지 한학자 김계사 문하에서 공부한 것 외에는 '정식 학력'이 없다. '순치馴致에 대한 저항으로서 교실을 벗어나서 독학 · 청강의 길'을 걸은 '순전한 토종 사상가', '지조 있는 토종 학력'인 것이다.

범부는 '천재적 재능'을 지녔을 뿐만 아니라 '대단한 독서력'으로도 유명했다. 평소 하루에 30여 권, 한 달에 1,000여 권의 독서를 하던 '천하에 제일가는 독서가'로 알려져 있다. 이렇게 '끊임없이 책장을 넘기던'

데서 습득된 그의 광범위한 지식을 소화·숙성한 학술 및 이론 체계의 구상은 평소 주로 '메모'로 만들어졌고, 이를 토대로 강의·강연·강좌가 이루어졌다. 이러한 지知의 습득과 디자인 기법을 통해 범부의 독창적인 '동방학'이 탄생했다.

아울러 지금 알려진 그의 저술은 대부분 그가 구술한 내용을 제자들이 정리·기록한 것이며, 그것을 간혹 본인이 수정하거나 또는 제자들이 오랫동안 윤문한 것이다. 그렇다면 당연히 발신자인 범부의 '말하기speaking·구술oral'에서 수신자의 '글쓰기writing·기록recording'으로의 진행 경로channel에서 '잡음noise, 기록자의 의도·주관적 해석·사건 등'이 개입된 것을 감수할 수밖에 없다.

하지만 다른 측면에서 본다면, 수신자들이 직접 들었던 내용을 토대로 발신자의 의도를 보다 분명히, 오히려 발신자가 의도하지 못했던 점까지 기술함으로써 발신의 지평을 더 넓혀준 측면도 있다고 하겠다. 그러나 범부의 경우 불행하게도 수신자들이 그의 강의 내용을 변형하거나 보완하여 자신의 저술로 간행한 경우도 있어, 범부의 지적재산권이 충분히 지켜지지 못했을 뿐만 아니라, 범부의 학술 범위가 은폐되거나 좁혀진 안타까운 면도 있다.

흩어져버린 강의록들

범부는 많은 강의를 행한 것으로 알려져 있다. 그의 강의에 직간접적으로 영향을 받거나 영감을 얻은 흔적들은 여러 군데서 발견할 수 있다. 황산덕법철학자, 전 법무부장관의 『삼현학三玄學』의 서문과 그의 책 『자화상』에 실린 「어디다 국민윤리를 세울 것인가?」, 이종익_{불교학자, 전 동}국대학교 교수의 『동방사상논총』의 간행사, 이중_{전 숭실대학교 총장, 전 연변}과학기술대학교 부총장의 『모택동과 중국을 이야기하다』의 서문 등이 그것이다.

특히 이중의 『모택동과 중국을 이야기하다』 서문에서 자신의 형이 간직해온, 범부 강의를 빽빽하게 필기한 노트에 대한 묘사를 들 수 있다. 범부의 강의 내용은 이런 식으로 수강자들의 필기로 남아 있기에 어디까지가 범부의 것이고 어디서부터 수강자의 것인지 분간이 어렵게 되어 있다.

이외에도 범부의 발상, 시각의 계승을 느끼게 하나 범부와의 관계를 밝히지 않는 경우도 있다. 예컨대, 김용구의 「범부 김정설과 동방 르네상스」에 따르면, 석천 오종식은 범부 강의의 주요 수강자이자 범부 사상의 수혜자임에도 범부의 영향을 밝히지 않았다고 한다.

글이나 저서에서 범부를 말하는 것을 본 것 같지 않다. 석천도 범부의 동방사상강좌의 고정 청강자의 한 분이었다. …… 1974~1975년에 석천은 성균관대 명륜당에서 '주역입문 강의'를 했다. 나도 기별을 받고 이 강의에 나갔다. …… 석천 강의에는 고대 그리스철학 이야기가 자주 나왔다. 범부의 「동방사상강좌」를 펴보며 나는 석천의 강의 대목이 많이 떠올랐다. 그 강의에서는 범부의 입김 같은 것을 느꼈기 때문이다. 이 점에서 석천은 같은 강의 형태로 범부의 사상적 영향을 다음 세대에 전하는 의미 있는 구실을 한 것이다.

실제로 오종식은 범부를 '잊을 수 없는 사람', '뒤에서 감싸준 형'으로

도 묘사, 회고하고 있다.

아울러 더욱 안타까운 것은 범부의 강의 원고 자체의 분실이다. 예컨대, 건국대학교 부설 '동방사상연구소'에서 이루어진 역학강좌의 기록자가 '역학총론' 10강을 정리한 약 500매 분량의 원고를 인쇄소에 넘기고자 동문 수강자 몇 분이 회람하던 중, 분실하고 말았다고 한다.

이러한 점들은 범부의 학술을 섬세하게 규명하는 데 걸림돌로 작용하고 있다. 그럼에도 그의 주요 논고는 남아 있어 우리는 그의 동방학의 대강을 확인할 수 있다.

동방학, 서구의 위기에 대한 준비와 대응책

범부에 의해 새롭게 자각적으로 구축되는 '동방학'이란 그가 우리의 전통을 새롭게 '천명'함으로써 생겨난 것이다. 범부의 동방학, 그리고 그에 따른 신라정신, 풍류도, 화랑 등은 해방 이후 한국의 건국, 신생국의 논리·이념 구축과 맞물려 있다. 그래서 이것은 발명invention, 즉 일종의 '만들어진 전통The Invention of Tradition'이다.

범부는 서양은 갑자기 눈을 떠버린 장님과 같이 불안한 길을 걸어가는 중인데, 그 장님의 지팡이 역할을 한 것이 기독교라 본다.

그들은 구주歐洲 문화의 총재산 가운데 불안을 벗어날 길은 가톨릭밖에 없다고 생각하고 있다. 왜냐하면 자기들이 지니고 있는 모든 불안의식이 거기에서는 일단 정지되어버리기 때문이다. 이러한 것은 마치 서화담의 다음과 같은 일화에 비유할 수 있다.

어느 날 서화담 선생이 길을 가는데 어떤 사람이 길가에서 지팡이를 놓고 앉아 통곡을 하고 있었다. 그래서 "왜 당신은 그렇게 우는 거요?" 하고 물으니, "내가 날 때부터 장님이었소. 그런데 오늘 길을 가다가 수십 년 만에 눈이 뜨였소. 그래서 이 세상을 처음 보는데, 집을 도저히 찾아갈 수가 없어서 이렇게 우는 것이오." 이런 곡절을 듣고 있던 서화담 선생은 "그럼 눈을 잠시 감고 마음을 안정시키시오. 집을 찾아갈 수 있을 터이니……." 하고 일러주었다.

여기서 우리가 신중히 생각해야 할 것이 있다. 장님이란 지팡이를 의지해서 길을 가는 것인데, 장님이 눈을 갑자기 뜨게 되었으니 얼마나 기가 막힐 것인가? 즉 그 장님이 구주인歐洲人이오, 그 지팡이가 가톨릭이라고 생각한다면 잘못일까? 그들은 신조에 엄숙한 가톨릭에 귀의하여 오늘의 불안으로부터 도피하려고 한다.

서양은 몰락하고 '불안'에 처해 있는데, 여기서 이 불안을 탈출하는 데 주도적 역할을 동양, 특히 한국이 할 것이라는 예측에서 범부의 '동방학'이 구상된다. 범부는 말한다.

사상가 러셀은 말하기를 "이 원자력을 무기로 사용하지 말고 평화산업과 병 치료 등에 이용하면 된다"고 했지만 매우 유치한 견해이다. 원자력을 이용하여 한대를 온대로 변화시킨다고 하자. 이것은 곧 지구를 파괴하는 행위이다. 한대·온대가 지구 자체만의 한대·온대는 아니다. 이것은 전 태양계와 관련된 약속이다. 만일 그렇게 한다면 예측하지 못할 천재지변이 일어날 것이다. 혹은 원자등으로 밤 없는 세계를 만드느니 무어니 한다. 요망한 말이다. 이 지상에서 일주일야一晝一夜가 있는 것은 우주적 일대 조화의 원칙에서 그렇게 되어야 할 원리가 있는 것이다. 그래, 과학으로 한대·온대를 개조하고 주야도 없는 세상을 만들고, 그리고 그로부터 일어나는 재난을 방지할 책임을 지겠는가?

요컨대 관념론적이니 물질론적이니 하는 사물 관찰법으로 우리 인간에게 전개하여 놓은 것이 많다. 그러나 그로 인하여 위기를 당했고, 따라서 해결할 수 없는 벽에 부딪치고 있다. 20세기 초기에 독일의 작가 슈펭글러는『서양의 몰락서구의 몰락(Der Untergang des Abendlandes)』이란 저서에서 "구주歐洲의 강쇠降衰라고 번역함이 좋을 것이니 곧 서양의 문화는 갈 곳을 다 가고 다시 갈 곳이 없으니, 이것은 몰락·강쇠밖에 없다"라는 내용을 진술했다.

범부는 예컨대 북극과 같은 한대寒帶의 빙하를 녹여서 유용하게 활용한다든가 하는 것은 어리석은 일이라고 본다. 빙하·얼음 한 조각도 모두 '태양계의 약속', '우주 대조화의 원리우주적 일대 조화의 원칙에서 그렇게 되어야 할 원리'라고 그는 본다. 이러한 '대조화의 사상 = 풍류사상'이 우리 속에 내재해 흐르고 있다는 것, 그런 원인의 탐구와 발굴이 바로 그의 동방학이다.

범부는 의식적·자각적으로, 일제강점기가 아닌 해방 이후 건국기에, 동방학의 확립을 지향하여 일반명사였던 동방·동방학을 고유명사로 변모시켰다. 이 변모 속에는 지리적·문화적·민속적·정치적인 의미의 정체성아이덴티티, 즉 '경계'의 확립이 있다.

'동방'이라는 경계는 개개인의 신체처럼 민족, 국가라는 '하나의' 지리적·문화적·정치적·종교적인 신체적 동질성을 '넋과 얼靈魂·핏줄·핏줄기血脈' 확인을 통해 얻어낸, 이른바 '한겨레' 조선의 '고유 장소'이다. 그래서 범부는 "조선의 겨레는 물동이의 모성과 밥상의 부성, 이 양친

범부의 오증론	1	문증	문헌(文獻)
	2	물증	고적(古蹟)
	3	구증	구비전설(口碑傳說)
	4	사증	유습 · 유풍 · 유속 · 풍속 · 습속
	5	혈증	심정(心情) · 혈맥(血脈)

의 자손임에 틀림없다"고 보고 '한핏줄 · 한겨레'임을 천명하려 했다. 이를 위해 그가 제시하는 것이 바로 '오증론'이다.

우리 문화의 특수성 논증 방법, '오증론'

범부는 우리 조선한국만의 독특한 전통문화, 특히 신라 · 경주, 풍류 · 화랑문화의 '사적史蹟'을 연구하는 방법론으로 독자적인 '오증론五證論'을 제시한다.

한국문화의 독특성을 밝히는 작업은 현재 문헌적 기록이 많이 남아 있지 않아서 '문증文證'만으로는 한계가 있음을 밝히고, '물증物證', '사증事證', '구증口證', 그리고 추가적으로 또 하나의 '다른 증명 방법', 즉 방증傍證인 '혈증血證'을 제시한다. 범부가 '혈증'론을 주장한 것은 '범부 자신'을 포함한 우리 민족이 풍류도 등 한국적 문화의 혈맥을 직접 계승하고 있다는 '확신'으로 보인다.

풍류도란 것은 어떤 교단의 형태를 가지고 있는 것도 아니요, 어떤 명확한 경전을 가지고 있지도 않습니다. 다만 이 정신이 우리의 혈맥 가운데 흘러왔을 뿐이지요. 그렇기 때문에 어느 의미로는 우리 민족이 수난과 실패의

역사를 겪어오면서도 오늘날까지 이만한 정신을 유지해온 것은 풍류도 정
신이 우리의 혈맥 가운데 흐르고 있다는 것입니다.

범부는 "언어란 소리로 들을 수 있는 생각이다"라고 했다. 혈맥은 살
아서 뛰는 '핏줄로 들을 수 있는 언어·생각'인 것이다. 이런 혈맥의 모
습은 어떤 것일까? 범부의 『화랑외사』에 나오는 '씨 뿌리는 백결선생'
을 보자.

그리고 자기 취미, 아니 취미라기보다는 생활은 첫째 음악을 좋아했지만,
그러나 날씨가 좋고 할 때는 문을 닫고 앉아서 거문고를 타는 일은 그리 없
었다. 가끔 그는 큼지막한 망태를 메고 산으로 들로 다니면서 꽃씨를 따 모
아가지고, 꽃 없는 들판이나 산으로 돌아다니면서 뿌리곤 했다. 선생은 이
일을 무엇보다도 오히려 음악 이상으로 재미스럽게 생각했다. 혹시 누가 멋
모르고 그것이 무슨 취미냐고 물으면 그는 "이것이 治國平天下치국평천하야"
라고 대답하는 것이었다. 이것은 선생에게 있어서는 꼭 농담만은 아니었다.
그러기에 수백 리 길을 멀다 생각하지 않고 꽃씨를 뿌리러 다닐 때가 많았
다. 그리고 백결선생이 망태를 메고 지나간 곳마다 온갖 꽃이 다 피어나는
것이었다. 그리고 나무나 꽃 없는 산, 그 중에도 벌겋게 벗겨진 산을 볼 때
는 어떤 바쁜 일을 제쳐두고라도 근처 사람을 불러가지고 그 산을 다 짚고
는 길을 떠나는 것이었다. 그리곤 사람을 벗겨두면 나라님이 걱정하는 것처
럼, 산을 벗겨두면 산신님이 화를 낸다고 말했다.

"큼지막한 망태를 메고 산으로 들로 다니면서 꽃씨를 따 모아가지고,
꽃 없는 들판이나 산으로 돌아다니면서 뿌리곤" 하는 화랑 백결선생.

그에게 그것은 "치국평천하"였다. 범부는 이런 습성과 기상이 우리 혈맥 속에 살아 뛰고 있다고 보았다. 그리고 그는 그것을 우리에게 들려주었다.

천재적 풍모, "하늘 밑에서는 제일로 밝던 머리"

일찍이 범부의 수제자였던 고 이종후_{전 영남대학교 교수}는 "선생은 실로 동서고금의 사상사를 관통하고 스스로 독자적인 융통투철融通透徹한 사상적·학문적 경계를 개척한 창조적인 학자·사상가이다. …… 사실 선생 생전에 선생의 강석에 한 번이라도 참석할 기회를 가졌던 누구라도 선생의 강론과 풍모에서 그런 것을 느꼈을 것이다"라고 술회한 바 있다. 또 다음과 같은 감상도 남겼다. "그와의 첫 대면에서 받은 인상은 진실로 압도적인 것이었다. …… 그의 풍격은 니체의 초상에서 인상받은 바와 같은 그러한 천재적·시인적 사상가의 그것이었다."

아울러 범부의 친동생인 소설가 김동리는 "나는 백씨만형가 지상에 있었던 두드러진 천재의 한 사람이라고 믿고 있다. 그에게 만약 그의 천재를 뒷받침할 만한 건강과 의지 그리고 기회가 주어졌던들 공자나 기독에 준하는 일이라도 할 수 있지 않았을까 생각한다. 그에게 인생과 우주의 근본이랄까 원리랄까 그런 것에 대해 묻는 사람이 있으면, 그는 언제나 즉석에서, 동서의 모든 경전을 모조리 소화시킨 듯한 차원에서, 직관적인 사례로 대답을 하곤 했던 것이다. 이것은 그의 강좌 따위에 참석했던 모든 사람들의 기억 속에 지금도 생생히 남아 있는 것으로 안다"라고 말했다.

마찬가지로 범부의 강의에 참석한 적이 있는 이완재전 영남대학교 교수는 그의 글에서 범부를 '희대의 천재'라 평하고, "범부 선생이 동서고금의 사상에 얼마나 통효했던가를 짐작할 수 있거니와 선생이 남긴 글을 읽거나 담화를 회상하면 동서고금의 사상이 종횡무진으로 언급되어 사람을 황홀하게 하는 바가 있다. 범부 선생의 이러한 천재성을 미당 서정주는 '하늘 밑에서는 제일로 밝던 머리'라고 표현했던 것이다"라고 남긴 바 있다.

또한 시인 김지하는 "김범부란 사람을 잘 봐야 해요. 이 사람은 때를 잘못 만나서 그렇지, 참 천재였다"라는 평과 함께 또 "김범부는 현대 한국 최고의 천재라고 생각한다"라고 평하기도 했다.

마지막으로 범부의 막내사위인 진교훈전 서울대학교 교수은 "사람들은 …… 그분범부의 박람강기博覽强記에 탄복해 마지않았지만 …… 만권서책萬卷書冊을 두루 읽으시어 …… 문자 그대로 무불통지無不通知라고 말해도 좋을 것 같았다. 사람으로서 알 수 있고 생각할 수 있는 것이면, 무엇이든 다 아시는 분 같았다"라고 회고하고 있다.

앞서 언급했듯이, 범부가 죽자 그를 스승으로 모시고 따랐던 시인 미당 서정주는 세상을 떠난 범부를 위해, 울면서 읽은 조시 가운데 범부를 "하늘 밑에서는 제일로 밝던 머리"라고 칭했다.

기억력, 메모 습관

범부는 기억력이 좋았다. 그의 독서생활에 관해 재미있는 일화가 전해진다. 범부가 부산 동래구에서 2대 민의원국회의원에 당선된 이후

1950년부터 1953년까지 4년간 수행 비서를 지낸 김동주金銅柱, 나중에 민한한의원 원장의 회상기 「내가 모신 범부 선생」을 보자.

의사당에서 국회를 마치고 나오시는 귀가 길에는 청계천 길거리의 서점에 들르시어서 내가 짊어지고 갈 수 있는 무게만큼의 책을 사시곤 하셨다. 선생님은 굉장한 독서가로서 하루에 평균 30여 권 정도의 독서를 하시니 정말 놀라운 생각이 들었다. 선생님이 읽고나신 책 가운데서 내가 읽을 만한 책을 몇 권 골라서 1주일쯤 밑줄을 쳐가며 보고난 후에 의심나는 대목을 선생님께 질문드리곤 했었다. 선생님께서는 책 한 권을 10분도 다 안 되는 짧은 시간에 보셨는데도 뜻은 말할 것도 없고 그 속에 들어 있는 낱말 하나까지도 매우 알뜰하게 설명해주시는 것이었다. 그러니 나는 그저 선생님의 능력 앞에서 기가 죽을 수밖에 없었다. 앞에서도 얘기를 했지만, 선생님은 한 달이면 1,000여 권에 가까운 책을 보시는 참으로 굉장한 독서가였던 것이다. 어느 시인서정주를 말함이 선생님을 두고 "하늘 아래서 가장 명석한 머리"라고 했다지만, 그 명석한 머리에 천하에 제일가는 독서가였다.

범부의 외손자 김정근전 부산대학교 교수의 기억과 구술에 따르면, 범부는 평소 글을 읽거나 생각을 하다가 떠오르는 것이 있으면 즉각 '메모'하는 습관이 있었던 것 같다. 메모의 양은 엄청나게 많았으며, 방을 청소할 때도 가족들의 부주의로 그 메모가 유실되지 않도록 매우 신경을 쓸 정도로 귀중하게 취급을 했다고 한다. 그 메모 속에 그의 저술과 강의, 강연의 구상이 들어 있었다.

범부가 세상을 떠난 뒤인 1960년대 말에 범부의 수제자였던 고 이종후 교수, 범부의 막내사위인 진교훈 교수 등 몇몇이 서울에 모여, 범부가 남긴 상당량의 메모큰 포대 셋 정도의 분량를 파스칼의 유고집 『팡세 Pensées』 식으로 엮는 방안을 논의했었다고 한다. 그러나 그 논의는 성사되지 못했고, 아쉽게도 메모 역시 사라져버렸다.

잊혀 왔던 박정희 정권의 재야 이데올로그

"모든 것에는 양면이 있다. 하나는 쉽게 해결되는 면이고 또 하나는 그렇지 않은 면이다. …… 너는 쉽게 해결될 수 있는 면을 생각하라"고 그리스의 노예 출신 철학자스토아학파 에픽테토스Epiktetos는 말했다. 범부가 사상을 서술하는 방법의 매력은 가능한 한 쉽게 풀리는 쪽으로 논의를 이끌어가는 데 있다.

다시 말해서, 범부의 철학적 수사나 논의 방법을 살펴보면 특이한 면을 발견할 수가 있다. 그는 퇴색하고, 생기를 잃은, 빛바래고 딱딱해진 개념과 학설, 논의를 동서양 비교철학적 방법, 외래어·한국어의 비교언어학적 방법 등 다양한 기법을 동원하여 생기가 도는 신생新生의, 긍정적, 희망적인 문맥으로 이끌어간다. 이러한 학문함의 '형식' 혹은 '방법'은 매우 특이하며 독창적인 것이다. 예컨대 그의 오증론이 그렇고, 여기서는 언급이 안 된 즉관론即觀論, 양가설兩可說. 양쪽이 모두 옳다는 설이 그렇다.

범부가 당시의 복잡한 사회·정치적 현안을 바라보는 맥락도 '잘 풀리는' 쪽에서 논의를 시작하여 이야기의 힘을 얻어내는 것으로 보인다. 해방 이후 한국의 난국상을 타개하려는 정신적 문맥을 화랑, 풍류, 경주, 신라에서 찾아내려는 '눈시야'도 그랬다.

그러나 재야 사상가였던 범부의 이러한 순수한 학문적·사상적 상상력과 열정이 한국이라는 구체적인 공간의 정치와 만났을 때, 그가 의도하지 못했던 오해와 간극이 노출되었다. 범부의 화랑, 경주, 신라 등에 관한 논의들은 그의 본래 의도와는 달리 박정희 정권의 통치이념, 국가 이데올로기 창출에 기여한 것은 아닌가 하는 의혹을 받고 있으며, 이에 대한 연구도 여러 건 이루어졌다.

실제로 범부가 '한국^{東邦}'이라는 명확한 경계영역을 찾아내고, 그 내부의 저변에 지속해온 사상사^{풍류, 화랑 등}를 확정하고, 그것을 기반으로 '국민'상과 '국민윤리'의 골격을 구상하여 독자적·창의적으로 안출·천명한 것이, 박정희 정권의 지배 이데올로기에 어느 정도 영향을 미친 사실을 부정할 수는 없다.

하지만 범부는 어디까지나 민심을 수습하는 차원에서 박정희 정권으로부터 부름을 받은 재야 정치자문 역에 머물러 있었다고 보아야 한다. 범부 사후 이러한 창의적 논의들은 차츰 제도권 내에서 망각되고 사장되어버렸다. 또한 제도권 밖의 재야 이데올로그, 정식 제자나 후계자가 없는 재야 지식인이라는 제한점, 이것이 오히려 범부를 박정희 정권과 일정한 거리를 두게 만들기도 했다.

'제3의 길'을 걸었던 사람

그럼 이제 범부를 어떻게 연구하고, 평가할 것인가? 이것이 과제이다. 한 가지 힌트로 시인 김지하의 이야기를 들어보자. 그는 1990년대 이래 꾸준히 범부를 다음과 같이 평가한다.

김범부라는 사람을 잘 봐야 해요. 이 사람은 때를 잘못 만나서 그렇지, 참 천재였다고. 풍류도를 어떻게 해서든 현대화시켜 보려고 애를 썼던 사람이라. 건국 초기에 국민윤리 같은 걸 보면 어떻게 해서든 화랑도, 풍류도에서 국민윤리의 기본을 파악하려고 애를 썼던 사람이에요. 동학에 대해서도 깊은 이해를 가졌던 사람이라고. 고대 풍류도의 부활이라든가, 샤머니즘에 대한 재평가, 신선도에 대한 재평가 등 아주 중요한 사람이에요.

초점은 해방 직후의 김범부金凡父 선생에게 있다. 왜냐하면 현대 한국학의 최고 과제는 한마디로 줄여서 '최제우와 최한기崔漢綺의 통합'인데 제3휴머니즘의 철학적 근거가 될 범부의 '최제우론'과 '음양론'이 곧 다름 아닌 최제우와 최한기 통합의 지남침指南針에 해당하기 때문이다.

해방 직후에는 김범부 선생이 동방 르네상스와 함께 제3의 휴머니즘, 즉 사회주의도 자본주의도 아닌 제3휴머니즘에 입각한 신인간주의 운동을 제안한 바 있습니다.

즉, 김지하는 범부가 근대 시기 한국에서 이러한 조화의 원리, 즉 '네오휴머니즘혹은 신인간주의'·'제3휴머니즘혹은 제3의 길'을 제시한 인물로 본다. 나아가 '공산주의와 자본주의를 가로지르는 새로운 이념', '생명의 원리에 입각해 민족의 집단적 정신분열을 치료할 수 있는 통합의 메시지'를 제시한 인물로도 평가한다. 이러한 김지하의 시각은 종래 박정희 정권과의 연관 속에서만 범부를 조망하던, 이른바 박정희 콤플렉스에서 비롯된 획일적이고 편협한 연구 방식을 재고하게 해준다.

상실된 '고향 찾기'에 헌신한 사상가

범부의 수제자인 고 이종후 교수가 만든 영남대학교 동아리 대맥회 훈에서 "화랑정신의 현대적 구현: 진리에의 충성, 조국에의 충성, 인간에의 충성"을 기치로 내걸었듯이, 범부 사상의 사상적 범주도 결국 이런 것 아니었을까?

1945년 8월 15일 한낮, 당시 49세였던 범부는 일제의 패망 소식을 듣고 기쁨에 벅찬 나머지 미친 사람처럼 고함을 지르며 큰길을 마구 달렸다고 한다. 범부가 겪었던 식민지 시기, 해방과 건국, 전쟁, 남북 분단, 남한대한민국정권의 탄생을 생각해보면, 그는 어쩌면 오랜 '고향 상실'을 극복하기 위해 고향을 되찾는 일에 골몰했었는지도 모르겠다. 범부는 상실된 한국이라는 존재, 국토, 영혼, 그런 것을 회상하고자 했을지도 모르겠다.

철학자 하이데거는 고향 상실의 시대 한가운데서 시인 횔덜린Johann Christian Friedrich Hölderlin, 1770~1843의 시 「고향Die Heimat」에 공명했다.

사공은 먼 곳 섬에서 수확의 즐거움을 안고
잔잔한 강가로 귀향하는데,
나도 정말 고향 찾아가고 싶구나.
하지만 내 수확은 고뇌 말고 또 무엇이 있는가?

나를 키워준 그대들, 사랑스러운 강변들이여!
그대들이 사랑의 괴로움을 달래주려나? 아! 그대들,
내 어린 시절의 숲들이여, 내 돌아가면

그 옛날의 평온을 다시 내게 주려나.

　　"성벽은 말없이 / 차갑게 서 있고, 바람 곁에 / 풍향기는 덜걱거리네"
라고 읊었던 횔덜린의 또 다른 시 「반평생Hälfte des Lebens」에서처럼, 난
국에서 신생국의 윤리와 정치철학을 구상했던 사상가 범부. 그가 한평
생을 통해 고심하며 가리켜왔던, 풍류사상을 향한, '덜걱거리는 풍향기'
를 우리는 이제 어떻게 바라보며 평가할 것인가?
　　그것이 문제다.

　　범부의 「국민윤리특강」, 「최제우론」, 「신라문화와 풍류정신」은 그
가 후세에 남긴 핵심 문헌들이다. 이 책은 이 세 문헌을 풀어쓰기라고
하는 가공 과정을 거쳐 한 권으로 묶은 것이다. 이 책이야말로 범부의
'덜걱거리는 풍향기'를 읽는 하나의 중요한 이정표가 될 것이다.
　　이번에 김정근 교수의 정성과 수고 덕분에 어려운 한문 투의 표현이
쉬운 우리말로 옮겨져 소통의 벽이 한결 낮아졌다. 이 일을 감당한 김
정근 교수의 노고에 진심으로 감사한다. 이 귀중한 문헌에 연구자, 학
생, 일반 독자 들의 관심이 따르기를 바란다.

2013년 3월

영남대학교 철학과 교수

범부연구회 회장

최재목

범부 문헌을 풀어쓰면서

책의 취지

범부는 깊지만 어려운 글을 우리 사회에 유산으로 남기고 세상을 떠났다. 그것이 오늘을 사는 한국인에게 큰 위로가 되고, 자산이 된다. 2000년대에 들어와서 젊고 패기 있는 사상사 연구자들에 의해 범부 연구가 활성화되면서, 새삼 그의 글이 각광을 받고 있다. 범부의 글은 근현대의 한국인에 의해 생산된 것들 가운데서 가장 독창적이고 탁월한 봉우리에 속한다는 평가를 받고 있다.

이 책은 범부의 여러 걸작 가운데 특히 주목되는 문제작 세 편을 선정하여 '풀어쓰기'라고 하는 가공 과정을 거쳐 독자 앞에 내놓는 것이다. 이번 기획에서 채택한 범부의 글은 「국민윤리특강」, 「최제우론」, 「신라문화와 풍류정신」, 이렇게 세 편이다.

세 편 모두 범부가 필생의 연구 과제로 삼았던 풍류정신의 국면을 구명하고 해석한 것이다. 「국민윤리특강」은 풍류정신을 시대에 맞게 복원하여 그 기반 위에 신생 대한민국의 국민윤리를 세우자고 하는 제안을 담고 있다. 「최제우론」에서는 수운 최제우의 사상을 풍류정신의 재생이라고 해석하고 있다. 시인 김지하는 범부 사상에서 이 점을 높게 사고 있다. 동학 연구자들이 이 글을 관심 있게 읽고 전문적인 평가를 내려주기를 바란다. 「신라문화와 풍류정신」은 제목이 말하는 것처럼 범부 특유의 풍류정신 해석이다.

책의 취지를 한마디로 줄여서 말하면 이런 것이다. 범부의 독창적인 전통 해석을 쉬운 우리말로 옮겨 오늘의 독자에게 전달하고자 한다.

범부의 글과 풀어쓴이의 관계

내풀어쓴이가 범부의 「국민윤리특강」을 처음 접한 것은 범부의 『화랑외사花郎外史』 삼간본이문출판사, 1981을 손에 들었을 때였다. 1980년대에 부산대학교 정문 근처에서 성업 중이던 부산도서라고 하는 서점에서 책을 구해 펼쳐 보았더니, 거기에 말로만 듣던 그 유명한 글이 부록의 형태로 실려 있었다. 내가 부산대학교에서 대학생들을 가르치기 시작한 바로 그 무렵이었다. 그때의 기억이 지금도 생생하다.

처음 「국민윤리특강」을 읽고 든 느낌은 '어렵다'는 것이었다. '아, 어렵다. 말씀이 도대체 너무 어렵다. 중요한 말씀 같기는 한데 속속들이 이해하기가 어렵다.' 이런 느낌이 압도적이었다. 그리고 부차적으로 드는 느낌은 읽기가 불편하다는 것이었다. 읽는 것이 물 흐르듯이 죽 나아가지 않고 여기저기 자꾸 걸리곤 했다. 그러니 읽는 시간도 많이 걸렸다. 이는 그 당시 나 자신의 이해력에도 원인이 있었겠지만, 범부의 고취미가 들어간 한문 투의 낱말 표현과 문장 구성에도 빌미가 있었다. 같은 현상은 그 뒤에 「최제우론」과 「신라문화와 풍류정신」 등 범부의 다른 글을 접했을 때도 일어났다. 그와 같은 개인적 경험이 있은 후 어언 30년의 세월이 흘렀다.

2009년 동리목월문학관의 장윤익 관장과 영남대학교 철학과의 최재목 교수의 권유에 따라 사상가로서의 범부 재발견 작업에 동참해온 지도 어느덧 4년이 되었다. 그동안 나는 이 두 사람의 도움을 받아 모두 7편의 범부 관련 논문을 발전시켜 기회가 닿는 대로 세미나와 학술지에 발표했다. 그 가운데 처음 나온 5편을 묶어 『김범부의 삶을 찾아서』선인, 2010를 펴내기도 했다.

장윤익 관장이 이끄는 문학관 사업과 최재목 교수가 이끄는 범부연구회 활동에 힘입어 범부는 이제 묻히고 잊힌 상태를 벗어나 역사의 무대 위에 다시 올라섰다. 요즘 여러 매체와 목록에서 범부의 이름이 화려하게 부활하고 있는 것을 본다. 이완재, 진교훈, 장윤익, 최재목, 이태우, 이용주, 김석근, 성해준, 우기정, 정다운 등을 비롯한 여러 고명한 학자들의 손에서 범부 사상은 지금 재발견되어 재해석의 과정을 거치고 있는 중이다. 그중에서 특기할 만한 사실은 근래 범부 사상을 연구한 박사논문이 두 편이나 생산되었다는 것이다. 그것은 범부연구회의 회원인 우기정과 정다운의 논문인데, 최재목 교수의 지도를 받아 영남대학교 대학원에서 생산되었다. 그 뒤에 우기정의 논문은 『범부 김정설의 국민윤리론』예문서원, 2010, 정다운의 논문은 『범부 김정설의 풍류사상』선인, 2010라는 책으로 나왔다.

그동안 범부 연구자들을 만나고 그들의 논문을 읽고 나 자신도 독립적으로 논문을 발전시키는 동안, 나는 어떤 개인적 변화 같은 것을 경험했다. 가령 이런 것이다. 지금 범부의 글을 다시 읽으면 1980년대에 처음 접했을 때와는 느낌이 많이 다르다. 무엇보다 먼저 범부 글의 중요성을 확인하게 된다. 나는 기회가 있을 때마다 범부 글을 여러 번 반복적으로 읽으면서 큰 감동에 휩싸이곤 한다. 또 과연 범부는 깊다는 것을 실감하게 된다. 범부의 여러 글에 대한 평가 작업은 앞으로 전문 연구자들의 손에서 보다 깊은 차원에서 계속 이루어지리라 기대하지만, 우선 나의 소박한 소견에서도 범부의 글이야말로 이 나라가 이 시대에 받아 안은 가장 값진 유산 가운데 하나가 아닌가 하는 생각이 든다. 범부의 글은 우리 국민의 가장 근본적인 과제에 대해 에누리 없이 본질적인 접근을 보여주고 있다.

다음으로 범부의 글을 읽는 일이 많이 쉬워졌다. 이것은 최근 4년간의 경험과 관련이 있을 것이라고 생각한다. 범부 연구자들의 친절한 도움 덕분에 실력이 조금은 향상된 결과라고 할까. 나는 이 부분이 말할 수 없이 기쁘다. 그러나 '범부의 글은 어렵다'는 처음의 느낌이 완전히 가신 것은 아니다. 물 흐르듯이 죽 읽히지 않고 계속 덜커덕 걸리고 불편함이 느껴지는 것도 정도의 차이일 뿐 여전히 남아 있다.

풀어쓰기의 동기

이 책에서 시도하는 '풀어쓰기'라고 하는 가공 작업은 이와 같은 나의 개인적 경험에 기초하고 있다. 아직도 부족하지만 그동안 향상된 독해

능력을 활용하여 다른 독자들에게 도움을 주고 싶다는 생각을 했다. 그들이 범부의 글에 좀 더 쉽게 접근하는 데 약간의 역할을 하고 싶은 것이다. 그리고 지금도 남아 있는 '어렵다'는 느낌과 '불편하다'는 느낌을 다른 독자들이 겪지 않고 범부의 글을 좀 더 편안하게 만날 수 있으면 얼마나 좋을까 하는 생각도 해보았다.

이와 관련해서 먼저 한 가지 밝혀두고 싶은 것은, 이 풀어쓰기 작업은 어쩔 수 없이 내가 가지는 한계와 가능성을 동시에 반영하게 된다는 점이다. 이 점에 대해 독자의 양해가 있기를 바란다.

'풀어쓰기'와 관련한 좀 더 기술적인 측면에 대해서는 개별 문헌마다 따로 '해설'을 붙여 독자의 이해에 도움이 되도록 했다.

범부는 진정 누구인가

범부는 어느 정도 세상에 알려져 있기는 하지만 그의 모습 전체가 속속들이 다 드러나 있지는 않다. 이렇게 된 데는 그의 독특한 체질과 성격이 작용하고 있는 것으로 보인다.

그는 어려서는 신동 소리를 들으며 자랐고 그 후 세상을 떠날 때까지 천재 소리를 들었다. 그러면서도 사람들 앞에 좀처럼 나서지 않았다. 일제에서 해방되어 독립된 나라에서 살게 된 것을 기쁘게 생각했으며, 개인적인 부귀공명이나 입신출세 따위를 그다지 중요하게 생각하지 않았다. 사람들은 그를 노자적인 인물이라고 평하기도 했다. 그는 사람들의 권유나 요청이 있고 꼭 필요하다고 판단이 설 때는 몸을 드러내어 공직을 수행하기도 했지만, 다른 때는 몸을 숨기면서 자신의 일에 집중

했다. 자신의 일이라고는 하지만 그것은 세상 사람들이 보통 수행하는 것과 같은 일이 아니었다. 그것은 보통의 직업과 관련을 가지는 것이 아니었고 더욱이 돈을 벌고 출세를 하는 것과는 거리가 멀었다. 그가 직업분류표에 나타나는 직업을 수행한 것은 그의 일생에서 극히 제한된 일부 기간이었을 뿐이다.

그가 일생 동안 주로 한 일은 바로 '생각하는 일'이었다. '나라를 걱정하는 것'이 그의 일이었다고 할 수 있다. 그는 엄청난 독서가였으며 아울러 세상을 직접 읽는 것을 중요하게 생각했다. 그래서 사람들을 만나고 멀리 여행하면서 이를 몸소 실천하기도 했지만, 기본적으로 생각하는 일에 몰두하고 저술을 구상하는 것이 그가 주로 하는 일이었다. 그는 생각의 결과를 가끔 지면에 발표하고 강의 형식으로 사회에 전달하기도 했다. 이 책에서 '풀어쓰기'를 통해 소개하는 세 편의 글도 그와 같은 과정을 거쳐 나온 것이다. 그런 의미에서 범부야말로 직업적인 사상가였다고 할 수 있을 것이다.

그것이 바로 범부 사상은 폭과 깊이가 엄청나며 나아가 독창적이라고 사람들이 평가하는 이유일 것이다. 불행하게도 범부는 구상이 방대했던 것에 비해 실제로 많은 저술을 남기지는 못했다. 거기에는 그의 건강 문제를 포함하여 여러 여건상의 요소들이 개입되어 있었다. 그것이 오늘날 범부 연구자들을 안타깝게 하는 요소이며, 그들이 범부 사상의 조각들에 매달리며 해석 작업에 치중하는 이유이기도 하다. 그래서 요사이 그에게는 '발굴', '재조명', '재해석', '잊힌 사상가의 귀환'과 같은 표현이 따라붙기도 한다.

범부의 계씨남동생인 소설가 김동리는 생전에 백씨맏형인 범부에 대해 여러 번 각별한 언급을 남겼다. 그 가운데 다음과 같은 글이 남아 있다.

나는 백씨가 지상에 있었던 두드러진 천재의 한 사람이라고 믿고 있다. 그에게 만약 그의 천재를 뒷받침할 만한 건강과 의지 그리고 기회가 주어졌던들 공자나 기독에 준하는 일이라도 할 수 있지 않았을까 생각한다. 그에게 인생과 우주의 근본이랄까 원리랄까 그런 것에 대해 묻는 사람이 있으면, 그는 언제나 즉석에서, 동서의 모든 경전을 모조리 소화시킨 듯한 차원에서, 직관적인 사례事例로 대답을 하곤 했던 것이다. 이것은 그의 강좌 따위에 참석했던 모든 사람들의 기억 속에 지금도 생생히 남아 있는 것으로 안다.[1]

1990년대 이래 범부 사상의 중요성을 거듭 강조해온 이가 있다. 바로 시인이면서 인문학자인 김지하이다. 김지하는 그야말로 범부를 우리 시대의 무대 위에 다시 올려 세운 선구자이다. 그가 어느 시인과의 대담 중에 범부에 대해 의미심장한 한마디를 던진 일이 있다. 그 내용은 다음과 같다.

김범부라는 사람을 잘 봐야 해요. 이 사람은 때를 잘못 만나서 그렇지, 참 천재였다고. 풍류도를 어떻게 해서든 현대화시켜 보려고 애를 썼던 사람이라. 건국 초기에 국민윤리 같은 걸 보면 어떻게 해서든 화랑도, 풍류도에서 국민윤리의 기본을 파악하려고 애를 썼던 사람이에요. 동학에 대해서도 깊은 이해를 가졌던 사람이라고. 고대 풍류도의 부활이라든가, 샤머니즘에 대한 재평가, 신선도에 대한 재평가 등 아주 중요한 사람이에요.[2]

1 김동리, 「백씨 범부 선생 이야기」, 『나를 찾아서』(서울: 민음사, 1997), 421~425쪽.
2 이문재, 「인간성에 대한 새로운 인식이 시급하다: '율려문화운동' 펼치는 시인 김지하」,

김지하는 다른 글에서 다음과 같은 언급도 남겼다.

초점은 해방 직후의 김범부金凡父 선생에게 있다. 왜냐하면 현대 한국학의
최고 과제는 한마디로 줄여서 '최제우와 최한기崔漢綺의 통합'인데 제3휴머
니즘의 철학적 근거가 될 범부의 '최제우론'과 '음양론'이 곧 다름 아닌 최제
우와 최한기 통합의 지남침指南針에 해당하기 때문이다.3

그리고 2007년 이래 범부 사상에 대해 처음으로 본격적이고 엄밀한
연구논문을 발표해온 그룹이 있다. 영남대학교 철학과의 최재목 교수
를 구심점으로 하여 모여든 연구자들로서, 대구와 경북 지역을 포함하
여 전국적으로 분포해 있다. 그들은 지금 범부연구회의 이름 아래 활동
을 펼치고 있으며 정기적으로 학술세미나를 열고 있다. 이 연구회의 회
장으로 있는 최재목 교수는 범부를 다음과 같이 소개한다.

범부는 우리에게 잘 알려져 있는 소설가 金東里김동리, 1913~1995의 맏형으
로 근현대기 한국의 사상과 학술 면에서 탁월한 능력을 보였던 사상가로 흔
히 '하늘 밑에서는 제일로 밝던 머리'로 평가된다. 그는 '風流풍류' 및 '東方동
방' 등의 주요 개념들, 아울러 '東方學동방학' 연구의 방법론에 대한 탐색, 미
당 서정주가 '新羅신라의 大祭主대제주'라 표현했듯 '新羅신라 - 慶州경주 - 花郎
화랑' 개념의 중요성을 부각시킨 선각자라 할 만하다.4

≪문학동네≫, 제17호(1998년 겨울).

3 김지하, 『예감』(서울: 이룸, 2007), 484쪽.

4 최재목, 「범부 연구의 현황과 과제 및 범부의 학문방법론」, 『범부 김정설의 사상세계

위에서 범부 사상의 중요성을 강조하는 의미에서 몇몇 학자들의 언급을 소개했다. 범부에 대해 보다 자세한 사항을 알 필요가 있는 독자를 위해 그의 자세한 연보를 따로 준비하여 이 책의 부록으로 실었다. 이 연보는 기존의 것을 수정하고 보완하여 새로 구성한 것으로서 범부의 생전과 사후를 한눈에 볼 수 있도록 한 것이다. 지금까지 수행된 범부학의 진전에 대해서도 이 연보를 참고하면 자세한 내용을 알 수 있을 것이다.

이제 작업을 마치면서 두려운 생각이 든다. 혹시 나의 불찰이나 실력 부족으로 범부의 유장한 사상에 손상이 가지 않았을까 걱정이 된다. 독자에게 신신당부하는 것은 만일에 조금이라도 의심스러운 대목이 있으면 반드시 원본을 찾아 참고해주기 바란다는 것이다.

나는 1945년 해방 후에 국민학교에 들어갔다. 그래서 학교에서 일본 말을 배워본 적이 없고 첫날부터 우리말로 공부했다. 따라서 한글세대라고 할 수 있다. 그런 점에서 나와 독자 사이에 언어감각의 면에서 서로 일맥상통하는 바가 있지 않을까 하는 희망 섞인 생각도 해본다. 아무쪼록 나의 부족하고 서툰 솜씨를 통해서나마 범부 사상에 대한 독자의 접근성이 조금이라도 높아진다면 더 이상 바랄 것이 없다.

끝으로 고마운 마음을 전하고 싶다. 우선 처음에 개인적으로 조그만 규모로 시작한 범부 문헌의 풀어쓰기 작업을 이처럼 크게 키워준 부산문화재단의 후의가 고맙다. 부산문화재단은 작업 과정에서 도움을 주었고 출판 과정에서도 큰 힘이 되어주었다. 이 재단 문예진흥팀의 김명

_____

를 찾아서』(제2회 범부연구회 학술세미나, 2009. 10. 24~25), 3~4쪽.

숙 님은 처음부터 끝까지 이 작업에 관여하면서 세심한 배려를 아끼지 않았다. 그이의 투철한 직업정신에 경의를 표하며 정말 고맙다는 인사를 전하고 싶다.

　다음으로 도서출판 한울 기획진과 편집진의 각별한 수고와 발행인의 후의에 고마움을 전하고 싶다. 나와 도서출판 한울의 관계는 사실 오래되었다. 나의 책이 처음 한울에서 나온 것이 1995년이었다. 그러니 20년 가까운 인연이다. 그 긴 세월 동안 여러 차례에 걸쳐 부족한 원고를 책으로 만들어준 일에 대해 진심으로 감사한다. 이 출판사의 기획실에 근무하는 윤순현 님의 각별한 정성과 세련되고 민감한 일 처리가 아니었다면 지금까지 나온 그 여러 책이 이룬 성과는 아마도 불가능했을 것이다. 그 덕분에 나는 지금 여러 권의 '우수학술도서'의 지은이가 되었다. 이 자리를 빌려 진심으로 고맙다는 말을 전하고 싶다.

2013년 3월
범부 문헌을 풀어쓰면서
남녘땅 기장에서
김정근

제1장

국민윤리특강

해설

문헌의 유래

지금 여기 풀어쓰기의 형태로 소개하는 범부의 「국민윤리특강」은 원래 그가 행한 강의의 내용이다. 이 강의는 실로 범부 사상의 핵심을 드러내는 것으로서, 풍류정신을 복원하여 그 기반 위에 신생 대한민국의 국민윤리를 올려놓자는 주장을 담고 있다.

이 글을 자세히 읽어보면 매우 학술적인 내용을 강의 방식으로 전달하고 있음을 알 수 있다. 아마도 이런 방법을 강술講述이라고 할 수 있을 것이다. 내용의 여기저기에 이 강의가 연합군의 참전이 개시된 6·25 전쟁 초반에 행해졌다는 것과 청중이 '교육자들'이라는 사실이 밝혀져 있다. 강의가 행해진 것이 전쟁이 시작한 해인 1950년이면 범부 나이 54세, 1951년이면 55세 때이며 당시 그는 민의원國會議員을 지내고 있었다. 강의는 제1강에서 시작하여 제5강으로 끝나고 있다. 다섯 편의 강의의 길이가 서로 비슷하지 않고 어떤 것은 길고 어떤 것은 짧은데, 실제로 그렇게 행해졌는지 나중에 누군가의 손에 의해 그와 같이 편집된 것인지 알려진 바는 없다.

강의가 행해진 이후 그 내용이 속기록의 형태로 남았다. 속기를 한 사람이 누구인지는 알려지지 않았다. 아무튼 그렇게 남겨진 속기록은 범부의 손에서 범부의 충실한 제자인 이종후李鍾厚, 1921~2007, 영남대학교 교수, 한국철학회 회장 역임의 손으로 넘어가 거기서 한동안 보관되었다. 속기록이 활자화되어 세상에 얼굴을 알리게 된 것은 이종후가 주관하던 학술지 ≪현대現代와 종교宗教≫, 창간호1977. 11의 지면을 통해서였다. 그것은 실로 강의가 행해진 때로부터 30년 가까운 세월이 흐른 뒤였고 범부 사후 11년째가 되는 해였다. 1년 뒤에 같은 내용이 ≪한국국민윤리연구韓國國民倫理研究≫한국국민윤리교육연구회(韓國國民倫理教育研究會), 7집 1978에 실려 학계에 한 번 더 알려졌다. 그다음 다시 시간이 한참 흐른 뒤에 범부선생유고간행회회장 이종후에서 범부의 『화랑외사』, 삼간본을 꾸밀 때 같은 내용이 부록으로 실려 소개된 적이 있다. 그래서 강의 속기록의 내용은 지금도 다양한 지면을 통해 접근이 가능하다. 원본이 필요한 연구자들은 그것을 구해 참고하면 좋을 것이다. 여기 한글세대의 독자들을 위해 풀어쓰기 작업을 하면서 내가 사용한 저본底本은 인쇄본으로서는 가장 먼저 나온 ≪현대와 종교≫, 창간호에 실린 내용이다. 참고로 말해두자면 한국에서 '국민윤리'란 조어는 범부의 발명품인 것으로 알려져 있다.

문학평론가 조연현은 그의 책 『문장론文章論』형설출판사, 1981에 범부의「국민윤리특강」전문을 싣고203~239쪽 다음과 같이 소개한 바 있다.

金凡父김범부는 우리나라의 天才的천재적인 숨은 哲學家철학가의 한 사람으로서 많은 尊敬존경을 받았던 분이다. 이 글은 講演강연을 速記속기한 것이므로 처음부터 文章문장으로 쓴 것이 아니기 때문에 文章力문장력이 주는 매력은 찾아볼 수 없으나 읽는 이에게 깊은 感銘감명을 준다. 이 글은 우리나라 글 중에서 내가 가장 感銘감명을 받았던 것의 하나다. 이 글이 주는 感銘감명은 文章力문장력이 아니다. 이 글 속에 담긴 作者작자의 해박한 知識지식과 그 獨自的독자적인 解釋해석과 思想사상 때문이다. 이것은 좋은 文章문장이란 表現的표현적인 技巧기교에서 얻어지는 것이 아니라 그 속에 담겨져 있는 內容내용에서 얻어지는 것임을 알려주고 있다. 文章문장의 內容내용이란 무엇일까. 그것은 바로 作者작자의 人品인품이요, 思想사상이요, 經驗경험이다. 그러니까 좋은 文章문장을 쓰는 秘訣비결은 좋은 人品인품과 훌륭한 思想사상과 切實절실한 經驗경험을 얻는 데 있음을 알 수 있다. 읽을수록 깊은 맛을 느끼게 하는 이 글을 여러 번 되풀이해서 읽어 보기를 권한다203쪽.

가공이 필요하다

범부가 남긴 이 문헌은 참으로 중요한 내용을 담고 있다. 모든 시대에 적용되는 내용이겠지만 특히 우리 시대에 긴요한 주제를 다룬다. 우리 시대가 간절하게 목말라하는 국민윤리 문제를 심도 있게 다루고 있는 것이다. 한편 이 글은 내용 제시의 측면에서 많은 문제점을 내포하고 있다. 단적으로 말해 오늘의 독자 대중과는 정서와 표현의 방법에서 서로 맞지 않는 면이 있다.

내가 보기에 일이 그렇게 된 데는 언어 구사에서 나타나는 범부의 특성이 한몫을 하는 것 같다. 범부의 언어는 정치하고 심오하지만 오늘의 독자가 이해하기에는 자못 어려운 점이 있는 것이 사실이다.

다음으로 생각할 수 있는 것이 세대 간의 차이라고 볼 수 있다. 범부는 1897년에 태어나서 1966년에 세상을 떠났다. 올해가 2013년이므로 지금부터 116년 전에 태어나 47년 전에 고인이 되었으니, 약 반세기 전의 사람이라고 할 수 있다. 강의가 이루어진 것을 1950년으로 보면 이 문헌은 63년 전에 생산된 것이다. 이러한 이유로 그때의 언어와 지금의 언어가 서로 많이 달라져 있다는 것을 이 글을 통해 확인할 수 있다. 시간의 흐름에 따라 언어는 변하기 마련이므로, 이는 어쩔 수 없이 생겨난 간극으로 보아야 한다.

또 하나 오늘날의 독자가 접근하는 데 장애 요소로 작용하는 것은 이 문헌이 범부의 직접 집필과 퇴고 과정을 거쳐 나온 것이 아니라는 점이다. 강의라고 하는 형식을 빌려 나온 것이기 때문에 구어체이며 전혀 다듬어진 흔적이 없다. 따라서 즉흥성이 배어 있고 때로 흐름이 빗나가고 있는 대목도 있다. 청중의 반응에 따라서 같은 내용을 반복적으로 설명하고 있기도 하다. 이런 이유들로 돛단배가 미끄러지며 앞으로 나가듯이 읽기가 매끄럽게 진행되지 못하는 것이라고 생각한다.

여기에 '속기'로 기록되었다는 점도 글에 대한 접근을 저해하는 요소로 작용한다. 이 문헌을 이 세상에 존재하게 했다는 점에서 강의 현장에서 속기록을 작성한 그 누군가의 손은 위대하다. 그의 수고를 통해 오늘날 우리는 범부를 만나고 있는 것이다. 하지만 추측컨대 속기를 한 사람은 전문 속기사가 아니라, 청중 가운데 앉아 있던 범부의 제자 가운데 한 사람이었던 듯하다. 이와 같이 문헌이 속기의 과정을 통해 남겨지다 보니 범부의 콘텐츠가 액면 그대로 전달되지 못하고 부분적으로 유실되고 만 흔적이 있는 것은 아쉬운 대목이다. 독자가 읽을 때 느끼게 되는 불편함의 원인에는 이러한 사정도 있을 것이라고 생각한다.

가공의 방법

세대 간의 차이, 범부 개인의 특성 등에서 오는 언어 사용의 문제를 포함하여 위에서 지적한 이런저런 문제점을 해결해보려는 것이 이번 기획의 동기이며 목적이다. '풀어쓰기'라는 형태로 독자의 접근성을 높이려는 작업을 진행하면서 여러 가지 사항을 헤아리고 심사숙고했다. 그 내용을 대강 소개하면 다음과 같다.

• 중요한 독자로서 한글세대의 연구자, 일반 독자, 학생 들을 상정하고 작업을 진행한다. 나의 경험에 비추어보았을 때 그들이 원래의 형태로 「국민윤리특강」을 제대로 소화하기란 아주 불가능하지는 않겠지만 상당히 어려울 것이라고 생각한다. 이 어려움을 제거하는 것이 이 작업의 목적이다.

• 필요하다고 생각되는 부분에는 각주를 달아 독자의 이해에 도움이 되도록 한다. 다만 이 작업이 범부의 내용을 대중에게 전달하기 위해 이루어지는 것이므로 그 취지를 살려 각주의 양을 가능한 한 줄이고 그 뜻은 본문에서 반영되도록 한다.

• 강의 초록을 풀어쓰는 것이므로 구어체는 그대로 유지한다.

• 어려운 한문 투의 낱말은 쉬운 우리말로 바꾸고 지금의 독자에게 어색하게 들릴 수 있는 옛날식 표현은 시대에 맞게 고친다. 예를 들면 다음과 같다.

- '全然전연'을 '전혀'로

- '賢能현능'을 '어질고 재간 있음'으로

- '原則원칙에 依據의거하여'를 '원칙에 따라'로

- '歐洲列國구주열국'을 '유럽의 여러 나라'로

- '결단코'를 '결코'로

- '흙이 백혀 있다'를 '흙이 박혀 있다'로

- '구찮다'를 '귀찮다'로

- 속기 과정에서 발생한 것으로 보이는 난삽하고 어색한 표현은 문장 자체를 바꾼다. 예를 들면 갑)에서 을)로 고친다.

  - 갑) 그 國民的국민적 倫理윤리는 國民국민의 性格성격을 豫想예상하지 않고는 成立성립되지 않는 것인즉 이 國民倫理국민윤리는 서로 영영 通통하지 않고 마느냐 이것이 問題문제입니다(저본 76쪽).

    을) 국민윤리가 각각의 국민의 성격을 전제로 하여 성립하는 것이라고 한다면, 여러 나라의 국민윤리는 서로 아주 통하지 않는 것인가 하는 문제입니다.

  - 갑) 우리의 國民倫理국민윤리의 闡明천명에 있어서 첫째 重要중요한 問題문제는 우리의 傳統전통을 천명하여야 하는데 이 傳統전통 가운데 두 가지 種類종류가 있습니다(저본 78쪽).

    을) 우리 자신의 국민윤리를 논의하는 데 있어서 중요한 것은 우리의 전통을 천명하는 일입니다. 우선 전통에는 두 가지가 있습니다.

  - 갑) 그런데 藝術的예술적 要素요소로서는 花郞화랑은 무엇을 重視중시하느냐 할 것 같으면 音樂음악을 대단히 重視중시했습니다(저본 84쪽).

    을) 예술적 요소를 보기로 합니다. 화랑이 중시한 예술은 음악이었습니다.

- 이들 외에도 저본을 반복적으로 읽으면서 나 자신의 경험에 비추어 오늘의 독자가 읽기에 장애 요소로 작용함 직한 부분은 과감하게 고친다. 그 결과 문단의 구조를 무리가 없는 선에서 약간씩 바꾸어주기도 한다. 즉흥성을 가지는 강의의 특성상 가끔 옆길로 들어선 부분은 바로잡고, 중복된 부분은 통합하고, 난삽하게 뜻이 꼬여 있는 부분은 전후 문맥을 살펴 흐름이 순조롭게 트이도록 한다. 이와 같이 손질을 보되 범부의 콘텐츠는 최대한 살린다.

문헌에 대한 해설은 이 정도에서 마감하려고 한다. 이제 범부의 강의 속으로 들어가 그의 유장한 사상을 직접 대면해보기로 하자.

1. 왜 국민윤리인가?[1]

우선 국민윤리라는 말부터 해석을 내리고 보아야 할 것 같습니다. 국민윤리란 무엇을 뜻하는 것일까요? 우리는 오래전에 국민이라는 말을 사용한 적이 있습니다. 하지만 그것은 오늘날 우리가 사용하는 말과 같은 뜻을 지니는 것은 아니었을 것 같습니다.

하기는 이 국민이라는 말은 서양에서도 대단히 애매한 데가 있어서 시비가 많은 모양입니다. 어떻게 시비가 많이 되느냐 하면, 국민, 민족, 인민, 이 세 가지를 가지고 어떤 경우에는 국민이란 표현을 사용하고 어떤 경우에는 민족이란 표현을, 또 어떤 경우에는 인민이란 표현을 사용하는가에 대해 그 경계가 분명하지 않은 데서 문제가 생깁니다.

---

1   원래 '解題(해제)'라고 되어 있는 표현을 풀어쓴이가 내용에 맞게 바꾸었다.

그런데 우리는 그와 같은 시비를 할 필요가 없습니다. 다만 우리는 구별을 하고 넘어갈 필요가 있습니다. 국민과 민족을 어떻게 보느냐, 이것을 엄밀하게 구분하는 사람도 있고 그러지 않는 경우도 있는데, 역시 구분할 필요가 있다고 생각합니다. 그러면 어떤 기준에서 구분하는 것이 제일 명확한 것인가 하면 간편하고 빠른 방법이 하나 있습니다. 그것은 국가 발달사의 관점에서 보는 것입니다.

국민이라고 할 때 정녕 국가 없는 국민은 없을 것입니다. 국가가 없으면 국민은 없는 것입니다. 국가 발달사로 볼 때 가령 부족국가 시대에는 부족국가의 국민이 있었습니다. 그것은 국민이며 민족은 아니었습니다. 다시 말해서 신라, 고구려, 백제가 정립해 있던 삼국 시대에는 신라 국민, 고구려 국민, 백제 국민이 있었습니다. 한편 신라, 고구려, 백제가 민족이었느냐 하면 그것은 아니고 대부족이었습니다. 민족국가는 삼국통일 이후에 비로소 성립된 것입니다.

그러므로 일찍이 소부족국가 시대에는 소부족 국민이 있었고 중간의 대부족국가 시대에는 대부족 국민이 있었습니다. 그러니 같은 민족 가운데 여러 국가와 국민이 있었습니다. 삼한 시대에는 삼한 국민이 있었고 삼국 시대에는 삼국의 국민이 있었습니다. 또한 그때 사람들의 국가의식이라는 것이 있었습니다. 가령 신라의 백성들은 신라 국민으로서 도리를 다해야 한다는 분명한 국가의식을 가지고 있었습니다. 그래서 같은 민족인데도 삼국으로 정립하여 서로 갈등했던 것입니다.

그런데 여기서 재미있는 것은 어떤 때는 민족의 내포內包가 넓어 한 민족 가운데 여러 국민이 있는 반면 요즘은 또 다른 현상이 있습니다. 미국과 같은 나라는 국민의 내포가 대단히 넓습니다. 그 넓은 내포 가운데 여러 민족이 있는 것입니다. 좋은 대조라고 할 것입니다. 지금 미국 사람들은 민족이란 소리를 대단히 듣기 싫어합니다. 왜냐하면 민족이라고 하면 분열이라는 것이 예상되기 때문입니다. 미국은 여러 민족이 어울려 합중국을 이루고 있으므로 민족보다는 국민이라는 점에서 통일되어 있습니다. 하나의 국민으로 통일되어 있으므로 역시 국민의 정신, 국민의 의식이 있는 것입니다.

우리의 경우는 국민과 민족을 구분하기만 하면 그만입니다. 그렇게 해두면 적용하고 해석하는 일이 쉬워집니다. 역사적으로 보아 우리의 민족사는 일관된 것이었습니다. 단군에서 시작하여 오늘에 이르기까지 우리의 민족사는 한결같이 흘러왔습니다. 잘 살았건 못 살았건 우리는 민족생활을 지금까지 내리 영위해왔습니다. 한민족으로서 개성을 유지하며 살아온 것이 사실입니다.

그런데 문제는 지금 우리가 국민으로서 살고 있느냐 하는 것입니다. 혹시 무슨 소리인가, 지금 대한민국이 당당하게 서 있지 않느냐, 그런데 국민으로 살고 있느냐고 묻는 것이 과연 맞는 말이냐고 의문을 제기할 수 있을 것입니다. 옳은 지적입니다. 지금 대한민국의 국민이 버젓이 있는 것이 사실입니다. 그런데 문제는 어느 정도로 우리가 국민의식을 갖추었는가 하는 것입니다. 우리가 어떤 통일된 국가의식, 통일된 국민의식을 가지고 있는가 하는 것입니다.

건전한 국가생활을 하는 데서만 국민의식이 생기는 것입니다. 무국가 생활, 국가 없는 생활을 하는 데서는 국민의식이 명확하게 성립되지 않습니다. 우리가 국가 없는 생활을 하는 동안에도 민족의식은 강하게 있었습니다. 그러나 그동안 우리는 국민의식이 없는 생활을 했던 것입니다. 대단히 부끄러운 일이지만 이렇게 표현할 수밖에 없습니다. 우리가 몸소 겪으며 살아온 역사이기 때문에 부정할 수 없습니다. 국가가 없었기 때문에 무국가의 생활을 40년이나 해야 했고 그동안에 국민적 통일성 없이 살아온 것입니다.

그리고 지금도 우리가 우리 자신을 진솔하게 반성한다면 기가 막힐 노릇입니다. 단언하건대 지금 우리는 국민으로서 통일성을 가지고 있지 못합니다. 무슨 말인가 하면, 알고 보면 민족은 하나인데 여러 나라 사람이 살고 있다는 것입니다. 가령 서양을 갔다 온 사람은 서양적인 의식으로 살고 있습니다. 입는 옷이나 행동거지가 서양식이라는 것입니다. 일본에 익숙한 사람은 일본식 의식을 가지고 살고 있습니다. 중국에 갔다 온 사람은 중국적인 의식으로 살고 있습니다.

여러분은 교육자들이시기에 다 아실 것입니다.[2] 학교 교육이나 사회 교육에서 통일이 없으므로 그것이 자라는 사람들에게 그대로 반영되어 있습니다. 아이들에게 어떤 행동을 시켜보면 각자 자기 집에서 익숙한 대로 합니다. 아마 좀 우습다고 생각되는 점이 많이 있을 것입니다. 지금도 어떤 사람 속에는 일본 사람이 들어 있습니다. 그들은 생각과 말과 행동이 모두 일본식입니다. 유럽이나 미국에서 훈련을 받은 사람은 역시 그런 식으로 보고 그런 식으로 행동합니다. 그리고 아이들은 그런 어른을 따라 하기 마련입니다.

그렇기 때문에 교육이 큰 문제입니다. 교양은 표준 없이는 성립되지 않는 것입니다. 이를테면 여러분은 하와이에서 자란 아이들도 보고, 일본에서 자란 아이들도 보실 것입니다. 아이들의 교양을 판단할 때 표준

---

2 이 강의가 교육자들 앞에서 행해졌다는 사실이 이 대목에서 드러난다. 강의의 내용을 제대로 이해하기 위해서는 뒤에서 밝혀지고 있는 바와 같이 강의가 행해진 시기가 6·25 한국전쟁 초기였다는 사실을 아울러 참작할 필요가 있다.

을 구하기가 어려울 것입니다.

우리는 일상에서 저 사람이 좀 덜되었다든지 교양이 좀 모자란다든지 그런 생각을 하게 됩니다. 그런데 교양이란 지식이나 학식의 문제가 아닙니다. 오히려 그 사람의 성격과 태도와 관련이 있습니다. 풍격風格이라고 해도 좋겠습니다. 그런데 이 풍격이라는 것이 표준 없이는 가늠하기가 대단히 어렵습니다. 그것이 일본 사람이라면 그 정도로서 그만되었는데, 한국 사람으로서는 덜되었다고 하는 그런 것이 있습니다. 국민적 성격이 이렇게 분산되어 있어서는 교양의 표준이 성립되기가 어렵습니다.

여기서 여러분은 이렇게 생각하실 수 있을 것입니다. 그럼 이제부터 국민생활, 국가생활은 그만두고 세계적인 생활을 하면 어떠냐고 하실 수 있을 것입니다. 세계인으로 살 것을 예상하면 서로 다른 것이 섞여 있으면 더욱 좋은 것이고 국민적 통일, 국가적 통일과 같은 것은 없어져도 좋은 것이 아니겠느냐고 하실 수 있을 것입니다. 그러나 그것은 도저히 안 되는 것입니다. 왜 그러냐 하면 조화라는 것은 개성이 없는 데서는 이루어질 수 없기 때문입니다. 개성이 있은 연후에 조화가 가능한 것입니다. 그러므로 어떤 국민이고 어떤 민족이고 간에 개성이 있은 연후에 조화가 있는 것입니다.[3]

사실 이것은 정치철학에서 할 이야기이지만 관련이 있으므로 부득이 언급해야겠습니다. 지금 제국주의는 땅 위에서 모두 퇴장하고 있습니다. 과거 영국인은 자기네의 제국주의는 실패할 리가 없다고 장담했을

---

3 여기서 '개성', '조화'라는 표현에 주목할 필요가 있다. 그 속에 범부의 유장한 사상이 숨어 있기 때문이다.

뿐 아니라 세계인들도 영국 제국주의는 붕괴될 리가 없다고 보았습니다. 그런데 지금 어떻습니까? 영국 제국주의는 자진하여 인도와 아일랜드를 내놓았습니다. 캐나다와 호주는 영국 자치령인데 사실상 독립국이나 마찬가지입니다. 영국은 본토로 돌아가고 말았습니다. 어떻게 호주와 캐나다가 이름만 자치령으로 있는 것이며 사실은 독립이 다 되었다고 볼 수 있을까요? 우리는 이것을 보아야 합니다. 유엔에 캐나다 대표와 호주 대표가 당당한 일국의 대표로 나와 있습니다. 영국 대표가 캐나다와 호주를 대표하는 것이 아닙니다. 캐나다와 호주는 국제적으로 독립국가로 인정받고 있는 것입니다.

그러므로 식민정책의 면에서 지금 영국은 완전히 성공한 것입니다. 미국 같은 나라를 만들고 캐나다와 호주를 만들었습니다. 식민정책은 성공한 것입니다. 그러나 제국주의는 실패했습니다. 영국만 제국주의에 실패한 것이 아닙니다. 땅 위의 모든 제국주의가 다 실패했습니다. 이것은 원칙입니다. 제국주의는 반드시 실패한다고 하는 것은 학설로서 독단이 아니냐고 할지 모르지만 그렇지 않습니다. 영국 제국주의만 퇴장한 것이 아닙니다. 독일 제국주의도 퇴장하고 동양의 일본 제국주의도 퇴장했습니다. 땅 위에 남아 있는 제국주의라면 이제 소련의 붉은 제국주의 하나밖에 없습니다. 세월이 바뀌어 미국이 제국주의화하면 어떻게 할 것인가, 이런 의문을 품을지 모르지만 그게 그렇지 않습니다. 일이 그렇게 되는 것이 아닙니다. 소련의 붉은 제국주의가 퇴장하고 나면 땅 위의 제국주의가 다 없어지는 판인데 그때 미국이 새삼스레 제국주의 정책을 취할 수 있겠는가 하는 것입니다. 그렇게 못합니다.

그것은 무슨 이유 때문일까요? 이는 다른 시간에 좀 더 자세히 이야기할 것이지만 지금 여기서는 제국주의가 분명히 퇴장하고 있다는 것만 강조해두려고 합니다. 회고하면 한때 이런 것이 있었습니다. 마치 몽상과도 같은 것이었습니다. 말하자면 어떤 한 개의 개성, 어떤 한 민족이나 한 국가의 개성이 전 세계를 통일해버리면 어떨까 하는 그와 같은 꿈을 품었던 것입니다. 영국이 그런 꿈을 꾸었습니다. 전 세계를 영국 중심으로 통일하려는 의도를 가졌던 것입니다. 한때 독일도 같은 꿈을 꾸었습니다. 영국은 말하자면 야만인을 문명화시키는 책임을 지고 전 세계를 한번 통일해야 하겠다는 꿈을 품었습니다. 제국주의는 반드시 나쁜 생각만 하는 것이 아닙니다. 제국주의는 약한 자를 정복해서 노예로 삼고자 하는 의욕만 있는 것이 아닙니다. 영국 제국주의는 전 세계의 미개지에 문명의 불을 밝히고 영국이 중심이 되는, 말하자면 정치적으로 권력의 중심이 되고 문화적으로도 지도중심이 된다, 이것이 영국 제국주의의 이상이었습니다. 그랬는데 하여간 실패했고, 제국주의로서는 완전히 실패했습니다. 전부 다 떨어져 나가고 처음의 잉글랜드만 남았습니다. 전 세계의 제국주의 국가에 불어닥친 운명 앞에서 영국이 제일 선배입니다. 제국주의의 승리자로서 앞에 섰던 것과 마찬가지로 제국주의의 패배자로서도 영국이 앞장을 섰습니다. 그다음의 모든 제국주의의 운명은 영국을 보고 다 따라갈 것입니다. 영국의 운명대로 다 가고 말 것입니다.

독일도 그랬습니다. 독일은 아주 특별한 데가 있었습니다. 독일 제국주의의 이상은 굉장한 데가 있었습니다. 영국은 범연凡然하게 정치적으로는 통치중심이 되고 문화적으로는 교도教導중심이 된다, 그렇게 범연한 태도를 취했습니다. 그러나 독일의 경우는 달랐습니다. 독일의 제국주의는 그것이 카이젤카이저(Kaiser)이든 히틀러든 다른 것이 아닙니다. 모두가 헤겔 철학을 구현하겠다고 나타난 사람들입니다. 그리고 독일

제국주의에는 헤겔만 관계된 것이 아닙니다. 가장 인도주의적인 피히테도 제국주의를 변호하고 독일 제국주의의 이념적 기초를 놓는 데 공을 세웠습니다. 이 점에서 피히테는 헤겔에 조금도 못지않았습니다.

제국주의라는 것이 역사적으로 말하면 반드시 통과해야 하는 단계입니다. 이 지구는 인간이라는 동물의 손에서 한 번 완전히 개척을 받아야 할 그런 운명을 가지고 있습니다. 부족국가 시대에는 부족이 서로 싸웠습니다. 그러나 그것은 공산주의자들이 말하는 투쟁사와는 다릅니다. 부족이 왜 싸우느냐 하면 거기에는 이유가 있습니다. 부족이 싸우지 않으면 통일이 안 되는 것입니다. 노자 말씀에 "닭과 개 소리가 들리고 사람들이 서로 내왕한다"고 했는데 이것은 완전한 평화 시절을 말하는 것입니다. 노자는 아닌 게 아니라 그런 절대 평화의 이상을 가졌던 것입니다. 그러나 인류의 역사는 노자의 사상과는 전혀 딴판으로 진행되어 왔습니다.

다른 데를 볼 것도 없이 우리나라의 예를 들어봅시다. 신라, 백제, 고구려 이전에 작은 나라가 수도 없이 많이 있었습니다. 고구려 땅에 60여 나라, 신라 땅에 50여 나라, 백제 땅에 40여 나라, 합해서 대략 200여 나라가 있었습니다.[4] 이것이 부족국가 시대의 모습입니다. 서로 싸운 결과 삼국이 된 것입니다. 이 삼국이 또 가만히 있으면 통일이 안 됩니다. 그래서 이들이 또 싸워서 민족국가로 통일이 된 것입니다. 우리가 민족국가가 된 것이 신라의 삼국통일 이후입니다.

---

4 범부는 여기에서 삼국이 정립되기 이전에 소부족국가가 수도 없이 많았다는 사실을 밝히고 있다. 다만 숫자는 대강 그렇다는 것일 뿐 정확한 수치는 아닌 것으로 보인다. 범부가 이 강의를 하던 당시에는 정확한 숫자가 밝혀진 연구가 없었는지도 모른다.

그다음에 오는 것이 봉건 시대입니다. 우리나라는 완전한 봉건제도를 통과하지 않았습니다만 유럽의 여러 나라와 중국은 완전한 봉건 시대였습니다. 진시황의 시대는 완전한 봉건 시대였으나 진시황이 비로소 민족국가로 통일한 것입니다. 아무튼 이 민족국가 통일 이전까지는 같은 민족이 서로 싸웠습니다.

그런데 흔히 우리나라의 유치한 사가들이 이런 말을 합니다. 신라가 나라를 통일했지만 역사적으로 죄악을 저질렀다는 것입니다. 그것이 무슨 말이냐 하면 외족外族인 한족漢族을 끌어다가 동족인 백제를 쳤으니 죄악이라는 것입니다. 그러나 이것은 유치하고 무식하기 짝이 없는 말입니다. 왜냐하면 그 당시 백제는 왜족倭族과 합세해서 신라를 쳤습니다. 그래서 신라는 한족漢族과 합세하여 백제를 친 것입니다. 그래서 백제가 항복할 때 머리를 풀고 흰옷을 입고 항복을 고하는 항단降壇에서 읽은 죄목 가운데 왜족과 합세해서 침략했다는 항목이 들어 있습니다. 물론 신라는 전승국의 위치였으므로 백제 측에서는 신라가 한족과 합세했다는 말은 못하는 것입니다. 그러나 이것을 알아야 합니다. 결코 백제에도 죄가 없고 신라에도 죄가 없었던 것입니다. 왜냐하면 그 당시의 국가 관념은 부족국가 관념입니다. 그때는 민족문제가 없었습니다. 그 당시에는 그러한 국가 관념하에서 행동을 취한 것이므로 한족하고 합세했든 왜족하고 합세했든 역사적 죄악과는 상관이 없습니다.

민족국가가 성립된 이후에 생긴 민족국가 관념을 가지고 그 이전에 있었던 일을 추궁하여 죄악시한다는 것은 대단히 무식한 처사입니다. 세계사, 특히 유럽사를 보면 로마에 와서 비로소 주변의 여러 나라를 통합해서 대제국이 생기게 됩니다. 따라서 유럽에도 민족문제가 일어난 것은 17세기 때입니다. 16세기까지는 민족문제가 없었습니다. 민족국가가 성립된 이후에 민족국가 관념이 일어나는 것이므로 이미 민족국가가 성립된 뒤에 민족이 다시 분열된다든지 하면 그때는 죄악이라는 말을 할 수 있습니다. 그래서 민족문제가 일어나기 이전에 취한 행동을 추궁하여 죄를 묻는 일은 대단히 우스운 일입니다.

그런데 여기서 지적하고 넘어갈 것이 두 가지 있습니다. 첫째는 역사의 원칙을 잘 모르는 코즈모폴리턴cosmopolitan들의 망상입니다. 국가는 민족국가까지 왔다가 다시 제국주의 국가까지 왔습니다. 제국주의란 어떤 한 민족이 다른 민족을 정복해서 영토를 영유하는 것을 말합니다. 이 제국주의 국가는 단순한 민족국가와 성질이 다릅니다. 그래서 민족국가에서 제국주의 국가까지 왔으니 그다음은 무엇이냐, 민족국가가 서로 싸워서 제국주의 국가까지 발전하고 제국주의 국가들이 서로 싸우면 그다음은 무엇이냐, 그다음은 세계제국이 온다, 이것이 이른바 코즈모폴리터니즘이란 것입니다.

그런데 이 코즈모폴리터니즘은 결코 헤겔에서 출발한 것이 아닙니다. 사상적 계보로 보면 원래 스토아학파에서 제창한 것인데, 말하자면 개인이 있고 세계가 있다는 것입니다. 개인과 세계, 그 중간에 다른 것은 없다는 것입니다. 그런데 스토아학파에서 제창한 것을 누가 실현하려고 했느냐 하면 바로 로마제국입니다. 로마제국이 당시에 아무리 크다고 해도 지금 보면 얼마 되지 않지만, 그때는 세계제국으로 자처했습니다. 그래서 스토아학파가 제창한 이른바 세계시민사상을 로마제국이 실현했다고 보았고, 아닌 게 아니라 그만큼 실현되었습니다. 그런데 이런 망상이 헤겔 철학을 통해서 한편으로 무모한 세계제국주의로 발전하고 다른 한편으로는 공산주의로 발전합니다. 공산주의자들은 자본주의라는 것과 제국주의라는 것을 같이 해석합니다. 그래서 자본주의가 붕괴하면 곧 제국주의가 붕괴하고, 그렇게 되면 그 후에는 세계가 남고 노동자라는 인민이 남을 것이다, 그와 같이 공산주의자는 말합니다. 그러므로 코즈모폴리턴과 공산주의자는 제국주의가 붕괴된 뒤에는 국가라는 것이 없어진다고 보는 점에서는 일치하는 것입니다. 그런데 이것이 모두 어디서 왔느냐 할 것 같으면 아주 무모한 생각에서 온 것입니다. 그야말로 역사의 현실을 모르는 공소空疏한 관념에서 나온 것입니다. 역사의 현실은 결코 그런 것이 아닙니다.

결론부터 먼저 말하자면, 앞으로 국가는 완료된 국가, 민족국가가 될 것입니다. 그러면 여러분은 좀 이상하다는 생각을 하실 수 있을 것입니다. 부족국가에서 봉건주의 국가로, 그것이 다시 민족국가, 제국주의 국가로까지 발전하고, 제국주의가 붕괴하면 거꾸로 돌아가는 일은 없을 터이므로 그다음에는 세계제국이 온다든지, 전세계일가全世界一家가 된다든지 그렇게 보는 것이 순리가 아니겠느냐고 의문을 제기할 수 있을 것입니다. 그렇게 보는 것이 논리적 순서로나 관념적 순서로서 당연한 것이 아니겠느냐고 할 수 있을 것입니다. 그러나 그것이 아닙니다. 헤겔이 바로 여기에 속았습니다. 헤겔의 논리라는 것이 발전은 무궁하다, 끝이 없다는 것입니다. 그러니 이 논리를 죽이지 않으려고 하면 무궁하게 발전이 된다고 주장해야 할 것입니다. 그러나 이 논리는 현실과는 맞지 않습니다. 아무도 역사에 있어서 발전의 원칙을 부인하지 못할 것입니다. 그러나 헤겔이 모르는 것이 있었습니다. 이른바 완료의 원칙이란 것을 헤겔은 몰랐습니다. 헤겔은 자신의 변증법적 논리를 설명하면서 달걀의 예를 들었습니다. 여기 달걀이 있다, 이 달걀을 가만히 두면 영원히 달걀밖에 안 된다, 이것이 테제these입니다. 이 달걀은 자기부정을 통해 병아리가 된다, 이것이 안티테제antithese입니다. 그리하여 병아리는 다시 자기 부정을 통해 큰 닭이 된다, 이것이 이른바 합슴, synthese입니다. 그런데 그 닭은 영원히 살지 못하므로 죽을 것입니다. 그러면 죽는 것도 발전이냐 하면 그렇지는 않으므로, 달걀은 큰 닭이 되는 데서 완료한 것입니다. 이것이 완료의 원칙입니다. 헤겔은 정반합正反合의 원칙이 역사에 적용될 뿐 아니라 우주 전체에도 적용되는 것처럼 생각했습니다. 배꽃이 피어서 배가 되고 사과꽃이 피어서 사과가 되는 거기까지 정반합이 맞는다고 하더라도 그다음은 어떻게 되는 것입니까? 배꽃이 자기 스스로를 부정합니다. 부정하는 작용이 움직여서 나중에 배가 됩니다. 배가 되는 것으로서 생성은 완료되는 것입니다. 배는 배 이상의 것으로는 안 되는 것입니다. 그러므로 발전하는 단계에는 발전의 원칙을 적용하되, 여기에 완료의 원칙이 있는 것을 알아야 하는 것입니다. 이것을 몰라서는 자연계는 말할 것 없고 역사도 제대로 인식이 되지 않습니다.

예를 들면 역사에서 그리스문화는 굉장한 문화였습니다. 그래서 그리스에는 칠현七賢이 있었고 소크라테스, 플라톤, 아리스토텔레스, 이렇게 삼현三賢도 있었습니다. 그런데 아리스토텔레스 이후에 그리스에서 더 이상 발전된 것이 무엇이 있습니까? 그리스는 그때로서 완료된 것입니다. 그리스 사람들이 잘못한 것이 아닙니다. 그리스의 성격으로서는 그 이상 더는 못 간다는 말입니다. 슈펭글러는 『유럽의 몰락서구의 몰락(Der Untergang des Abendlandes)』이라는 책을 내어 대단한 센세이션을 일으켰습니다. 유럽문화는 몰락한다, 그러므로 이후의 유망한 민족은 지금까지의 세계문화 건설에 참여하지 못했던 민족일 것이라고 말했습니다. 그런데 여기에 슈펭글러가 잘못 생각한 것이 있습니다. 물론 옳게 본 점이 있다고 하겠습니다만 반드시 정곡을 찌른 것이 아니라는 것입니다. 유럽의 몰락이 아닙니다. 유럽적 문화 형태의 완료라고 보아야 하는 것입니다. 다시 말해 르네상스에서 출발한 문화가 지금 20세기에 와서 완료되었다고 말해야 하는 것입니다. 몰락이 아닌 것입니다. 르네 상스에서 출발한 문화가 이제 끝이 난 것입니다.

　로마문화가 완료되었기 때문에, 그리스문화가 완료되었기 때문에, 유럽이 몰락한 것도 아닙니다. 르네상스 이후 유럽의 근대문화가 새로 생겨났기 때문입니다. 그러므로 슈펭글러는 너무 비관적입니다. 유럽이 몰락하지는 않을 것입니다. 슈펭글러의 말대로라면 중국이 몰락했다는 말이 벌써 나왔을 것입니다. 그러나 중국은 몰락하지 않았습니다. 인도도 몰락하지 않을 것입니다. 우파니샤드에서 출발한 인도적 문화는 석가여래로서 완료된 것입니다. 몰락한 것이 아니고 인도적 문화의 완료입니다. 중국적 문화는 한대漢代에 완료될 뻔했는데 인도에서 불교가 들어와 그것의 영향을 받아 육조六朝 때에 인도문화와 중국문화가 어우러져 당송문화唐宋文化라는 것이 나왔습니다. 그러므로 당송문화라는 것은 단순한 중국문화가 아니라 인도문화와 아울러 합성合成된 것입니다. 이 합성된 당송문화는 주자 시대에 와서 완료되었습니다. 주자 이후 오늘까지 한족문화漢族文化는 더 이상 발전이 없습니다.

　이러한 완료의 원칙을 국가발달사에 적용해보면, 국가는 원시부족국가 시대에서 오늘날까지 발전해오는 역사적 과정에서 민족국가로서 완료되고 있습니다. 배꽃이 피어서 배가 되고 사과꽃이 피어서 사과가 되는 것과 같이 국가는 민족국가로서 완료된 것입니다. 부족은 서로 생존을 위해 싸우지 않으면 안 됩니다. 그러나 민족국가까지 온 이후에는 자국 내에서 더 이상 싸울 필요가 없습니다. 국가로서 완료되었기 때문입니다. 이것은 관념의 문제가 아니고 현실의 문제입니다. 역사는 어떤 관념적 공식이나 논리적 공식을 가지고 보아서는 안 되며 사실대로 보아야 합니다. 그래서 국가는 민족국가에서 완료되었다는 사실을 역사에서 보아야 할 것입니다.

그런데 여기에 미묘한 문제가 있습니다. 그렇다면 제국주의는 왜 있느냐는 문제입니다. 국가가 민족국가로서 완료되었으면 민족국가로서 살 것이지 여기에 무엇 때문에 제국주의가 일어났느냐, 왜 민족과 민족이 서로 싸웠느냐는 것입니다. 여기에 대한 답은 이와 같습니다. 민족과 민족이 서로 싸워서 제국주의를 가져온 것은 세계사회를 실현시키기 위해서였다는 것입니다. 그래서 역사적으로 제국주의는 반드시 와야 하는 것입니다.

제국주의 내지 자본주의가 일어나지 않았다면, 이 세계는 개척되지 못했을 것입니다. 제국주의의 의욕, 자본주의의 의욕이 팽창하여 이 세계를 개척했습니다. 그래서 우리 동방 사람들이 현재 발언권이 없습니다. 그것은 세계사의 개척을 유럽과 미국 사람들이 했기 때문입니다. 우리 동방에서는 세계로 뻗어나간 제국주의가 일어나지 않았기 때문에 세계 개척의 공로가 없습니다. 자본주의적 의욕이 아니면 이 세계사회가 전개되지 않았습니다. 시장 획득을 위한 자본주의 의욕, 제국주의의 영토 의욕은 과학과 기술을 발달시키고 여러 가지 교통수단과 통신수단을 만들어주었습니다. 여기에 대해 자세히 이야기하려면 대단히 길어지는데 가능하면 줄여보도록 하지요.

사회의 형태가 한 번씩 변할 때는 정치, 경제, 문화도 변하게 되는데, 여기에 특별히 변화를 많이 가지고 오는 것이 무기입니다. 무기발달사를 고찰하면 역사를 보는 데 편리합니다. 부족국가 시대에는 동물의 뼈, 몽둥이 등으로 싸웠습니다. 그다음에 대부족국가 시대나 봉건국가 시대에는 말을 타고 칼과 활과 창을 가지고 싸웠습니다. 그런데 이 정도로는 부족 간의 전쟁이나 봉건영주끼리의 전쟁밖에 못합니다.

제국주의 시대에 들어와서는 대포와 군함으로 싸웠습니다. 원자탄, 수소탄까지 나왔는데 그것은 제국주의를 위해서 나온 것이 아닙니다. 새 무기가 나타나면 역사가 변동하는 것을 볼 수 있습니다. 탱크, 비행기, 여기까지는 제국주의 시대의 무기입니다. 그 이후에 생기는 신무기는 제국주의를 위해서 부여된 무기가 아닙니다. 마찬가지로 이제 제국주의에 변화가 옵니다. 국가는 민족국가로서 완료되었고 제국주의, 자본주의가 일어나서 세계개척을 했으니, 이제는 제국주의가 퇴장해야 합니다. 그러면 무엇이 남느냐, 이것이 문제입니다.

코즈모폴리턴이나 공산주의자는 민족이나 국가가 없어진다는 망상을 가지고 있습니다. 그러나 완료의 논리를 적용하면 결코 그렇게 되는 것이 아닙니다. 국가는 민족국가로서 완료했습니다. 제국주의가 붕괴한 다음에는 완료된 민족국가가 남는 것입니다. 이것이 현실적으로 증명되느냐 아니냐는 보면 알게 됩니다. 지금부터 어떤 민족이나 어떤 국가가 남의 영토를 침략하거나 그런 일은 없을 것입니다. 지금 유엔은 역사적으로 위대한 실천을 하고 있습니다. 그런데 유엔 자신은 스스로 역사적으로 어떤 위치에 있는지 모르고 있습니다. 이를테면 여러 나라의 군대가 지금 여기 와서 싸우고 있지 않습니까?[5] 다른 나라 사람은 잘 모르지만 미국 병사들은 흔히 이런다고 합니다. 자신들이 이 한국에서

---

5   이 강의가 6·25 전쟁 중에 행해졌다는 사실을 말해주는 대목이다. 전후의 문맥으로 보아 강의는 1950년 말경에 피난지 부산에서 행해진 것으로 추정된다. 당시 범부는 민의원(국회의원) 신분이었다.

죽어야 하는 이유가 무엇이냐고 일선에서 자기네 정부에 편지를 쓴다고 합니다. 그러면 미국 정부에서는 간단하게 "자유와 평화를 위해서 싸워라"라는 답변을 꼭 같이 해준다고 합니다. 자유와 평화를 위해서 싸워라, 그 이상 달리 할 말이 없을 것입니다. 그런데 이 위대한 실천을 하고 있는 이 사람들을 만족하게 해줄 수 있느냐 하면 그 준비를 할 여유가 없었다고 볼 수 있습니다. 왜냐하면 이론보다 실천이 앞서 왔기 때문입니다.

세계사회를 준비하기 위해 이 유엔이라는 것이 역사적으로 중요한 위치에 있습니다. 이것은 어떤 개인의 호의로 된 것이 아닙니다. 역사적 현실이 오다 오다 여기까지 온 것입니다. 그러므로 여러 나라에서 온 사람들이 여기 와서 죽는 것은 누가 시켜서 그렇게 되는 것이 아닙니다. 만약 시킨 주체가 있다면 그것은 역사 자체일 것입니다. 지금 유엔군의 실천은 유사 이래 처음 있는 일입니다. 무슨 말이냐 하면 어떤 국가, 어떤 민족이 다른 국가나 민족을 침략할 때에 여러 나라가 협력하여 세계공의世界公義로서 침략을 물리치려고 한다는 것은 역사상 처음 있는 일이라는 것입니다. 그 실현의 현장이 바로 우리나라라는 것입니다. 그래서 우리나라가 별수 없는 나라일지 모르지만, 역사에서는 특필의 대상이 될 수밖에 없을 것입니다.

세계공의의 힘으로 침략자를 제재制裁한다는 것은 인류가 생긴 이래 처음 있는 일인데, 여기에 미묘한 문제가 개입되어 있습니다. 공산군을 남쪽으로 침입시킬 때 소련이 속았습니다. 미국이 간섭할 여유가 없다, 절대 간섭 안 한다는 것이 아니라 간섭을 하기는 하나 밀고 들어가면 너희들 왜 이러느냐고 하고 말지 한국에 달려오지 못한다, 그러면 유엔에서 결의를 하고 어쩌고 왔다 갔다 하는 사이에 끝까지 밀어버린다,

다 밀어버린 뒤에는 한반도에 오지 않는다, 스탈린은 이렇게 생각했던 것입니다. 그래서 소련은 속았다고 하는 것입니다. 지금부터 어떤 나라든지 나라가 나라를, 민족이 민족을 침략하는 것은 유엔의 실력으로 방지하게 될 것입니다. 지금의 원칙에서는 누구도 남의 영토를 강제로 영유하지 못합니다. 기왕에 가지고 있던 남의 영토도 포기하지 않으면 안 됩니다. 그런데 지금 남의 영토를 가지려고 침략정책을 취하고 있는 소련 공산주의는 완전히 몰락될 위기에 처해, 그 절박감에서 제국주의 행동으로 나아간 것입니다. 그것은 퇴행이며 전략인 것입니다. 제국주의는 몰락하지 않으면 안 됩니다.

그러면 무엇이 남느냐고 할 것입니다. 지금 사람들이 유엔이 하는 일이 철저하지 못하다, 그러니 세계정부를 만들어 세계문제를 처리하도록 하는 것이 좋지 않느냐고 하는데 그것은 말이 되지 않습니다. 그것은 공산주의나 코즈모폴리터니즘과 마찬가지의 유토피아적인 사고에 지나지 않습니다. 천만 가지 이론도 현실 앞에서는 다 소용이 없습니다. 무엇이 남느냐 하면 국가가 남는데, 민족국가로 남을 것입니다. 부족국가나 봉건국가나 제국주의 국가가 남지 않고 민족국가로 남을 것이다, 이렇게 말할 수 있습니다.

그런데 여기 문제가 하나 있습니다. 미합중국과 같은 국가도 민족국가로 남을 것인가 하는 것입니다. 그런데 이 사람은 민족에 대한 해석을 다른 사람들과는 조금 달리합니다. 미국은 영국 계통, 독일 계통, 이탈리아 계통, 스페인 계통, 마침내 한국 계통까지 여러 민족이 합해서 만들어진 국가입니다. 그래서 이 사람은 미국의 경우는 독립 이후 미국 민족이라는 것이 성립되었다고 보는 입장입니다. 그 속에 영국, 독일, 프랑스, 이탈리아 등 여러 계통이 있지만 역사적으로 미국 민족으로 성립이 된 것으로 본다는 것입니다. 그래서 미국은 적어도 수백 년의 미국 민족사를 가지고 있는 것입니다.

가령 우리 한국 민족도 따지고 보면 오류 종의 합성입니다. 주류는 만몽滿蒙 퉁구스족이고, 그다음에 한족漢族, 여기에 약간의 인도족, 코카서스캅카스족, 왜족倭族, 반도 토족 등이 섞여 있습니다. 이렇게 민족은 여러 종족이 합해서 되는 것이지 순전히 한 종족만으로 되는 것은 아닙니다. 혹시 아득한 옛날에는 어땠을지 모르지만 지금은 그런 예가 없을 것입니다. 그러므로 미국 같은 나라는 독립 이후로 국가사를 갖는 동시에 민족도 새로운 민족이 성립되었다고 보는 것이 크게 틀리지 않을 것입니다. 그 구성원들이 원래 독립적으로 역사생활을 하던 사람들이므로 지금 다소 민족문제가 있는 것이지 만약 역사생활의 경험이 없는 사람들이 모였다면 민족문제는 없을 것입니다. 그들 역시 한 민족이라고 보아도 문제가 없습니다. 그래서 국가는 민족국가로서 완료된다는 동일한 결론에 도달하는 것입니다. 그러면 어째서 민족국가라는, 해체되지 않는 한 개의 개성으로서 완료되는가 하는 의문이 제기되는데, 이것을 설명하려면 매우 길어집니다.

핵심은 이것입니다. 지금부터 어떤 세계사회의 형태가 오느냐 하는 것입니다. 이것을 규명하려면 발전의 원리와 완료의 원리를 일일이 적용해서 보지 않으면 안 됩니다. 우리나라의 경우만 보아도 그렇습니다. 가령 우리가 신라문화를 제대로 규명하려고 한다면 몇 세기가 걸릴 것입니다. 석굴암에는 천 수백 년 동안 매태이끼가 끼지 않았는데, 오히려 수리를 한 후에 끼기 시작했습니다. 아직 그 원인을 아는 사람이 없습니다. 또 하나는 첨성대입니다. 첨성대 밑부분에는 흙이 박혀 있지만 문 위로부터는 맨돌뿐입니다. 그런데 그것이 한쪽으로 기울어졌습니다. 그럼에도 불구하고 아직 돌 하나 빠진 일이 없습니다. 그 원인을 아직 모릅니다. 또 안압지가 있습니다. 그 못은 사람이 어디에 앉든지 전면을 보지 못합니다. 우리가 몇 세기에 걸쳐 규명해야 할 과제들입니다. 그와 같은 위대한 문화를 건설한 민족이 그 뒤에 어떻게 쇠하고 망해서 여기까지 오게 되었는지 이해하기 힘듭니다. 그러니 이것은 다른 것이 아닙니다. 신라문화는 그때 신라적 성격으로서 완료된 것입니다. 그다음에는 다른 성격으로 발전해야 하는 것이지 신라적 성격으로는 그 정도로서 완료되었다는 것입니다. 새로운 문화가 전개될 때에는 새로운 성격으로서 일어나야 합니다.

그런데 지금부터 인류에게는 희망이 있습니다. 지금의 정세 앞에서 미래에 희망이 있다고 말하는 것이 이상하게 들릴지 모릅니다. 하지만 이 관문을 통과하기만 하면 희망이 보인다는 것입니다. 지금까지 인류는 지역적 문화로 살아왔습니다. 유럽 계통, 인도 계통, 한족漢族 계통, 이런 식으로 살아왔는데 지금부터는 세계사회의 문화로 발전해나간다는 것입니다. 분명히 세계사회로 전개될 터인데 이 세계사회는 코즈모폴리턴이나 공산당이 망상하는 그런 사회가 아닙니다. 그렇게 되지는 않습니다. 이제 제국주의 국가 성격은 다 몰락입니다. 모든 국가는 하나같이 자신의 개성과 자주독립을 유지하게 됩니다. 완전한 국제사회란 이런 바탕 위에서 오는 세계사회의 형태입니다. 어떤 개성이 다른 개성을 정복하고 전 세계를 통일할 수 있느냐 하면 결코 그렇게 되지 않습니다. 민족국가의 개성은 그것대로 남고, 개성과 개성 간의 조화에서 세계평화는 올 것이고, 세계사회는 전개될 것입니다.

중언부언하는 것 같습니다만 논의의 핵심은 이것입니다. 지금부터 세계사회가 전개된다는 것입니다. 그리고 세계사회가 전개되면 민족과 국가의 개성이 소멸되고 어떤 세계일가주의世界一家主義의 세계사회가 올 것인가, 아니면 어떤 민족이나 국가가 이 세계를 통치하는 세계제국주의가 올 것인가, 또 아니면 과거에 지나간 제국주의 국가가 다시 올 것인가, 이런 것이 쟁점으로 떠오르게 됩니다. 대답은 절대로 그렇게 되지 않는다는 것입니다. 그래서 앞으로의 세계사회는 민족국가들이 각각 저마다의 개성과 독립을 누리는 바탕 위에서 국제적 조화를 지향하는 형태로 나타난다는 것입니다.

이를테면 지금 유엔이 걷고 있는 길이 국제국가國際國家의 그것이라고 보아도 좋은 것이 아닌가 생각합니다. 지난날 국가란 제각기 따로서 있었습니다. 국가와 국가 간에 책임이란 것이 없었습니다. 국가 간에 조약을 맺고 그것에 대한 책임 같은 것은 있었지만 국가 간에 침략 행위가 있었을 때 외부에서 책임을 느끼고 개입하는 일은 없었습니다. 그런데 이 국제국가사회에서는 국가가 책임을 지는 국가가 됩니다. 개인 사이에 침해 행위가 있으면 개인은 법 앞에서 책임을 지게 됩니다. 마찬가지로 지금부터는 국가 간에 침해 행위가 있을 때 국가는 국제적으로 책임을 지게 되는 것입니다. 지금 유엔이 한국에서 실천하고 있는 일이 바로 국가도 잘못하면 책임을 지게 된다는 것을 보여주고 있습니다. 국제적 책임을 가지고 침략을 견제하는 최초의 실천이 되고 있는 것입니다. 이 유엔의 실천은 한국에서 그치는 것이 아닙니다. 이제부터 이 실천의 힘은 더욱 강화되어 전 세계적인 체제로 갈 것입니다. 그래서 앞으로 어떤 침략 행위가 있든지 한국에서와 마찬가지로 유엔의 원칙이 발휘될 것입니다.[6]

---

6   6·25 전쟁을 통해 유엔의 국제국가로서의 기초적이고 중요한 실험이 이루어지고 있

그러면 어째서 국민윤리 이야기를 하기 위해서 이처럼 국가 문제에 대해 누누이 설명하는 것일까요. 그것은 다른 것이 아닙니다. 민족은 국가 없는 민족도 있습니다. 유대 민족은 수천 년 동안 국가를 가지지 못했습니다. 그러나 그 수가 많지는 않지만 그들은 분명히 위대한 민족입니다. 집시족도 있습니다. 역시 그 수가 많지 않지만 그래도 한 민족의 성격과 통일성을 가지고 있습니다. 그들도 국가는 없습니다. 그래서 국가 없는 민족이 있다는 것입니다.

하지만 이제 민족이 국가의 통일 체제를 가지는 때가 되었습니다. 그 때문에 민족은 그냥 민족이 아니라 국민의 성격을 띠게 되는 것입니다. 그리고 민족이라는 것은 역사성이 주가 되는데, 그에 반해 국민이라고 할 때는 국민적 자각이 더불어 따라붙어야 하는 것입니다. 우리가 윤리 이야기를 할 때, 민족윤리라고 하기보다 국민윤리라고 말하게 되는 데는 여기에 이유가 있습니다. 윤리는 자각의 체계에 속하기 때문입니다. 발생적으로 또 역사적으로 볼 때 그런 현상이 있다는 것입니다. 어찌 보면 민족은 민족으로서 민족윤리가 있어왔다고 할 수 있지만 국민윤리라고 할 때는 자각의 요소가 개입되어 있다는 것입니다.

그리고 윤리라는 말과 도덕이라는 말을 구별해서 사용해야 하겠습니다. 도덕이라고 하면 서양의 표현으로 모럴moral에 해당한다고 본다면 윤리는 에틱ethic 혹은 에토스ethos에 해당하지 않나 생각됩니다. 도덕이라는 말은 뜻이 대단히 큽니다. 그것은 분명히 형이상학적 의의를 가진 것입니다. 그것은 인간에게 있는 선량한 관습이라는 의미 정도로 이야기할 수 있는 것이 아닙니다. 그러므로 지금 우리의 경우는 도덕이라는

다는 범부의 관찰이 여기서 제시되고 있다.

말보다 윤리라는 말을 사용하는 것이 좋을 것이라고 생각합니다. 국민도덕이라고 하지 않고 국민윤리라고 하는 소의가 여기에 있습니다.

2. 세계 여러 나라의 국민윤리 현상[7]

어떤 국민이고 간에 국민이라고 할 때는 반드시 역사를 전제하게 됩니다. 또 역사는 아무리 유치하다고 해도 반드시 문화를 전제하게 됩니다. 문화가 없는 곳에는 역사가 없는 것입니다. 문화가 희박한 데는 역사가 희박합니다. 그러므로 문화라는 것을 떼어놓고는 원칙적으로 생각할 수 없는 것이 역사입니다. 만약 인간에게 유치하나마 문화라는 것이 전혀 없다고 한다면 거기서 역사는 기록할 것도 없고, 역사의 현상이라고 할 만한 것도 아무것도 없어집니다. 역사가 없으면 인간은 다른 동물과 마찬가지로 자연계에 귀속되는 것입니다. 인류가 역사를 영위한다는 것은 결국 문화를 영위한다는 것입니다. 여기서 문화라고 하는 것은 독일 사람들이 하듯이 문명과 문화를 갈라서 보는 그런 의미가 아닙니다. 사람이 불씨를 살린다는 것은 말할 것도 없고, 그 이전에 길을 닦고 돌다리를 놓을 때부터 이미 인류문화는 있는 것입니다. 신화와 전설 속의 원시 민족도 그만큼의 역사를 가지고 있는 것입니다. 그러므로 국민은 역사를 전제하고 역사는 반드시 문화를 전제합니다. 따라서 문화가 있는 곳에 아무리 유치하나마 역시 윤리라는 것이 반드시 있는 것

---

7   원래 '국민윤리(國民倫理)의 현상(現狀)'라고 되어 있는 표현을 풀어쓴이가 내용에 맞게 바꾸었다.

입니다. 그래서 국민윤리는 누가 만들어주는 것이 아니라 발생적인 성질을 가지고 있습니다. 이 발생적인 성질을 가진 것이 자각의 체계로 들어갈 때 국민윤리라는 것이 생기는 것입니다.

그럼 이제 세계 여러 나라의 국민윤리 현상을 살펴보기로 합시다. 우선 영국 같은 나라를 생각해봅니다. 영국인들은 무엇을 가장 숭상하느냐 하면 신사, 즉 젠틀맨gentleman이란 것을 높게 봅니다. 영국 사람은 맹세할 때 "나는 젠틀맨입니다"라고 하면 더 추궁하지 않습니다. 분명히 영국 사람에 있어서는 젠틀맨이란 것이 가치관의 표준입니다.

미국은 어떨까요? 미국인들에게는 세 가지의 표준이 있다고 해야 할 것입니다. 우선 데모크라시democracy입니다. 세계의 여러 민주주의 국가에서 두루 이 민주주의라는 것이 하나의 권위가 되어 있는 것이 사실이지만 미국의 경우는 거기서 한 걸음 더 나아가 있습니다. 다른 나라에서 데모크라시는 정치적 원칙으로서 권위를 가지는 것이지만 미국인에게는 윤리적 권위를 확보하고 있는 것 같습니다. 미국인들에게 또 하나의 전통이 있습니다. 휴머니즘humanism이라는 것입니다. 인도주의 전통은 링컨에 의해 정책으로 구현되기도 했습니다. 오늘날 미국 사람들은 누구나 이에 대한 긍지를 가지고 있습니다. 또 한 가지 빠져서는 안 되는 것이 프래그머티즘pragmatism입니다. 미국 사람들의 일체 행동에 영향을 미치는 것이 이 실용주의 원칙입니다. 실용성 없는 생활, 실용성 없는 교육은 모두 의미가 없는 것 같이 생각합니다. 실용주의 사상가들은 미국 사람들의 이 실용주의적 사고방식과 생활양식을 대변하여 나타난 것입니다. 하여튼 우리가 미국 사람을 이해하려면 데모크라시가 윤리화되어 있다는 점, 휴머니즘 전통에 대해 국민적 긍지가 있다는 점, 실용주의적 사고방식이 생활화 내지 성격화되어 있다는 점에 유의할 필요가 있습니다.

프랑스는 어떨까요? 거기는 조금 다른 점이 있습니다. 민주주의 국가인데도 프랑스인에게 민주주의는 윤리화되어 있지 않습니다. 또 프랑스인들은 특별인도주의라는 말도 많이 사용합니다. 그러나 역시 프랑스 사람들에게 가치관의 표준은 봉상스bon sens입니다. 그것을 번역하면 양식良識이라고 할 수 있습니다. 양지良知라고 해도 좋을 것입니다. 이 말의 뜻은 이런 것입니다. 『맹자』에 양지良知, 양능良能이란 말이 있습니다. 양지는 사람이 배우지 않고도 선악을 판단할 수 있는 선천적 인식능력을 말합니다. 그리고 양능은 도덕의 선천적 실행능력을 말합니다. 그러면 왜 이 봉상스를 양지라고 번역하지 않고 양식이라고 번역하느냐 하면 미묘한 차이가 있기 때문입니다. 맹자의 양지에 비해 봉상스는 좀 더 일반적이고 쓰이는 범위가 넓어서 영국 사람들이 즐겨 사용하는 상식common sense과도 통하지 않느냐고 생각해서 그렇게 한 것입니다. 그래서 프랑스 사람들이 도대체 봉상스가 있다, 없다 하고 말할 때, 이 봉상스라는 것은 우리나라에서 사용하는 말로 상정常情이라는 말과 다소 통한다고 하겠습니다.

독일 사람들이 표준으로 삼는 인간형은 쿨투르멘슈kulturmensch입니다. 독일 사람들이 말하는 문화인이란 문화를 이해할 수 있는 사람, 문화를 생산할 수 있는 사람, 문화를 창조할 수 있는 사람을 뜻합니다. 독일 사람들이 문화라고 할 때는 종교, 윤리, 철학, 예술, 과학, 이런 것들을 두루 염두에 두는 것입니다. 이것을 이해할 수 있고 유지할 수 있고 또 창조할 수 있는 사람이 쿨투르멘슈인 것입니다. 독일 사람들은 쿨투르멘슈가 되는 것이 인간의 윤리적 사명이라고 생각합니다.

그다음 동방으로 건너와 봅니다. 동방에서 제일 위대한 국민윤리의 체계를 갖춘 나라가 중국입니다. 중국인의 국민윤리로 말하면 세계에서 둘째갈 리가 없는 것입니다. 그만큼 위대한 것입니다. 그럼 중국인의 국민윤리의 내용이 무엇입니까? 인의예지신仁義禮智信의 오덕五德이라는 것이 그들의 상식입니다. 사람은 모름지기 오덕을 구비해야 한다는 것입니다. 오덕을 갖추는 정도에 따라 훌륭하면 군자君子, 더 훌륭하면 현자賢者, 더 나아가 완벽의 경지에 이르면 성인聖人이라고 합니다. 이 마지막 단계가 사람의 구경究竟적 이상입니다. 사람이 이 세상을 살면서 실천적으로 일을 성취해가는 방법이 바로 수신제가치국평천하修身齊家治國平天下라는 것입니다.

다음은 인도를 봅니다. 오늘날 인도의 국민윤리를 대표하고 있는 것은 힌두교입니다. 불교는 인도에서 발생했지만, 불교가 번성을 이루게 된 것은 동방으로 이동하여 중국 대륙에 왔을 때입니다. 그리고 불교 진흥 사업에는 중국인만 참여한 것이 아닙니다. 우리 조상들 가운데서도 상당히 무게 있는 역군들이 많이 나왔습니다. 아마 원효대사 같은 이로 말하자면 인도의 부처님을 제외하고는 더 위대한 인물이 없을 것입니다. 원효대사가 우리 조상이라고 해서 하는 말이 아닙니다. 세계 어느 나라 사람이든지 원효를 연구하고 보면 그렇게 말할 것입니다. 다음에 혹시 여러분 가운데 누군가가 원효를 연구하게 되면 이것 한 가지를 기억해두면 도움이 될 것입니다. 원효의 저술에만 매달리지 말고 원효가 살던 시대의 문화적 배경을 이해하는 것이 더 긴요하다는 것입니다. 신라문화의 성격을 잊어서는 안 될 것입니다. 신라문화의 성격을 잘 이해함으로써 원효를 제대로 이해하게 되는 것입니다. 또 반대로 원효에 대한 이해를 통해 신라문화를 이해하게 되는 것이라고도 말할 수 있습니다.

이야기를 다시 되돌려 보면, 인도의 경우는 지금까지 힌두교가 국민윤리를 대표하고 있는데, 그렇다면 힌두교는 어떤 특색을 가지는 것일까요? 그것은 중국의 수신제가치국평천하와는 많이 다릅니다. 인도에는 불교 발생 이전의 바라문婆羅門(브라만, Brahman)교 시대부터 내려온 어떤 경향이 이어지고 있습니다. 해탈주의의 흐름이라는 것입니다. 그것은 중생계의 모든 고뇌를 벗어버리는 것이 구경의 이상이라는 신념 같은 것입니다. 바라문교와는 조금 다르지만 불교도 이 해탈주의 정신을 계승하여 해탈의 방법을 완성했다고 볼 수 있습니다. 힌두교는 훨씬 나중에 생긴 인도의 민족종교입니다만, 힌두교의 경향 역시 해탈적입니다. 즉, 무엇에 묶여 있는 상태에서 벗어나버린다는 정신입니다. 그래서 실천적으로 이것이 어디로 가느냐 하면, 현세의 모든 존재에 대해 적극적 태도를 삼가고 소극적 태도를 취하게 되는 것입니다. 무엇이든지 하게 되면 거기에 묶이므로 그렇게 되지 않으려면 적극적 태도를 취할 일이 아니라는 것입니다.

그런데 서양 사람들은 이것을 잘못 보고 있습니다. 그들은 인도 사람들이 염세적이라고 하는데 그것은 잘못 이해한 것입니다. 인도 사람들은 사는 것이 귀찮다든지 싫다든지 그런 뜻에서 해탈을 염원하는 것이 아닙니다. 사는 것을 완성시키려면 절대 자유자재의 경지를 얻어야 하며, 그렇게 되려면 어디에 매이는 그러한 업業을 지어서는 안 된다는 취지인 것입니다.

불교에서 말하는 니르바나nirvāṇa를 한자로 번역할 때 적멸寂滅이라고 하는데, 이것이 무엇이냐 하면 모든 인간의 욕구라든지 감정이라든지 하는 것이 다 떨어져 나간 상태를 말하는 것입니다. 그래서 그들은 절대 완성의 환세歡世를 니르바나라고 생각하는 것입니다. 무궁무진한 환세를 니르바나라고 보는 것입니다. 이 니르바나를 적멸이라고 번역하기도 하고 동시에 대락大樂이라고 번역하기도 하는 연유가 거기 있습니다. 그래서 인도 사람들의 생각은 역사적으로 볼 때 해탈적인 것이 특색이라고 보는 것입니다.

이러한 특색 때문에 생기는 이상한 일도 있습니다. 인도 사람들은 나이를 잘 모릅니다. 세계 최고의 문화, 위대한 문화체계를 가지고 있는 인도 사람들이 무엇이 모자라 나이를 모르겠습니까? 더구나 인도력印度曆은 세계적으로 우수한 역曆에 속합니다. 따라서 인도인들이 나이를 모른다는 것은 말이 되지 않으며, 다만 그들이 알려고 하지 않는다는 것뿐입니다. 그들에게 나이가 얼마냐고 물으면 "저 언덕에 서 있는 나무가 내가 난 해에 심은 나무인데 그리고 보면 내 나이가 저 나무의 나이와 같다"라고 대답합니다. 타고르가 이런 말을 했습니다. "인도 사람들은 무궁無窮에 취해 있기 때문에 사소한 시간 같은 것을 헤아리는 데 흥미를 가지고 있지 않다"는 것입니다. 무궁에 살고 있고 무궁으로 돌아갈 것을 알고 있기 때문에 나이 같은 것은 자세하게 헤아리지 않는다는 것입니다. 이처럼 인도 사람들은 인생관이 다른 민족과는 다른 데가 있습니다. 바로 모두를 벗어버리는 데 완성이 있다고 보는 해탈주의 사상 때문입니다.

이 자리에서 모든 나라의 예를 다 들기는 어렵습니다. 구미의 몇 나라를 예로 들었고 동방에서는 중국과 인도와 같은 큰 체계를 예로 들었습니다. 그렇다면 한국인의 국민윤리는 과연 어떤 체계를 가지고 있을까요? 이것이 우리 앞에 놓인 과제입니다.

3. 국민윤리는 '천명'하는 것이다[8]

국민윤리는 어떤 개인이 안출案出하는 것이 아닙니다. 누군가가 이것을 국민윤리로 했으면 좋겠다 해서 되는 것이 아닙니다. 국민윤리는 역사 속에서 성립되는 것이므로 어떤 개인이 주장하는 윤리학설과는 다릅니다. 또 어느 시대에 힘 있는 사상으로 군림하다가 사라지는 사조와도 다른 것입니다. 국민윤리라는 것은 그 국민의 역사성이라고 할까, 말하자면 역사적으로 성립된 그 국민의 개성에 기초를 두는 것이기 때문에 어떤 개인이 만들어내거나 어떤 시대에 유행하는 사상이 국민윤리로 되지 않는다는 것입니다. 그러니 국민윤리는 안출이 아니라 천명闡明을 해야 합니다. 국민윤리는 어떤 하나의 관념이나 사상이 아니고 그 국민의 성격입니다. 또 한 걸음 더 나아가 그 국민의 윤리적 생리입니다. 관념도 사상도 아닌, 성격이며 생리라는 말입니다.

예를 들면 어떤 나라에서는 형이 죽으면 아우와 형수가 함께 사는 예속이 있습니다. 일본은 말할 것도 없고 구미의 몇몇 나라에도 그런 예가 있는 것 같습니다. 이 이야기를 들었을 때 여러분은 어떻습니까? 이것은 우리로서는 당장 비위가 틀리는 이야기입니다. 물론 냉정한 마음으로 사정을 깊이 살펴보면 그럴 수도 있을 것이라고 이해하면서도 비위는 틀립니다. 그런 일은 우리 한국인에게는 도덕적으로 도저히 용납이 되지 않는 것입니다. 그렇다고 해서 우리가 그런 행위를 속으로 야만이라고 생각할지언정 죄악으로 규정하고 징계하고 다스릴 수는 없을

8　원래 '국민윤리(國民倫理)의 역사성(歷史性)'이라고 되어 있는 표현을 내용에 맞게 바꾸었다.

것입니다. 마찬가지로 외국인이 한국인의 속마음을 움직일 수도 없을 것입니다. 한국인은 요지부동일 것입니다.

그러나 이런 경우를 한번 생각해볼 수 있습니다. 가령 그런 행위를 허용하는 국민이나 민족이 우리에게 항의를 해온다고 가정을 해보는 것입니다. 일본인들도 항의할 것입니다. 그렇게 살면 어떠냐, 그럴 수 있지 않느냐고 항의할지 모릅니다. 이런 것은 국민윤리로서 논단할 문제가 아니라 일반 도덕원칙에 비추어 어느 쪽이 윤리적 가치를 더 많이 갖느냐 하는 문제로 귀착될 것입니다. 그러므로 우리가 틀린 윤리를 가졌다고 한다면 우리가 수정해야 할 것입니다. 다른 나라 사람들이 틀렸으면 그들이 고쳐야 할 것입니다. 아니나 다를까 그 사람들 역시 자신들이 틀렸다는 것을 알고 있습니다. 그렇기 때문에 심지어 법률로써 어느 정도까지 제재하고 있는 것입니다. 이른바 사촌 간 혼인이라는 것은 일본인은 으레 해야 하는 것이고 그렇게 하지 못하면 오히려 틀린 것 같이 생각하는 경향이 있습니다. 그래서 약혼은 사촌 간에 제일 많이 합니다. 남자가 못생겼거나 여자가 못생겼거나 해야지 둘 다 잘생겼으면 사촌 간에 꼭 혼인이 됩니다. 그러니 사촌 간에 혼인이 안 되는 것을 수치로 아는 정도까지 가는 것입니다. 둘 다 못생겨서 그렇게 된 것이라고 생각하기 때문입니다.

아무튼 우리의 예속이 제일 우월하다고 감히 생각하지는 않습니다. 그러나 혈족윤리에 관한 한 한국인은 그 누구에 비해서도 손색이 없다고 자부해도 좋을 것입니다. 그러니 우리가 국민윤리를 천명하는 데는 어떤 개인의 생각이나 사조 가운데서 구할 일이 아니라, 우리의 긴 전통 가운데서 과연 계승할 만한 윤리가 있느냐를 밝히고 따지는 작업이 있어야 하는 것입니다. 국민윤리는 안출하는 것이 아닙니다. 역사적 사

실 가운데서, 우리 생활의 사실 가운데서, 이 생활의 성격 가운데서 천
명해야 하는 것입니다.

4. 국민윤리의 보편성과 특수성

국민윤리는 국민의 문화적 전통에 따라 특수성을 지니고 있습니다.
앞에서 세계 여러 나라의 사정을 살피면서 국민에 따라 윤리 현상이 다
르게 나타나고 있음을 지적했습니다. 한편 국민윤리는 특수한 면만 있
는 것은 아닙니다. 국가 간에 서로 공통되는 면도 있습니다. 이것을 국
민윤리의 보편적 속성이라고 할 수 있을 것입니다. 그런데 여기에 대단
히 묘한 것이 있습니다. 여러분은 평소에 이렇게 생각하실 것입니다.
보편적인 윤리라고 하는 하나의 큰 덩어리가 먼저 있고 나서 그 밑에
개별 국민의 성격에 따라 서로 다른 국민윤리라는 작은 덩어리가 존재
한다, 그렇게 생각하실 것입니다. 그것이 결코 틀린 생각은 아닙니다.
그렇게 생각하시는 것은 당연한 면이 있습니다. 그런데 사실은 이 대목
에서 더 깊은 진실을 지적하고 다음으로 넘어갈 필요가 있습니다. 윤리
라는 것이 이론적으로는 보편윤리가 있을 것입니다. 그러나 국민윤리
는 윤리학의 이론이 아닙니다. 윤리학의 이론에서는 보편윤리라는 것
이 있지만 윤리의 실천에서는 사실 보편윤리란 없는 것입니다. 이 점을
우리가 깊이 생각하고 진실이 무엇인가를 알아야 합니다. 가만히 보십
시오. 보편적 윤리라는 것은 현실에서는 없습니다. 중국 사람은 중국의
국민윤리를 실천합니다, 인도인은 인도의 국민윤리를 실천합니다, 영
국인은 영국의 국민윤리를 실천합니다, 미국인은 미국의 국민윤리를

실천합니다. 그것이 현실입니다.

　세계에 어떤 민족도 아니고 어떤 국민도 아닌 그런 인간이 실제로 있습니까? 그냥 사람이라는 존재가 있습니까? 없습니다. 그냥 사람이라는 것은 개념일 뿐입니다. 실제 사람의 손을 잡고 보면, 그는 반드시 어느 민족 어느 국민에 속합니다. 그러므로 실천에 있어서는 특수성을 띠게 되고 그것은 국민윤리의 성격을 가져옵니다. 가령 모자 쓰기를 예로 들어봅니다. 모자를 쓰고 인사하는 나라가 있고 벗고 인사하는 나라가 있을 것입니다. 경의를 나타낸다는 점에서는 일치합니다. 하지만 실천의 면에서 한 군데는 쓰고 하고 다른 데서는 벗고 하는 것입니다. 실천의 면에서는 반드시 국민적 특색을 가져오지 않으면 안 됩니다. 그래서 일반 윤리학에서는 윤리학의 원칙에 따라 선악을 개념적으로 규정할지 모르지만, 윤리적 실천에 있어서는 국민적 성격에 비추어 규정하지 않으면 안 됩니다. 그래서 국민윤리는 특수성을 가지는 것입니다. 또 특수성은 반드시 실천성을 가집니다. 실천성을 확보하면 국민윤리가 아닐 수 없게 됩니다.

　가령 이런 주장을 하는 사람이 있을 수 있습니다. 나는 어느 나라 국민이 아니라 세계인이다, 나 개인이 있고 그다음에는 세계가 있고 또 그다음에는 인류 동포가 있다, 그러므로 나는 어떤 민족도 어떤 국민도 아니다, 그렇게 생각하고 행동하는 사람이 있을 수 있습니다. 철저한 코즈모폴리턴이라면 아마 그런 정신으로 살 수 있을 것입니다. 그러나 그 사람의 국적을 물어보면 사태는 달라집니다. 가령 영국 사람의 실천윤리는 신사도로 나타날 것입니다. 미국 사람의 그것은 인도주의로 나타날 것입니다. 또 동양인의 그것은 군자도든지 불보살도든지 그러한 형태로 나타날 것입니다. 사상이나 개념으로는 국민이나 민족을 초월

할 수 있습니다. 그러나 성격으로는 초월되지 않습니다. 그 성격을 통과하기 전에는 실천이 없습니다. 반드시 성격을 통과해야 하기 때문에 실천은 국민적 특색을 가지는 것입니다.

그런데 여기 중대한 문제가 하나 있습니다. 국민윤리가 각각의 국민 성격을 전제로 하여 성립하는 것이라고 한다면, 여러 나라의 국민윤리는 서로 아주 통하지 않는 것인가 하는 문제입니다. 여기에 개별 국가의 국민윤리가 지닌 보편적 내실의 문제가 있습니다. 어떤 국가의 국민이 위대한 국민일 때, 그 국가의 국민윤리는 보편적 내실을 가지는 것입니다. 저마다 특수성을 가지는 국민윤리는 그것이 위대한 것일 때, 그 개성 속에 보편적 내실을 가진다는 말입니다. 무엇을 보면 그것을 알 수 있을까요? 중국의 국민윤리를 예로 들어봅니다. 인의예지신仁義禮智信의 오덕五德이라든지 군자나 성인이 되는 것이 인간의 이상이라든지 또 생활의 이상으로서 수신제가치국평천하라든지 그런 것이 있습니다. 다름 아닌 유교의 윤리입니다. 이 유교윤리는 중국인에게 분명히 하나의 국민윤리입니다. 그런데 이 중국의 국민윤리가 한국 땅에 와서도 어색하지 않게 적용됩니다. 그래서 유교라는 것은 밖에서 들어온 것이면서 우리의 생리에 맞는 전통이 되었습니다. 이것은 일본에 가서도 국민윤리가 되었고, 아마 서양에 가서도 어느 정도 같은 현상이 되고 있을 것입니다. 어느 시대 어느 국가를 따질 것 없이 인의예지신의 오덕이나 수신제가치국평천하의 생활 이상이나 군자나 성인이 된다는 인격 함양의 이상은 환영받게 될 것입니다. 이는 곧 중국인의 국민성격이 위대하기 때문이기도 합니다. 그렇기 때문에 유교윤리는 중국인의 국민윤리인 동시에 인류 보편의 성격을 가지고 있다고 할 것입니다. 이것과 좋은 대조를 이루는 것이 일본의 무사도武士道입니다. 무사도는 일본

땅을 떠나서는 아무 데서도 용납되지 않는 것입니다. 그 이유는 일본인의 성격이 조그마하기 때문입니다.

같은 연관에서 인도의 경우를 봅니다. 인도의 국민윤리는 힌두교가 중심이 되고 있다는 이야기를 앞에서 했습니다. 불교는 직접 인도의 국민윤리라고 할 수는 없지만 그것이 인도의 민족정신에서 파생된 것이란 점은 틀림없습니다. 그것은 인도의 국민윤리라기보다 오히려 인도의 민족적 인생관 또는 민족윤리라고 하는 것이 좋겠습니다. 그래서 불교의 성격으로 말하면 틀림없이 인도의 그것이라고 할 것입니다. 그렇다면 눈여겨볼 것은 어째서 불교는 세계 어디를 가나 유통이 잘되고 누구라도 교화받기를 원하게 되느냐는 것입니다. 그것은 다름이 아닙니다. 인도의 국민성, 민족성이 위대하기 때문입니다.

기독교 사상은 처음 출발할 때는 이스라엘의 민족 신앙이며 윤리였습니다. 이스라엘 민족윤리에서 출발하여 거기에만 머물지 않고 세계로 진출하여 어느 민족이나 다 접화接化하게 된 것입니다. 그것은 다른 것이 아닙니다. 이스라엘 민족의 성격이 위대하기 때문입니다. 그것이 기독교가 이스라엘 민족윤리에 그치지 않고 세계종교화 내지 세계윤리화한 이유입니다.

유교, 불교, 기독교도 처음은 민족윤리로서 출발했습니다. 그것이 세계적으로 통하게 된 것은 정신이 크고 성격이 위대하기 때문입니다. 윤리라고 하기에 다소 어색한 면이 있습니다만, 셰익스피어의 희곡도 예로 들 수 있을 것입니다. 영국 사람만 감격하는 것이 아닙니다. 온 세상 사람이 다 그렇습니다. 왜 이런 일이 일어나는 것이겠습니까? 다름 아닌 인간의 보편적 성격이 서로 통하기 때문입니다. 영국의 셰익스피어가 아니고서는 그런 작품을 내놓을 수 없었을 것입니다. 거기에는 영국의 민족적 개성도 들어 있고 셰익스피어 자신의 개성도 들어 있을 것입니다. 그러므로 개인의 개성이 위대하기 때문에 보편적인 인간성을 대변하고 있으며 동시에 민족의 성격이 위대하기 때문에 보편적 인간성을 대변하는 것이라고 말할 수 있습니다. 괴테의 『파우스트』를 읽으실 때 대단히 감격하실 것입니다. 거기에는 독일 사람의 개성이 나타나 있습니다. 사상이나 예술이 다 그런 것입니다. 국민적 개성이나 민족적 개성을 제거한 세계적 개성이란 실제로는 없는 것입니다. 작품 속에는 반드시 어떤 민족의 개성이 섞이게 되는데 그것이 세계성을 가졌느냐 아니냐가 문제인 것입니다. 그러면 개성은 그것대로 표현되고 동시에 보편성을 가지는 작품이 되려면 어떻게 해야 하는 것일까요? 작품으로서도, 사상으로서도 모든 면에서 위대해야 합니다.

마찬가지로 국민윤리도 특수성을 고려할 때는 각기 다르지만, 그것이 위대하면 위대할수록 세계성을 가지는 것이며 보편적 인간성을 대변하게 되는 것입니다. 그러나 어떤 국민윤리도 세계성만 있거나, 보편적 인간성만 대변할 수는 없습니다. 극단적인 예가 될 수 있지만 가령 이런 경우를 생각해볼 수 있습니다. 원시부족 가운데 부모의 나이가 많으면 부모를 때려서 죽이는 경우가 있습니다. 그렇게 하지 않으면 불효가 됩니다. 부모가 저렇게 늙어서 살기가 괴로운데, 때려서 죽이지 않는다고 하여 나쁜 소리를 듣게 됩니다. 자식은 얼굴도 들지 못하고 바깥출입도 못합니다. 그런데 아무 때나 마음대로 부모를 때려서 죽이지도 못합니다. 부족 연회를 한 번 열어야 결행을 할 수 있는데 형편이 어려우면 그것을 못하는 것입니다. 형편이 되는 사람이 연회 의식을 밟게 되면 사제司祭가 순서를 진행하고 사람들은 성장盛裝을 하고 참여하게 됩니다. 그러면 죽으러 가는 사람은 희색이 만면합니다. 이제 괴로운 것 다 잊어버리고 좋은 데로 간다고 하여 매우 좋아합니다. 이런 풍습은 모두 부족 내부에서 그들 나름의 윤리에 따라 행해지는 것입니다. 이런 부족윤리가 세계성, 인간의 보편성을 가진다고 말할 수는 없을 것입니다. 이정도로 극단적인 예까지는 아니더라도 세계의 어떤 국민, 어떤 민족의 윤리 가운데는 세계성이 전혀 없는 것이 많이 있습니다. 그런 것이 부지기수일 것입니다. 그래서 우리는 여기서 어떤 원칙을 하나 세워두고 넘어갈 필요가 있습니다. 위대한 국민윤리라면 그만큼 세계성을 확보해야 하는 것이라고 해두는 것이 앞으로의 논의에 도움이 될 것 같습니다.

이제 문제는 이것입니다. 우리 한국인은 이 땅에서 수천 년의 역사와 문화 전통을 가지고 살아왔습니다. 우리가 고유한 국민윤리를 가지고 있는 것도 사실입니다. 문제는 그것이 과연 세계성과 보편적 인간성을 대변할 수 있는가, 그것입니다. 그런 것을 가지고 있지 못하다면 우리는 위대한 민족이 될 수 없습니다.

5. 한국적 국민윤리의 전통

가. 첫째 가름9

우리 자신의 국민윤리를 논의하는 데 있어서 중요한 것은 우리의 전통을 천명하는 일입니다. 우선 전통에는 두 가지가 있습니다. 첫째는 민족 고유의 전통이고, 둘째는 외래문화나 외래사상이 들어와서 뿌리

---

9 저본에는 '기일(其一)'로 되어 있다.

를 내려 전통으로 화한 것입니다. 그럼 천명하는 순서는 고유의 것부터 먼저 하기로 합니다. 우리 고유의 전통을 대표하는 것이 무엇이겠습니까? 그것은 누구나 짐작하실 수 있을 것입니다. 화랑정신입니다. 그런데 화랑정신이 민족의 대표적인 전통이라고 하는 데는 누구나 동의하지만, 정작 화랑정신이 무엇이냐는 데 대해서는 대답이 궁합니다. 우리가 가진 문헌으로는 그것을 명확히 밝히기가 어렵습니다. 국내와 국외에서 화랑문제를 연구한 사람은 더러 있습니다. 그러나 천명의 정도가 만족스럽지 못합니다.

현대에 와서 우리 선배 가운데 처음으로 화랑정신을 문제 삼은 이는 단재 신채호 선생입니다. 불행한 일입니다만 과거에 우리 한국의 역사는 중국사의 부록附錄처럼 기록되어왔습니다. 그런데 신채호 선생 같은 이는 이것을 대단히 못마땅하게 생각하고 공격합니다. 민족정기를 망친 처사라고 말입니다. 마치 역사에서 범죄를 저지른 것처럼 공격했습니다. 그러나 이와 같은 태도에는 무리가 있습니다. 당대의 사정을 헤아리지 않고 지금의 입장에서 보는 것은 적절하지 않다고 할 것입니다. 『삼국사기』를 기록하던 당시 사람들의 사고방식은 지금과는 많이 달랐습니다. 그것은 김부식 한 사람의 문제가 아닙니다. 그 당시 한국의 역사를 기록한다고 할 때, 그 일을 누가 담당하든 중국의 체제體制로밖에 할 수 없었습니다. 오늘날 민족 자각의 시대에 와서 보니 『삼국사기』에 민족 자주 정신이 결여되어 있고 지나치게 사대적으로 기록되었다고 말할 수는 있으나, 그 시대의 정신과 사상에 젖어 있던 당대인의 입장에서는 그렇게밖에 기록할 수 없는 것입니다.

아무튼 한국사를 자주적 입장에서 기록해야 한다고 생각한 이가 바로 단재 신채호 선생입니다. 단재 선생이 지은 「일천년간대사건一千年

間大事件」이라는 문헌이 있습니다.[10] 거기 보면 고유한 국학정신이라는 것이 분명하게 나타나 있습니다. 단재 선생의 문헌에 나오는 이야기 가운데 서경란西京亂에 관한 것이 있는데 이 난은 중 묘청이 주동이 되어 수도를 개성에서 평양으로 옮기자고 한 사건입니다. 그런데 그 사건에는 묘청의 다른 음모가 숨어 있었다고 합니다. 거기에 가담한 사람이 시인으로 유명한 정지상입니다. 그의 시가 참 청신하고 좋습니다. 이 시인 정지상이 묘청란에 참여해 그만 난이 대단히 커졌는데, 그때 이것을 진압하려고 간 원수元帥가 바로 김부식입니다. 그는 난을 평정하고 돌아왔습니다. 여기에 대한 신채호 선생의 견해는 그때부터 한국의 국학이라는 것이 망했다는 것입니다. 왜냐하면 묘청이 주동하고 정지상이 가담한 이 난은 국학적 정신으로 일어난 것인데 그것이 실패했으니 국학이 꺾였다고 본 것입니다. 정지상은 국학 본위의 사람입니다. 반면 김부식은 북학파北學派입니다. 북학이 무엇이냐 하면 중국학입니다. 신채호 선생은 사태가 일련의 연쇄반응을 일으키며 좋지 않은 방향으로 흘러간 것이라고 봅니다. 북학 계통이 승리하게 되니 국학 계통이 다 없어졌다, 그러니 세상은 모름지기 사대적, 모화적으로 되었다, 이런 환경에서 김부식이 『삼국사기』를 편수했다, 이렇게 보는 것입니다. 그래서 『삼국사기』는 완전히 북학파의 사상을 대변하는 것이고 따라서 틀려먹은 기록이라는 것입니다.

이런 단재 선생의 결론에는 탁월한 면이 있기는 하나 역사적으로 보

---

10 원제는 「朝鮮歷史上一千年來第一大事件(조선역사상일천년래제일대사건)」이다. 쉬운 우리말로 풀어 쓴 것을 보려면 다음 자료를 참고하라. 신채호, 『단재 신채호의 조선사 연구초』, 박인호 옮김(서울: 동재, 2003). 이 책의 6장에 「조선 역사상 일천년 이래 가장 큰 사건」이 실려 있다.

면 평정을 잃은 데가 있습니다. 무슨 말이냐 하면 위에서도 지적했지만 그 당시에는 사람들이 대체로 김부식과 같은 생각을 가지고 있었다는 점입니다. 그래서 누가 편수編修 일을 맡는다고 해도 꼭 같이 되었을 것입니다. 단재 선생의 눈에 김부식의 북학파가 밉게 비치다보니 그 반대편에 있는 묘청이나 정지상을 추어올리게 된 것 같습니다. 그러나 우리가 밝은 눈으로 역사를 들여다본다면 단재 선생의 입장을 그대로 따르는 것은 무리일 것입니다.

아무튼 신채호 선생의 이 「일천년간대사건」 속에 화랑 문제가 언급되어 있습니다. 그 후에 일본인 점패鮎貝의 글에 「화랑고花郎考」란 것이 있는데 내용은 별것이 없습니다. 역사 문헌에서 화랑 관련 기록을 많이 모아 이야기를 전개한 것인데 거기 우스운 말이 한 마디 있습니다. 그의 말인즉, 도대체 조선의 역사 어디를 보아도 다른 데는 신라의 화랑 정신과 같은 것이 없다, 그런데 그것은 일본의 무사도武士道와 비슷하다, 그러니 화랑정신이란 일본의 무사도가 신라로 흘러들어 가서 된 것이 아니겠느냐, 그런 내용입니다. 이 말을 할 때 점패는 혼자서 웃었을 것입니다. 속으로는 거꾸로 말하고 싶었을 것입니다. 일본 무사도란 화랑의 정신을 일본이 받아간 것이다, 본토인 조선 땅에서 쇠미하던 것이 일본으로 와서 그 정신이 무사도로서 크게 번창했다, 이렇게 말하고 싶었을 것입니다. 그런데 그때 만약 점패가 그렇게 말했다면 그 시대에 그는 살아남지 못했을 것입니다. 지금 누가 점패를 찾아가서 물어보면 바른말을 할 것입니다. 그다음에 이름은 잘 기억나지 않지만 어떤 이가 『화랑연구』란 책을 썼는데, 연구를 많이 한 사람이 쓴 책입니다. 그런데 이 사람도 또 틀린 말을 했습니다. 무엇이라고 했는가 하면, 원시 시대의 말레이반도에 남자 장정을 훈련하는 풍속이 있었는데 그것이 일본을 통과해서 조선으로 들어간 것이 아니겠느냐, 그런 것입니다. 그 착안이 대단히 유치합니다. 그래도 이 사람의 책은 내용에 볼 것이 전혀 없는 수준은 아닙니다.[11]

　그리고 최근에 와서 이선근 씨가 『화랑도연구花郎道研究』란 책을 출판했습니다.[12] 읽어볼 만한 책입니다. 이 책은 화랑의 전모에 대한 연구를 한 것은 아니고, 오늘날의 국민운동과 청년운동의 근거를 찾는 과정에서 화랑 현상을 만나 관련된 부분에 한정하여 연구를 한 것입니다. 국민운동과 청년운동을 중심으로 화랑 현상을 관찰한 것입니다. 그래서 화랑 현상 자체에 대해서는 그다지 자세하지 못합니다. 그러나 청년운동, 국민운동의 전통으로서 관찰한 점은 인정할 만하다고 생각합니다. 아무튼 오늘날 화랑도花郎道 또는 화랑정신花郎精神이란 것이 상당히 부각되고 있는데, 이 정신의 본질 또는 진수가 무엇인가 하는 점은 잘 밝혀져 있지 않습니다.

　우리는 흔히 화랑이란 것을 생각할 때 얼른 서양 중세의 기사를 연상합니다. 그렇습니다. 화랑이란 것이 신라의 기사인 것은 틀림이 없습니

11　범부 연구가인 정다운은 여기서 범부가 언급한 일본인 연구자들에 대해 다음과 같이 설명한다.

　　여기에서 범부가 말하고 있는 '鮎貝(점패)'의 '花郎考(화랑고)'는 鮎貝房之進(아유카이 후사노신)의 「花郎攷(화랑고)」(『雜攷』, 第4輯)[京城: 朝鮮印刷株式會社, 昭和6(1931)]를, 그리고 '성명이 잘 기억나지 않는 자'의 '花郎研究(화랑연구)'는 三品彰英(미시나 쇼에이)의 「新羅花郎の研究(신라화랑연구)」(『朝鮮 古代研究』, 第1部)[東京: 三省堂, 昭和18(1943)]로 보인다.

　　정다운, 「범부 김정설의 '화랑외사'에서 본 '화랑관'」, 《동북아문화연구》, 23권 (2010), 139~140쪽.
12　이선근(李瑄根), 『花郎道研究(화랑도연구)』(서울: 동국문화사, 1949).

다. 또 아닌 게 아니라 일본의 무사를 연상할 수도 있습니다. 둘 사이에 유사한 점도 있습니다. 그러나 그렇게만 생각해서는 이 화랑의 전모가 과연 무엇인지 알기 어렵습니다. 무슨 말씀인지 아시겠습니까? 우리가 진정으로 화랑을 이해하려면 먼저 화랑정신에는 세 가지 요소가 포함되어 있다는 점을 알 필요가 있습니다. 그와 같은 전제 아래 화랑정신을 살펴야 전모를 알 수 있다는 것입니다. 그 세 가지가 무엇이냐 하면 첫째가 종교적 요소입니다. 둘째는 예술적 요소입니다. 셋째는 군사적 요소입니다. 그런데 일반의 상식은 군사 면에 치중되어 있습니다. 종교와 예술의 측면이 결여되어 있습니다. 그러나 진정으로 화랑을 이해하려면 종교와 예술의 측면을 들여다보아야 합니다.

그리고 지금 우리가 알고 싶은 것이 화랑의 제도냐 화랑의 정신이냐 하는 문제도 있습니다. 화랑의 제도란 것은 제도에 그치지만 화랑의 정신이란 것은 다릅니다. 화랑의 정신은 제도가 있기 전부터 있었습니다. 또한 화랑의 정신은 제도가 해이해져 없어진 오늘날까지 계승되고 있습니다. 또 공간적인 면에서 생각할 점도 있습니다. 화랑운동은 신라를 중심으로 일어난 것이 사실입니다. 그래서 화랑의 정신이 신라정신인 것 또한 틀림없습니다. 그러나 이 화랑정신은 그 당시 백제에도 통해 있었고 고구려에도 통해 있었습니다. 그러고 보면 화랑의 정신이란 역사를 관통하여 한국 민족의 혈맥血脈 속에 흐르고 있음을 알 수 있습니다. 공간적으로 삼국에 통해 있었으나, 조직적인 화랑운동은 신라에서 일어나 그 정신이 거기서 꽃피었으므로 화랑에 대한 연구는 역시 신라에서 출발하지 않을 수 없습니다.

그럼 화랑 연구는 어떻게 하는 것이 정도이겠습니까? 연구는 자료에 의거하지 않으면 안 됩니다. 자료에 나타나는 기사記事에서 단서를 얻게 되는 것입니다. 화랑에 관한 기사 가운데 제일 중요한 것이『삼국사기』에 나옵니다. 진흥왕 37년 조條에 이런 내용이 실려 있습니다. "봄에 비로소 원화源花를 받들었다. 처음에 임금과 신하들이 인재를 알아볼 방법이 없는 것을 병통으로 여겨, 사람들로 하여금 무리 지어 노닐도록 해서 그 행동거지를 살핀 다음에 천거해 쓰고자 했다. …… 무리 300여 명을 모았는데 …… ."[13] 이런 내용이 길게 설명되어 있습니다. 말하자면 신라가 원화를 받들기 시작했다는 것인데, 그 이유가 무엇이냐 하면 누가 훌륭한 사람인지 알 수 없으므로 사람을 많이 모아놓고 훈련도 시키고 서로 접촉도 하게 해보면 그것이 드러난다는 것입니다. 서로 어울리는 동안 이 사람은 무엇을 잘하고 저 사람은 또 무엇을 잘한다는 식으로 사람의 어질고 재간 있음이 절로 드러난다는 것입니다. 그것을 알게 되면 조정에 천거하여 무관으로 나갈 사람은 그 방향으로, 문관으로 나갈 사람은 또 그 방향으로 나가게 했다는 것입니다. 말하자면 인재 선발에 제도의 목적이 있었던 것입니다.

그런데 이 원화라는 것이 무엇이었을까요? 당시의 미인 두 사람을 뽑아 원화라고 했습니다. 그중 한 사람이 남모南毛, 다른 사람이 준정俊貞이었습니다. "무리 300명을 모았는데 …… "라고 했는데 남자만 300명인지, 여자만 300명인지, 남녀 합해서 300명인지는 알 수 없습니다. 생각해보면 다수의 여자라는 뜻이 아닌가 싶습니다. 그런데 사건이 생겼습니다. 남모와 준정 사이에 질투가 일어나 준정이 남모를 유인해 죽여

---

13 범부는 한문으로 된『삼국사기』의 원문을 인용하고 있지만 여기서는 우리말로 전달하기로 한다. 우리말 번역은 다음 자료를 사용한다. 김부식,『삼국사기 I』, 이강래 옮김(서울: 한길사, 1998), 128쪽.

버렸습니다. 나중에 그것이 발각되어 준정도 잡혀 죽었습니다. 그래서 이것 큰일 났다, 여자들을 모았더니 질투가 일어나 살상이 일어나고 그러니 안 되겠다, 다른 방법을 취해야 하겠다, 그래서 여자 제도를 폐지하고 대신 남자 제도를 세웠는데 그것이 바로 화랑입니다.

지금 우리가 화랑의 진면목을 추측해보는 것은 어렵지 않습니다. 어째서 그러냐 하면 화랑이라는 표현에 이미 단서가 있습니다. 지금 화랑의 고향인 경주에 가보면 무당巫堂이 있는데 여자 무당은 그냥 무당이라고 하고 남자 무당은 화랑이라고 합니다. 지금도 경주 지방에 가보면 무당이 굿을 할 때 채색한 옷을 입습니다. 이 옷은 신라 때 화랑의 치장을 이어받은 것임에 틀림없습니다. 여기서 우리가 주목할 것은 고대사회에서 화랑은 무속巫俗과 관련이 있었다는 것입니다. 오늘날 무속에서 하는 일의 대부분을 고대에서는 화랑이 담당했습니다.

이것이 바로 샤머니즘shamanism이라는 것입니다. 샤머니즘은 시베리아 일대, 만주와 몽골 일대, 그리고 우리 한국과 일본 등지에 퍼져 있던 원시종교의 한 형태입니다. 우리나라의 무당은 전부 샤머니즘의 제관祭官입니다. 그런데 이상한 것은 샤머니즘의 제관을 '샤먼'이라고 그러는데 무당을 보고 무어라고 부르느냐 하면 '상'이라고 합니다. 서로 매우 유사한 명칭입니다. 일본에도 무녀巫女라는 것이 있는데 그것도 샤머니즘 계통입니다.

화랑정신의 세 가지 요소 가운데 첫째를 종교적 요소라고 했는데, 샤머니즘과 화랑의 이러한 연관 때문에 이 종교적 요소를 빼고서는 제대로 된 이해가 불가능한 것입니다. "처음에 원화를 받든다"라고 해서 여자 둘을 단체의 대표로 삼았다는 사실부터가 이상한 일입니다. 당시에 일종의 기사훈련騎士訓練을 하는데, 거기 대표 격이 되는 영수領首로 여자를 냈다는 것이 이상스럽지 않습니까? 이것은 결국 당시의 신앙과 관련이 있는 것입니다. 왜 그렇게 볼 수 있는가 하면 이 샤머니즘이라는 것은 남자보다 여자를 중시합니다. 남자보다 여자가 영靈을 접촉하는 데 가깝다고 생각한 것입니다. 이상한 측면이 하나 더 있습니다. "처음에 원화를 받든다"라고 했는데, 이는 마치 미인을 귀엽고 사랑스럽다고 해서 선발한 것이 아닙니다. 받들어 모시기 위해서 그렇게 한 것입니다. 원화를 종교적 숭배의 대상으로 삼았던 것입니다.

그 뒤에 원화 제도를 폐지하고 남자를 받들게 되는데 이때는 소년동정少年童丁입니다. 그 당시 화랑으로 처음 추대받은 사람은 10세 이상 15세, 16세 전후의 청소년입니다. 이것이 어떤 종교적 신앙과 관련이 없다면, 남자 훈련에 있어서 어린아이를 영수로 세웠다는 사실도 어딘가 우습지 않습니까? 그래서 원화는 여동女童이었던 것이 틀림없습니다. 화랑도 남동男童이었던 것이 틀림없습니다. 이 남동과 여동을 숭배했다는 것, 그들을 가장 위대하고 정중한 단체의 영수로 삼았다는 것은 종교적 시속時俗과 관련 있는 것이 틀림없습니다. 그런데 이 동몽숭배童蒙崇拜는 신라의 화랑 시대가 처음이 아닙니다. 신라의 시조 박혁거세부터 동몽숭배의 유속이 역력히 보입니다. 사실 동몽숭배는 신라 때뿐 아니라 다른 시대에도 있었습니다.

화랑과 관련한 기사라는 것이 대단히 애매합니다. 진자보살眞慈菩薩이라는 중이 있었습니다. 이 중이 미륵불을 믿었는데 미륵불이 화랑으로 나타나 이 세상을 좋게 해주기를 기도했습니다. 기도가 10일간 계속된 뒤에 감응이 있었습니다. 그래서 미륵을 만나러 순례의 길에 올랐습니다. 도중에 어린아이를 만났으나 그냥 지나치고 한참 가다가 노인을 만나 어디 가면 신을 만날 수 있겠는가 하고 물었습니다. 그러니까 노인이 대답하기를 조금 전에 길에서 만난 그 어린아이가 신이라고 했습니다. 오던 길을 되돌아가 그 어린아이를 찾았으나 보이지 않았습니다. 그래서 하는 수 없이 거처하던 절에 돌아오니 어린아이가 나무 밑에서 장난을 치며 놀고 있었습니다. 아이의 얼굴이 하도 신통스러워 물어보니 대답하기를 자신은 부모가 없는데 이름이 미씨라고 했습니다. 그래서 순간적으로 이 아이가 신이라고 생각하고 모시게 되었는데 바로 이 미씨가 화랑이라는 것입니다. 이런 기사가 문헌에 나와 있습니다. 요컨대 화랑정신 가운데 종교적 요소가 중요하다는 점을 강조해둡니다.

  예술적 요소를 보기로 합니다. 화랑이 중시한 예술은 음악이었습니다. 신라 시대의 향가鄕歌는 화랑과 관련이 있습니다. 그 당시 향가는 대개 화랑이 짓고 불렀던 것이 아닌가 생각합니다. 그와 같은 화랑의 문화를 일컬어 풍류도風流道라고 합니다. 풍류도에서는 노래하고 춤추는 것이 필수과목입니다. 화랑 훈련에 있어서 다른 형태의 예술보다 가무歌舞가 매우 중요한 위치를 차지했습니다. 요새 표현으로 하자면 음악과 무용이 필수적이었습니다. 오늘날 무당이 하는 일이 노래와 춤입니다. 그것을 빼놓고는 하는 일이 없습니다. 그 당시 화랑이 하는 일이 도의로써 서로 연마하고, 노래와 음악으로 서로 즐거워하며, 산과 물에서 놀면서 즐겼습니다. 먼 곳까지 다니며 그와 같이 했습니다. 이와 같은 내용이 문헌에 기록되어 있습니다. 삼국통일 이후에도 이와 같은 화랑의 활동은 계속되었습니다. 도의로써 서로 연마한다는 것은 충忠이나 효孝와 같은 덕목을 서로 연마한다는 것입니다. 노래와 음악으로 서로 즐거워한다는 것도 단순한 의미가 아닙니다. 그 당시 노래와 음악은 사상으로서 중요한 지위를 누렸으며, 신앙과도 관련이 있었습니다.

  그것뿐만이 아닙니다. 신라인들의 예술적 재능은 참으로 놀라운 데가 있습니다. 신라 사람들은 조각을 잘했고 놀라운 토목기술을 보유하고 있었습니다. 그리고 제작製作이란 제작은 다 잘했습니다. 오늘까지 남아 있는 유물들이 증거입니다. 기록에 화랑의 훈련과목으로서 특히 음악이 부각되어 있습니다만 사실 화랑의 활동은 일체의 예술 영역과 관련이 있다고 생각됩니다. 신라 시대의 모든 예술정신은 화랑정신과 관련이 있지 않나 생각합니다. 분명히 말씀드리지만 핵심은 화랑정신입니다. 그것이 중심이었습니다. 어떻게 그것을 알 수 있느냐고 하실 것입니다. 그에 대한 답이 마련되어 있습니다.

신라 말엽에 최치원 선생이 난랑비鸞郎碑의 서문을 지었는데 거기에 다음과 같은 내용이 적혀 있습니다.

나라에 현묘한 도가 있으니 이름하여 '풍류風流'라고 한다. 이 가르침을 창설한 근원은 '선사仙史'에 자세히 갖추어 있으니, 실로 세 가지 가르침을 포함해 중생들을 교화하는 것이다. 말하자면 집에 들어와 부모에 효도하고 나가서는 나라에 충성하는 것과 같은 것은 노사구魯司寇의 가르침이요, 아무런 작위적 일이 없는 가운데서도 말로 표현할 수 없는 진리를 실천하는 것은 주주사周柱史의 근본 뜻이며, 모든 악행을 짓지 않고 모든 선행을 받들어 행동하는 것은 축건태자竺乾太子의 교화인 것이다.[14]

이것이 무슨 말인가 하면 이 나라에 현묘한 도가 있으니 그것을 일러

---

14 범부는 한문으로 된 『삼국사기』의 원문을 인용하고 있지만 여기서는 우리말로 전달하기로 한다. 우리말 번역은 다음 자료를 사용한다. 김부식, 『삼국사기 I』, 이강래 옮김(서울: 한길사, 1998), 129쪽.

풍류라고 하는데, 이 풍류의 도는 삼교를 다 포함해서 충효와 같은 것은 유교의 뜻이며, 모든 악행을 짓지 않고 모든 선행을 받들어 행동하는 것은 불교의 뜻이며, 아무런 작위적 일이 없는 가운데 말로 표현할 수 없는 진리를 실천하는 것은 노자의 뜻이라는 것입니다. 그런데 이 삼교를 다 포함한 것이 다름 아닌 신라가 가진 도라는 말입니다. 그러면 여기 '포함삼교包含三教'라는 것을 어떻게 보아야 하겠습니까? 우리는 두 가지 의미로 해석할 수 있을 것이라고 생각합니다. 우선 세 가지 교가 합치고 어우러져서 풍류도 한 가지가 만들어졌다고 해석하는 입장이 있을 수 있습니다. 한편 삼교가 외부에서 들어오는 것과는 무관하게, 이미 풍류정신 가운데 삼교정신이 포함되어 있었다고 해석할 수도 있을 것입니다. 달리 말하면 풍류도란 것이 삼교가 들어온 뒤에 성립되었다고 보는 입장과 본래 삼교를 포함하고 있는 것이라고 보는 입장이 있을 수 있다는 것입니다. 그러면 어느 쪽으로 보는 것이 더 사실과 가까울 것인가가 관심사일 것입니다. 이 사람은 풍류도는 처음부터 삼교정신을 포함한 것이라고 보고 있습니다.

우리는 다시금 질문을 던질 필요가 있습니다. 그렇다면 풍류도란 과연 어떤 도인가 하는 것입니다. 또 하필이면 이 도를 풍류라고 했는가 하는 문제도 있습니다. 우리는 어떤 사람을 풍류인이라고 하는 것입니까? 노래 잘 부르고 음악을 알고 그림과 시와 문장을 잘 이해하고 술 마시는 도에까지 통해 있는 사람을 그렇게 부릅니다. 또 하나 의문은 한자漢字로 표현되고 있는 풍류도의 우리말 이름은 무엇이었을까 하는 것입니다. 처음부터 풍류라고 했을까, 어떤 다른 표현이 있었을까 하는 것입니다. 이에 대한 자세한 답은 구하기 어렵습니다. 그러나 여전히 궁금하기는 합니다. 오늘날 우리가 사용하고 있는 한국말 가운데서 찾아본다면 어떤 말이 있겠습니까? 우리가 늘 사용하고 있는 말에 '멋'이란 것이 있습니다. 그러면 그 당시에 풍류라고 하지 않고 멋이라고 했을까요? 그렇게 생각해볼 수도 있을 것입니다. 그러면 "나라에 현묘한 도가 있으니 이름하여 멋이라고 한다", 이렇게 해보면 어떻게 들립니까? 아무래도 어색합니다. 멋이라는 것에서 어째서 충효가 나오는가, 말로 표현할 수 없는 진리가 어째서 멋에서 나올까, 언뜻 이런 의문이 일어나는 것입니다. 풍류에 해당하는 우리말은 틀림없이 '멋'밖에 없는데, 풍류도의 내용을 보면 거리가 있어 보인다는 말씀입니다. 이것은 여전히 숙제로 남는다고 하겠습니다.

한편 이 사람의 해석은 조금 다릅니다. 이 사람은 멋의 본래 의미와 "나라에 현묘한 도가 있으니 이름하여 풍류라고 한다"라고 할 때의 풍류의 의미가 동일한 것이라고 봅니다. 역사 속의 진실을 종합적으로 관찰할 때 그렇게 보이는 것입니다. 이를 위해 먼저 멋에 대해 다시 한 번 생각해볼 필요가 있습니다.

지금 우리 사회에서 멋이라고 하면 얼른 연상되는 것이 있습니다. 모자를 반듯하게 쓰기보다 한쪽으로 비스듬하게 얹어두는 것, 걸음을 걷되 정중하게 하기보다 삐딱하게 하는 것을 연상할 것입니다. 그런데 왜 그런 연상이 생기게 되었는가를 생각해볼 필요가 있습니다. 처음부터 그랬던 것이 아닙니다. 이 멋의 담당 계층이 처음은 그것이 아니었는데 후세로 내려오면서 타락하고 퇴폐한 사회 계층으로 이동해간 것입니다. 말하자면 광대와 기생 사회에서 멋을 대표하게 된 것입니다. 멋 자체가 불건전한 것은 아닙니다. 타락하고 퇴폐한 계층이 멋을 대표하게 된 것뿐입니다. 그렇게 되고 보니 정중한 사회 계층에서는 멋이란 표현을 피하고 그 대신 풍류라는 표현을 사용하게 된 것입니다. 멋을 숭상한다고 하지 않고 풍류를 숭상한다고 하게 된 것입니다.

그러면 멋이 건전했던 시대, 풍류정신이 건전하게 만개했던 시대에 그 내용은 어떤 것이었겠습니까? 그것을 알기 위해선 역시 화랑 전성시대의 풍류정신을 탐구할 필요가 있습니다. 최초의 화랑으로 전해지고 있는 사다함斯多含의 이야기입니다. 그의 나이 열여섯 되던 해에 신라에 국난이 닥쳤습니다. 그는 기병騎兵 5,000명을 거느리고 전장에 나가 싸워 왜병倭兵 포로를 많이 잡아왔습니다. 그때 아본경부阿本璟夫라는 사람이 왜장이었습니다. 이 아본경부도 사다함의 부하에게 잡혔습니다. 그때 사다함의 군사가 적군을 어떻게 상대했으며 그들의 사기가 어떠했는가는 기록을 통해 알 수 있습니다. 사다함은 그렇게 전공을 크게 세우고 돌아왔습니다. 나라에서는 사다함의 공을 인정하여 포로 300명과 양전良田 300두락을 주었습니다. 그 시대에는 포로를 받아서 노예로 삼는 것이 풍습이었습니다. 그런데 사다함은 포로를 받아 노예로 삼지 않고 전부 해방시켜주었습니다. 패전했으면 그만이지 더 이상 학대할 이유가 없다면서, 그는 해방된 포로들이 집으로 돌아가 선량한 백성으로 살게 했습니다. 이런 일은 아마도 세계 전쟁사에 처음 있는 일일 것입니다. 그때 사다함의 나이가 열일곱 살이었습니다. 그리고 하사받은 양전 수백 두락은 자신의 부하들에게 다 나누어 주고, 곡식이 잘 자라지 않는 몇 마지기만 자신이 받아서 훈련장 같은 용도로 사용한 것 같습니다. 하여간 이런 기록이 남아 있습니다. 그런데 이 사다함이 스무살이 되기 전에 죽었습니다. 사다함과 생사를 함께하기로 맹세한 무관랑武官郎이라는 친구가 있었습니다. 무관랑이 병에 걸려 죽었는데 사다함은 칠일을 먹지 않고 통곡하다가 따라 죽었습니다.

우리는 사다함을 눈여겨볼 필요가 있습니다. 사다함은 초대 화랑으로서 풍류도의 신봉자였습니다. 사다함이란 인물에게서 풍류정신이 어떻게 구현되어 있는지 우리가 살필 필요가 있다는 것입니다. 먼저 모든 악행을 짓지 않고 모든 선행을 받들어 행동하는 것이 불교의 뜻이라고 했는데, 사다함이 가엾은 수백 명의 포로를 놔준 것은 그런 정신을 실천한 것입니다. 그리고 양전 수백 두락을 부하들에게 나누어 주었다는 것 역시 화랑정신의 실천이었습니다. 이것은 사다함뿐만이 아니었습니다. 그 뒤에 신라 청년들이 다 같은 정신에서 움직였던 것입니다. 앞에서 멋이라는 표현을 사용했는데, 바로 사다함의 정신이 그것입니다. 그는 멋의 정신으로 행동했던 것입니다.

건전한 멋의 예가 또 있습니다. 김유신 장군이 용화도령龍華徒領일 때였습니다. 그때 어떤 일이 있었느냐 하면 천관天官이라는 기생과 연애 관계가 깊었습니다. 술 먹고 천관의 집에 가는 일이 잦아지니 유신의 어머니가 이것을 알게 되었습니다. 어머니는 유신을 불러 "지금 나라 일이 어찌 되고 있는가, 네가 술이나 마시고 놀러 다니는 일이 잦다고 하니 이 시기에 그것이 네가 할 일이냐, 네가 정 그러면 내가 세상에 살기 싫다"라고 말했습니다. 유신이 이 말을 듣고 "어머니 마음을 편하게 해드리겠습니다"라고 대답했습니다. 그런데 그 뒤에 한번은 유신을 태운 말이 제 발로 걸어서 천관의 집 앞으로 와버렸습니다. 여러 날 유신을 기다리던 천관도 마침 길가에 나와 있었습니다. 유신이 정신을 차리고 보니 눈앞에 천관이 있었습니다. 오지 말아야 할 길을 온 것입니다. 그 순간 번개가 번쩍하더니 말 목이 툭 땅에 떨어졌습니다. 유신은 말 목을 베고 돌아섰습니다. 천관은 아마 기절하여 그 자리에 쓰러졌을 것입니다. 그 뒤에 천관이 죽었다는 말이 있고 중이 되었다는 말도 있습니다. 아마도 중이 되었다는 말이 사실에 가까울 것입니다. 그래서 그

때부터 김유신 장군은 출정을 해서 사십 년간을 전쟁터에서 보내며 삼국통일의 대업에 헌신했습니다. 싸움터에서 돌아왔을 때 김유신은 이미 백발이 되고 칠십 고령이었습니다. 전에 말 목 벤 자리에 가보니 천관이 살던 집터에 쑥대가 나 있었습니다. 이에 깊은 감회에 젖은 김유신 장군은 천관을 위해 천관사란 절을 세웠다는 말이 있습니다.

일인즉 이상한데, 하지만 여기서 풍류정신이란 것을 보게 됩니다. 멋의 진면목을 보게 됩니다. 혼미에 떨어지고 거기서 헤어나지 못한다고 할 것 같으면 타락이 되고 마는 것인데, 이래서는 안 되지, 이래서는 멋이 아니지, 멋이 죽어서야 쓰겠나 하고 경계심을 가지고 말 목을 치고 뒤도 돌아보지 않고 가버린 사건. 이것이 무엇이냐 할 것 같으면 멋이란 말입니다. 당장에 말 목을 베고 떠나는 것도 멋이지만, 사십 년 동안 천관이 가엾다는 생각을 하고 지낸 것 역시 멋이란 말입니다. 큰일이 다 지나간 다음에 쑥이 자란 터에 절을 세웠단 말입니다. 우리는 사다함과 김유신을 통해 건전한 멋이란 것을 보게 되는 것입니다.

최치원 선생의 문장을 보면 풍류도는 삼교를 포함하고 있다고 했습니다. 여기서 우리가 알 필요가 있는 것은 풍류도는 삼교 이외에 멋이라는 특색을 가지고 있었다는 것입니다. 오늘 우리 현실에서 멋의 원기를 회복할 수 있다면 좋을 것입니다. 삼국통일의 대업을 이루어가던 당시의 원기가 지금 필요합니다.

나. 둘째 가름[15]
화랑정신, 화랑도, 풍류도를 깊이 연구하려고 하면 제일 곤란한 것이

---

15 저본에는 '기이(其二)'로 되어 있다.

바로 자료 문제입니다. 과제가 중요한 만큼 문헌이 튼튼하게 뒷받침되어야 하는데, 그렇지 못하다는 데 문제가 있습니다. 『삼국사기』의 기록에 『화랑세기花郎世記』라는 문헌이 있었다고 하는데, 이를 일명 선사仙史, 즉 신선의 역사라고 했습니다. 그것을 누가 지었느냐 하면 김대문이라고 했습니다. 그런데 이 『화랑세기』가 지금은 전해지고 있지 않습니다. 언제부터 없어졌는지 그것도 모르는 상태입니다. 아마 적어도 몇백 년 전부터 없어진 것 같습니다. 『화랑세기』가 지금 있었더라면 풍류도, 즉 화랑정신을 연구하는 데 큰 도움이 되었을 것입니다. 그것조차 없고 보니 구차한 단편적인 자료를 좇아 이리저리 꿰어 맞추는 수밖에 없습니다. 그러나 그렇다고 해서 아주 절망할 필요는 없습니다. 왜냐하면 역사 연구란 문헌에만 의거하는 것이 아니기 때문입니다.

문헌文獻 이외에 무엇이 있느냐 하면 물증物證이라는 것이 있는데 말하자면 고적古蹟에서도 자료를 구할 수 있는 것입니다. 또 구증口證이라는 것이 있는데 이것은 무엇이냐 하면 구비전설口碑傳說과 같은 것입니다. 또 하나 사증事證이란 것을 들 수 있는데, 유습遺習·유풍遺風·유속遺俗·습속習俗 이런 것들 가운데서 찾아볼 수 있는 것입니다. 문헌 이외에 이만한 것이 있기 때문에 절망할 필요 없이 연구 활동을 할 수 있는 것입니다. 그리고 풍류도 연구에 관한 한 이 사증四證 이외에 또 한 가지 좋은 자료가 있습니다. 그것은 바로 우리들 자신이 가지고 있는 혈맥血脈입니다. 말하자면 살아 있는 피라고나 할 수 있을까요? 이것은 사증四證을 넘어서서 우리의 심정心情, 우리의 혈맥 속에서 찾을 수 있는 것입니다.

그러면 여기서 말하는 피라는 것은 무엇을 가리키는 말일까요? 화랑의 정신이 피로 전해지고 있다고 하면 조금 이상하게 들릴 수 있을 것입니다. 그런데 그것은 다른 말씀이 아닙니다. 역사상에 드러난 화랑만 화랑의 피를 가졌던 것이 아닙니다. 이 민족에 속한 사람이라면 누구에게나 화랑의 피가 흘렀던 것이라고 보는 것입니다. 그것이 지금도 전해지고 있다는 뜻입니다. 가령 계보적系譜的으로 소급해 올라가면 실제 화랑의 자손들도 지금 많이 살아 있을 것입니다. 그러나 직접적인 화랑의 자손이 아니라고 하더라도 우리는 심정적으로 서로 통하는 같은 혈맥 계통에 속해 있다고 하는 것입니다.

　그런데 여기서 또 한 가지 밝히고 넘어갈 것이 있습니다. 가령 충효를 숭상하는 것은 유학과 비슷하고, 모든 선을 봉행하고 악을 짓지 않는다는 것은 불교정신과 통하고, 말없이 가르치고 하염없이 교화가 있다는 것은 노자정신에 합당하다고 하여 최고운최치원 선생이 풍류도는 삼교의 정신을 포함包含하고 있다고 설파했지만, 우리는 그것만으로 만족하지 못합니다. 유교, 불교, 선교와 다른, 그것을 넘어서는 어떤 특색이 우리에게 있다는 것을 간파할 필요가 있습니다. 이것은 실로 미묘한 문제입니다. 그것이 무엇이냐 하면 이런 것입니다. 사람의 가치를 분별하고 판단함에서 유독 한국 사람만 가지고 있는 기준이 있습니다. 이것은 어떤 다른 나라 사람도 한국 사람만큼 분명하지 않습니다. 이것은 실로 중요한 사안입니다. 무엇이냐 하면 가령 사람은 대체로 어떤 사람이 선하다 혹은 악하다, 지혜로운 사람이다 혹은 어리석은 사람이다, 잘생긴 사람이다 혹은 못생긴 사람이다, 이런 식으로 판단하는 것이 세계 어디서나 통하는 상식입니다. 그런데 유독 한국 사람만 선악도 아니고 지혜롭고 어리석음도 아니고 미추도 아닌 한 가지 기준을 꼭 적용한다는 것입니다. 한국 사람은 사람을 보고 어떤 말을 하느냐 하면 '간이 맞다', '싱겁다' 이런 말을 합니다. 이때 '싱겁다'는 말은 결코 악하다는 뜻이 아닙니다. 못생겼다는 의미도 아닙니다. 어리석다는 의미도 아닙니다. 또 '간이 맞다'고 했을 때 그것은 반드시 선하다는 말이 아닙니다. 지혜롭다는 말도 아닙니다. 아름답다는 말도 아닙니다.

'싱겁다'는 것은 무슨 말이냐 하면 어울리지 않는다, 짜이지 않는다, 조화가 맞지 않다, 사우가 맞지 않다, 이런 말입니다. 그런데 한국 사람은 '싱거운' 것을 거의 생리적으로 싫어합니다. 그와 같이 생리화된 의식이 너무 과민하기 때문에 사람이 조금 편협할 수도 있습니다. 왜 그러냐 하면 설령 도덕적으로 큰 결함이 없고 또 학식의 면에서 무식하지 않다고 하더라도 어떤 사람의 말이나 행동이 어울리지 않고 사우가 맞지 않을 때, 다시 말해 '싱거울' 때 그 사람의 가치를 그다지 인정해주지 않는단 말입니다. 이것은 여러분이 관념으로는 얼른 납득되지 않을 것입니다. 그러나 실제 겪고 보면 꼭 그렇다고 생각하게 될 것입니다.

사람을 평가할 때 미각적인 기준을 적용하여 '간이 맞다', '싱겁다'는 식으로 말하는 방식이, 우리 한국 사람에게 어째서 그처럼 중요한 것일까요? 그것은 그와 같은 미각적 표현 가운데 우리의 가장 고유한 가치 기준이 나타나고 있기 때문입니다. '간이 맞다'는 것은 혀에 알맞은 느낌이 있다는 말입니다. '싱겁다'는 것은 도저히 간이 안 맞는다는 말입니다. 이것을 사람에 적용하여 '싱겁다'라고 하면 그 말은 곧 덜되었다, 설다, 이런 뜻을 나타내게 됩니다. 그러면 우리 민족이 이런 말로써 사람이나 물건을 평가하기를 좋아한다는 것은 무엇을 의미하는 것일까요? 그것은 다른 것이 아닙니다. 우리 민족이 생리적으로 그리고 성격적으로 조화調和를 사랑한다는 것을 의미하며, 그것은 마침내 우리 민족의 특색이 되고 있다는 뜻입니다. 조화를 싫어하는 사람은 세계 어디에도 없습니다. 하지만 우리 한국 민족은 특별히 강렬하게 조화를 사랑하는 경우라는 것입니다.

이에 대한 증거는 우리의 문화유적 가운데서 얼마든지 찾아볼 수 있습니다. 예를 들어봅니다. 신라 시조 박혁거세의 무덤이 지금 오릉五陵에 있는데 이 사람이 아는 바로는 제일 앞에 있는 주릉主陵이 혁거세 왕의 것이고 바로 그 뒤의 것이 알영閼英 왕비릉이고 그 뒤에 있는 셋은 하나는 평소에 왕이 사랑하던 애마愛馬와 아끼던 무기의 능이고 나머지는 순장殉葬으로 죽은 몇 사람의 능이 될 것입니다. 순장이란 것은 옛날에 왕이 죽으면 신하 몇 사람이 따라서 죽는 풍습을 말하는 것입니다. 이것이 신라 14대 임금 때까지 행해졌던 것으로 나와 있습니다.[16] 하여간 능의 내용과 배치에 대해 좀 더 고증이 필요한 부분이 남아 있습니다만 그것은 일단 뒤로 미루고, 이 시간에 우리의 관심사는 유적에 나타난 조화의 구도와 관련된 것입니다. 오릉은 그냥 여기저기 묻어둔 것이 아닙니다. 거기에는 하나의 조화의 손맛이 들어 있습니다. 분명히 무엇을 상징하고 있을 터인데 아직 자세히 알려진 바는 없습니다만, 조화가 이루어져 있다는 점이 특징입니다. 이 능이 조성된 것이 지금으로부터 약 이천 년 전의 일입니다. 그때 우리의 문화 수준은 대단히 유치했습니다. 그럼에도 능을 조성하는 데 유선형을 넣어 조화를 나타낸 것을 보면 우리 민족이 고대로부터 조화를 사랑하는 정신이 강렬했다는

---

16 이 부분은 전달하는 과정에서 일어난 범부의 착오인 것 같다. 『삼국사기』에는 신라 제22대 지증왕 3년(502년)에 순장 풍습을 폐지한 것으로 나와 있다. 『韓國史大事典(한국사대사전)』, 류홍열 감수(서울: 풍문사, 1974), 766쪽에 나와 있는 '순장(殉葬)' 항목을 참고하라.
또한 범부가 순장한 묘라고 설명한 곳에는 박혁거세의 후대 왕들이 묻혀 있는 것으로 알려져 있다.

것을 알 수 있습니다. 안압지 역시 그렇습니다. 분명 한 개의 조화가 표현되어 있는 것이 확실합니다. 안압지도 무엇을 상징하고 있을 터인데 그 부분은 규명되어 있지 않습니다. 이것들 말고도 여러분이 신라 유적을 관찰할 때 어디를 가서 무엇을 보든 조화의 정신이라는 기준에서 보면 일관된 묘리가 잡힐 것입니다. 그래서 신라의 풍류도라는 것도 이런 조화의 관점에서 고찰할 필요가 있는 것입니다.

풍류도에서 제일 중시하는 과목이 음악입니다. 어째서 음악이 그렇게 중시되는 과목이 되었을까요? 어제도 말한 바와 같이[17] 신라 사람들 일반이 음악을 신비스럽게 여긴 측면이 분명히 있습니다. 거기에다 풍류도 정신에서 보면 음악을 특히 중시하지 않을 수 없는 이유가 있습니다. 음악은 다름 아닌 '장단'입니다. 장단이 아니면 음악이 안 됩니다. 그리고 장단이라는 것은 조화입니다. 장단이 안 맞는다고 하는 것은 조화가 깨진다는 말이며 장단이 꼭 맞는다고 하는 것은 조화가 잘 이루어졌다는 말입니다. 그래서 무엇보다 조화를 사랑하는 풍류도 정신에서는 조화를 제일 잘 표현하는 예술 형식인 음악을 중시하지 않을 수 없었던 것입니다. 그래서 풍류인들에게는 인생관도 음악적이며 심지어 우주관까지도 음악적입니다.

가령 화랑오계花郎五戒를 예로 들어봅시다. 그것은 바로 조화이며 음악입니다. 내용인즉 이렇게 되어 있습니다. "충성으로 임금을 섬기고, 효도로 부모를 섬기며, 신의로 친구를 사귀고, 싸움터에서 물러서지 말며, 살아 있는 생물을 가려서 죽여라"고 하는 것입니다. 그런데 이 오계가 그냥 나열되어 있는 것이 아닙니다. 여러분은 이 점에 유의해야 합

---

17 이 강의가 연속 강의의 형태로 이루어졌다는 것을 알 수 있다.

니다. 사람이 조화 있는 행동을 하려면 어떻게 해야 합니까? 사람이 행동에서 조화를 구하려면 어떻게 해야 하겠느냐는 뜻입니다. 신민臣民된 자로서는 나라에 충성을 다하는 것처럼 조화로운 일이 없을 것입니다. 자식으로서는 효행을 하는 것만큼 어울리는 일이 달리 없을 것입니다. 교우 관계에서 제일 어울리는 일은 신의를 지키는 것이며, 불가피하게 전쟁에 임하게 되었을 때는 뒤로 물러서지 않는 것만큼 어울리는 일이 없으며, 어쩔 수 없이 생명을 죽이게 되더라도 가려서 하는 것만큼 어울리는 일은 없을 것입니다. 이 모두가 하나의 통일된 조화의 정신에서 출발했다는 것입니다.

병이 났다고 하는 것은 신체가 조화를 잃어버렸다는 말입니다. 신체가 조화를 얻은 상태가 건강한 상태입니다. 정신이 조화를 잃어버리면 그릇된 행동이 나오거나 그릇된 말이 나오거나 합니다. 언행에 실수가 없다고 하는 것은 정신에 조화가 있다는 말이 됩니다. 가령 한 가정이 조화를 잃어버리면 어떻게 됩니까? 그 집안은 비뚤어진 집안이 됩니다. 또 나라가 조화를 잃어버리면 처음에는 기울어질 것이며 심히 조화를 잃어버리면 망하고 말 것입니다. 반대로 나라가 조화를 얻었을 때 그 나라는 튼실하게 되는 것입니다.

풍류도란 어떤 교단의 형태를 가지고 있는 것도 아니며 어떤 명확한 경전을 가지고 있지도 않습니다. 다만 그 정신이 우리의 혈맥 속에 흘러왔다는 것뿐입니다. 그렇기 때문에 어떤 의미에서는 더욱 힘 있게 우리 역사의 추동력으로 작용했다고 볼 수 있습니다. 우리 민족이 수난과 실패의 역사를 겪어오면서도 오늘날까지 이만한 정신을 유지해온 것은 우리의 혈맥 가운데 흐르고 있는 풍류정신 덕분이라고 볼 수 있습니다. 그러니 지금 우리는 우리의 살아 있는 전통, 생명을 가진 전통에 대해 깊이 생각해볼 때를 맞이했습니다. 그 가운데서도 특히 우리의 고유한 정신인 풍류정신과 그 조화의 정신에 대해 깊이 성찰하는 기회가 있어야 할 것입니다.

그런데 한 민족의 전통은 고유한 것만 있는 것이 아닙니다. 밖에서 들어온 문화도 수백 년이 지나면 전통이 됩니다. 수천 년이 되었다면 고유한 것과 다를 바 없습니다. 가령 중국에서 들어왔건 인도에서 들어왔건 유교와 불교는 이미 우리의 전통입니다. 외래의 문화라고 하지만 유교와 불교는 이미 우리의 생리가 되어 있습니다. 그것은 우리의 고유한 전통과 꼭 같습니다. 그러므로 첫째 중요한 것이 고유의 정신이고, 그다음으로 중요한 것이 유교와 불교처럼 이미 우리의 전통으로 되어 있는 것입니다. 그것은 이미 우리의 자산입니다. 다만 주의를 필요로 하는 것은 그 가운데 어떤 요소를 계승할 것인가를 분별하는 것입니다.

국민윤리는 민족의 전통을 떠나서 성립되는 것이 아닙니다. 전통 가운데서 윤리의 기준을 구해야 하는 것입니다. 그러니 전통 가운데 어느 것을 기준으로 삼을 것인가에 대한 취사선택의 과정을 거치지 않으면 안 됩니다. 이때 취사선택의 대상으로서 우리의 역사 속에서 두드러지게 나타나는 것이 풍류정신입니다. 그런데 실상 알고 보면 유교정신은 풍류도 정신과 유사하고 공통성이 매우 큽니다. 그렇기 때문에 유교가 들어올 때는 갈등과 마찰이 그다지 없었습니다. 유교에서는 중화中和의 정신이 중시되고 있습니다. 기쁘다든지 노한다든지 슬프다든지 즐겁다든지 하는 감정이 아직 생기지 않은 것을 중中이라 하고, 이것이 생겨나서 제일 맞는 곳에 가 있는 것을 화和라고 합니다. 이것이 무슨 말이냐 하면, 희로애락은 사람마다 다 있는 것인데 꼭 노할 자리에 노하고 기뻐할 자리에 기뻐하여 도를 넘기지 않는 것을 중절中節이라고 하는 것입니다. 이것은 『중용』의 안목인데, 중화를 이루게 되면 천지가 제 위치에 있고 만물이 다 화육化育을 한다는 것입니다. 천지가 중화를 가지게 되면 비로소 사시四時가 바로 이루어지고 만물이 성장한다는 것입니다. 천지도 조화를 잃어버릴 때 모든 것을 잃어버리게 된다는 것입니다. 그러므로 유교의 중화관中和觀은 풍류도의 조화관調和觀과 바로 통하는 것입니다.

여기서 우리가 다시 생각할 것은 국민윤리의 근거를 왜 하필 전통 속에서 구해야 하느냐 하는 것입니다. 그 이유는 이렇습니다. 국민윤리뿐 아니라 도대체 윤리의 근거라고 하는 것은 한 개의 관념이 아니기 때문입니다. 더구나 국민윤리는 일종의 역사적 생리입니다. 관념이라면 밖으로부터 받아들일 수 있지만 정신적 생리라고 하는 것은 내부에서 자라나는 것입니다. 국민윤리의 생리라고 하는 것은 일종의 문화적 생리이며 역사적 생리입니다. 전통이라고 하는 것은 이미 한 개의 역사적 생리가 되어 있는 것이므로 우리가 계승할 윤리라고 한다면 당연히 우리의 전통 가운데서 구해야 하는 것입니다. 윤리의 실천은 관념이 아닙니다. 그렇기 때문에 정신의 생리가 만족하게 동의를 해야 하는 것입니다. 이러한 생리는 어느 사회에나 다 있습니다. 미개인은 미개한 대로 문화가 있고, 생리가 있습니다. 우리 한국인에게도 당연히 그것이 있습니다. 그래서 우리는 이 생리화되어 있는 전통 속으로 들어가서 국민윤리의 근거를 구하지 않으면 안 된다는 것입니다.

연말에 와서 국민도의가 크게 문제시되다 보니[18] 여러 사람들이 발

---

18 문맥에서 보면 이 강의가 6·25 전쟁의 포연이 자욱한 1950년 말에 이루어진 것으로 추정할 수 있다.

언을 하고 나서게 되었습니다. 가령 이러이러한 것을 숭상하면 도의가 바로 서지 않겠는가, 이런 생각으로 글도 쓰고 말도 하는 사람이 생겼습니다. 그런데 그렇게 하면 성과가 있을 줄 모두가 기대하는 모양인데, 일이 결코 그렇지 않습니다. 정직한 것이 좋은 줄은 누구나 알고 있습니다. 진실이 좋은 것도 누구나 알고 있으며 정의를 사랑해야 하는 것도 누구나 다 알고 있습니다. 하지만 이런 것을 열거하면서 자꾸 정직을 요구하고 진실을 요구한다고 해서 실효가 있느냐 하면 그렇지 않습니다. 그러므로 이런 문제는 이 민족의 윤리적 생리, 도덕적 생리를 파악하여 그것에 호소하지 않으면 안 되는 것입니다.

　이제 국민윤리의 실천 문제에 대해 간단히 말씀드리겠습니다. 첩경捷徑은 대조화大調和의 정신을 파악把握하는 것입니다. 그런데 조화의 정신을 어디서 구할 수 있습니까? 사람들에게 조화의 정신을 가지라고 한다고 조화의 정신이 구해지는 것이 아닙니다. 그것은 생활과 행위에서 나오지 않으면 안 됩니다. 그것은 가장 자연스러운 경향 속에서 구하지 않으면 안 되는 것입니다. 이 사람이 일전에 지정至情이란 말을 한 일이 생각납니다. 같은 말을 한 번 더 사용하겠습니다. 지정이라고 하는 것은 상정常情의 간절한 곳입니다. 상정이란 누구나 가지고 있는 것으로서, 사랑하는 것은 좋아하고 미워하는 것은 싫어하는 것이 상정입니다. 살기를 좋아하고 죽기를 싫어하는 것, 아름다운 것을 좋아하고 추한 것을 미워하는 것, 선한 것을 좋아하고 악한 것을 미워하는 것, 앞으로 나가는 것이 좋고 뒤로 물러서는 것이 싫은 것, 이런 것이 모두 상정입니다. 국민윤리 문제와 관련하여 세간에서는 분분한 이론을 내세워 떠들썩한데 다 공연한 일입니다. 가려운 데를 긁지 않고 다른 데를 긁고 있는 것입니다. 출발은 다른 데서 할 일이 아니라 당장 우리가 호흡하는 데서 해야 합니다. 우리의 출발 지점이 상정이어야 하는 이유가 바로 그것입니다.

지정이라는 것은 이러한 상정이 간절한 곳에 있는 것입니다. 말하자면 부모가 자식을 사랑하지 않으려고 해도 사랑하지 않을 수 없고, 밉게 생각하려고 해도 미워지지가 않을 것입니다. 또한 자식은 근본적으로 부모를 공경하고 사랑하는 심정이 있습니다. 이것이 지정입니다. 그러면 일전에 말씀드린 것처럼 사람은 어디서 이 지정이 제일 잘 나타나느냐 하는 것을 살펴야 하겠습니다. 그것은 역시 부모와 자식 사이에서 제일 잘 나타날 것입니다. 그리고 이것은 우리 한국 사람뿐 아니라 세계 어느 나라 사람이라도 마찬가지일 것입니다. 그래서 더욱 좋다는 것입니다. 이제 우리는 중요한 단서를 잡은 것입니다. 윤리 문제에 대한 논의를 다른 데가 아닌 부모와 자식 사이의 지정에서 출발하면 되겠다는 것입니다. 부모와 자식 사이에 이미 있는 지극한 정, 여기서 논의를 시작하자는 것입니다. 그래서 대조화의 정신을 부모에 대한 자식의 효행孝行에서 보자는 것입니다.

혹시 여러분은 이런 생각을 하실 수 있을 것입니다. 효행이란 것이 좋기는 한데 부모에 대한 효보다 먼저 있는 것이 자기 자신이 아니겠는가, 그래서 먼저 자신의 문제로부터 출발하는 것이 당연한 순서가 아니겠는가 하는 것입니다. 물론 이런 의문을 제기하실 수 있을 것입니다. 그러나 그것은 잘못 제기된 의문입니다. 인간은 원래 고립된 존재가 아닙니다. 누구의 자식도 아닌 사람은 없는 것입니다. 본래 '한 사람'이라고 하는 사람은 없다는 것을 알 필요가 있습니다. 그리고 이 우주에 한 사람만 있다고 하면 윤리라고 하는 것이 있을 까닭이 아예 없습니다. 선악 문제를 말하고 윤리 문제를 논의한다는 것 자체가 인간은 혼자가 아니라는 것을 전제하고 있습니다. 구체적으로 말하면 가정에는 아버지가 있고 아들이 있고, 이렇게 됩니다. 아버지도 아니고 아들도 아닌 한 개의 개체라고 하는 것을 관념적으로는 생각할 수 있으나, 그런 것은 실제로는 존재하지 않습니다. 관념으로 말할 것 같으면 일찍이 데카르트는 온갖 것을 다 의심하고 나중에는 자기 자신도 의심을 했는데, 의심하는 자신, 이것만은 틀림없으니 여기서 출발하자고 했지만, 그것은 하나의 논리적 방법론이지 구체성을 가지는 실제에서는 데카르트 자신도 아버지와 어머니 없이는 생겨나지도 않았을 것입니다. 또한 데카르트의 그와 같은 생각 자체도 당시 프랑스의 사상적 흐름이 아니었다면 아예 생기지도 않았을 것입니다. 그런 방법론은 구체적 사실을 걸러내어 버린 추상적 관념의 세계에서나 존재하는 것입니다.

효를 중시하게 되면 굉장한 일이 일어납니다. 옛날 사람들이 말한 것처럼 천하가 완전히 평안하게 됩니다. 부모에게 효성을 다하면 천하가 평안하게 된다, 지금 이런 말을 하면 어째서 그런 일이 일어나는 것이냐고 물을 것입니다. 하지만 이것을 조금도 놀랍게 생각할 필요가 없습니다. 깊이 생각해보면 다 알게 되는 것입니다. 효라는 것은 자식이 부모를 공경하고 사랑하는 것인데, 이 공경과 사랑은 부모에게만 한정되는 것이 아닙니다. 이 정신을 잘 양성하면 누구에게라도 경애敬愛하는 마음을 품게 되는 것입니다. 그래서 이 경애하는 마음이 친구 사이에 적용될 때는 신의信義가 되는 것이고 나라에 그것을 표시할 적에는 충의忠義가 되는 것입니다. 옛날이나 지금이나 나라와 민족을 위해, 아니면 어떤 다른 인간을 위해 충성을 다하는 사람은 대개 효성이 있는 사람입니다. 충무공 이순신만 해도 나라에만 충성한 것이 아닙니다. 효성도 지극한 어른이었습니다. 충신은 효자의 가문에서 나오는 법입니다.

나라에 충성을 다한 사람으로서 불효자가 있는지 찾아보십시오. 있을 리가 없습니다. 부모 밑에서 자라면서 부모를 경애하는 지정의 분위기에서 성장한 사람은 어디서든지 지정으로 행동합니다. 어디서든지 경애하는 마음을 나타내게 됩니다. 집에서 불효한 사람이 다른 데 가서 잘하는가를 한번 보십시오. 부모를 거역하는 사람이 무슨 일을 못 하겠습니까? 그래서 친구라고 하더라도 부모에 불효하면 믿지 말 것을 말하지 않습니까?

옛날에 공자님께서 어느 나라에 갔는데 그 나라의 임금이 자기 나라의 백성은 정직한 것을 매우 숭상하여 한 아버지가 염소를 도둑질했는데 그 자식이 제 아비의 비행에 대해 증언했다고 자랑했습니다. 이에 공자님이 대답하기를, 아비가 하는 일은 자식이 숨겨주고 자식이 하는 일은 아비가 숨겨주는 법이라고 했습니다. 제 아비의 염소 도둑질을 증언하는 일이 정직은 정직인데 어디가 문제냐 하면, 인간으로서의 상정에 탈이 났기 때문에 문제입니다. 이것은 제 아비를 염소 한 마리에 판 꼴이 된다는 것입니다. 그러니 그런 것을 정직이라고 숭상했다가는 천하는 망하고 맙니다. 인간이 망하고 나면 남는 것이 무엇이겠습니까?

이것은 여러분이 그저 관념으로만 생각지 말고 직접 효행을 통해서 생각해보아야 할 문제입니다. 효를 하면 부모한테만 하겠습니까? 그렇다면 어째서 이 효가 천하를 평안하게 하는 도리가 된다는 것이겠습니까? 한 사람이 자기 부모에게 효성을 다한다고 하여 과연 천하가 좋게 되겠습니까? 그러나 조금도 의심할 일이 아닙니다. 왜냐하면 부모가 없는 집은 없습니다. 어떤 자식도 부모가 다 있습니다. 인간이라면 부모가 다 있으며 인간이라면 자식이 다 있습니다. 그러면 부모와 자식 사이의 이 지정을 떼어놓고 인仁이나 박애博愛를 실천할 수 있느냐 하면 그럴 수가 없다는 것입니다. 왜 그러냐 하면 생리화가 되어 있지 않기 때문입니다. 생리화가 되어 있지 않으면 실천에 힘이 없습니다. 여기서 강조해둘 것이 있습니다. 왜 하필이면 천하를 좋게 하는 대조화의 정신을 부모와 자식 사이에서 구하려고 하는 것이겠습니까? 그 이유는 경애하는 마음이 생기는 제일 간절한 곳이 그곳이기 때문입니다. 오래전 효를 말했던 이들도 효는 결코 부모에게 그치는 것이 아니라고 했습니다. 사회적인 덕행德行을 양성하려면 지정에서 출발해야 하는 것이라고, 옛날 효를 말한 이들이 설파했고, 이것은 또한 『효경』에서도 찾을 수 있습니다.

　그러면 더 이상 자세한 설명은 다음 기회로 미루고 한마디만 더 부연합니다. 이 효의 전통을 집집마다 숭상하여 드디어 온 천하가 효를 넓혀갈 수 있도록 하자는 제안을 드리는 바입니다. 어딜 가나 부모에게 하는 태도를 취하면 어찌 천하가 조용해지지 않겠습니까? 옛날에 유약有若, 공자의 제자 중 한 사람이란 이가 효행이야말로 인仁의 근본이라고 했습니다. 유교의 개념인 인仁이란 것은 덕행의 최고 이상인데 그것의 출발 지점이 효제孝悌라는 것입니다. 효는 부모에게 하는 것이고 이 마음을 형제에게 옮길 때 제悌가 되는 것이고 이것을 나라에 옮길 때 충忠이 되는 것입니다. 요컨대 이 모두가 효 한 글자에서 출발하는 것입니다. 효를 숭상하는 정신은 유교가 우리나라에 들어오기 전에 이미 이 민족의 고유한 정신이었습니다. 이 정신은 그러므로 역사를 기록하기 전부터 있어온 것입니다. 우리는 전통을 잘 살려나가야 합니다. 전통 가운데 뜻있는 것을 계승하여 살려나갈 필요가 있습니다. 다만 이때 주의할 일은 시대를 분명하게 의식해야 한다는 것입니다. 전통의 정신을 살리되 시대 가운데서 살리고, 시대를 이 정신 가운데서 살리는 것이 바른

길이 될 것입니다.

　하지만 효란 것이 이 시대와 맞지 않는 것이 아닐까 하는 걱정은 추호도 할 필요가 없습니다. 부모를 경애하는 데 시대가 무슨 시대입니까? 효는 시대를 뛰어넘어 유효한 것입니다. 그리고 경애의 정신이 시대의 발전을 가로막을 리도 없는 것입니다. 절대로 그런 법은 없습니다. 이야기를 듣는 데 그치지 말고 오늘 들은 이야기를 여러분이 심정적으로 자꾸 음미해보시기 바랍니다. 거듭 음미를 해보시면 재미가 절로 날 것입니다.

제2장

최제우론

해설

문헌의 유래

여기 풀어쓰기의 형태로 소개하는 글은 일찍이 범부가 "최제우론"이라는 제목으로 발표한 논문이다. 이 글에서 범부는 수운 최제우의 사상을 풍류정신의 재생이라고 해석하고 있다. 문장은 화려하고 구성은 치밀하다. 동학 해석에서 독보적인 경지를 보여주고 있다는 평가도 있다. 이 글은 그가 이 세상에 남긴 많지 않은 명문장 가운데 하나이다.

「최제우론」은 범부가 1960년 당시 동학 창도 100주년을 맞이하여 기념특집으로 꾸며진 ≪세계世界≫ 제17호1960. 5에 발표한 글이다. 이 글을 발표할 당시 범부는 64세였으며 그로부터 6년 후인 70세 때 저세상 사람이 된다. 그러므로 이 글은 범부 만년의 작품이라고 할 수 있다.

이 글의 주제인 동학이라고 하는 사상의 코드는 범부 생애의 매우 이른 시기부터 그의 뇌리에 박혀 있었을 것으로 보인다. 범부의 조부 김동범金東範은 이웃 면에 사는 최복술崔福述, 후일의 수운 최제우(水雲 崔濟愚)과는 어릴 때부터 친구였고 만나면 서로 너, 나 하는 사이였다. 범부의 어릴 적 스승인 김계사金桂史는 경주 서편에 위치한 서악서원에서 수학한 당대의 큰 선비로, 같은 시기에 서악서원에서 공부한 사람 가운데 최경상崔慶翔, 후일의 해월 최시형(海月 崔時亨)이 있었다. 이와 같은 인연 덕분에 범부는 어릴 때부터 주변의 어른들로부터 동학 이야기를 들으면서 자라났다. 그 당시 경주 지역 자체에 동학의 분위기가 짙었을 뿐만 아니라 범부는 개인적인 인간관계에서도 동학과의 인연의 끈이 얽혀 있었던 것이다. 이것으로 미루어보면 먼 훗날 범부가 「최제우론」을 집필하게 된 것은 매우 자연스러운 일이었다. 어느 면에서 이 글은 범부 사상의 정점을 이루는 것이라고 여겨지기도 한다.

세월이 한참 지난 뒤에 이 글은 ≪현대現代와 종교宗敎≫ 제7호1984. 2에 "최수운崔水雲의 생애生涯와 사상思想"이란 제목으로 재차 실린다. 이때 이 글은 이종후李鍾厚의 교정 과정을 거친다. 이종후는 당시 이 학술지의 편집인으로서 "東學思想동학사상 및 韓國思想史한국사상사 研究연구에 대한 本稿본고의 重要性중요성을 감안하여 이번에 철저한 校正교정을 거쳐 이를 다시 本誌본지에 揭載게재하는 것"이라고 밝히고 있다. 이종후는 자타가 공인하는 범부의 수제자로서 영남대학교 철학과에서 오래 재직했으며 한국철학회 회장을 역임했다.

이 글이 세 번째로 얼굴을 나타낸 것은 1986년 범부 20주기 때 정음사가 펴낸 『풍류정신』의 지면을 통해서이다. 정음사의 『풍류정신』은 범부 저작의 선집으로 꾸며진 것인데, 그 가운데 「최제우론」이 출판사의 편집 과정을 거쳐 실려 있다. 정음사 편집의 특징은 기존의 판본에 다반사로 나타나는 한자 표현 가운데 꼭 필요한 부분만 남기고 대부분을 우리말로 표기하여 소개한 것이다.

그 뒤 정음사의『풍류정신』은 절판된 상태에서 세월을 끌게 되고 결국에는 출판사 자체가 문을 닫게 된다. 정음사의『풍류정신』은 2009년에 들어와 영남대학교 출판부의 손에서 다시 약간의 편집 과정을 거쳐 복간된다. 책의 제목도『풍류정신』그대로이다.「최제우론」역시 처음의 그 자리를 지키고 있다. 지금 시중에 유통되고 있는 영남대 판본의 특징은 정음사본에서 일부 살려두었던 한자 표현 앞에 우리말 표기를 병기한 것이다. 유감스러운 것은 표기하는 과정에서 한자를 잘못 읽은 부분이 자주 눈에 뜨인다는 것이다. 혹시 다음에 다시 펴내는 기회가 있으면 세심하게 수정하는 것이 관심 있는 학인들에게 도움이 될 것이라고 생각한다.

이번에 풀어쓰기 작업을 하면서 기존의 여러 판본을 대조하고 검토하는 기회가 있었다. 그 결과 가장 신뢰가 가는 판본은 이종후의 교정을 거쳐 ≪현대와 종교≫에 실린 것이었다. 투박하고 거친 면이 있지만 원본을 가장 충실하게 살려놓았다. 그래서 이 판본을 이번 풀어쓰기 작업의 저본底本으로 삼기로 한다.

가공이 필요하다

위에서 저본으로 삼기로 한 판본이 '투박하고 거친 면이 있다'고 지적했다. 이것은 범부의 글에 대한 전체적인 느낌을 전해본 것이다. 사실은 오늘의 독자와의 소통이라는 면에서 보면 범부의 글은 좀 더 구체적인 문제성을 드러내고 있다. 마치 보석이 땅속에 묻혀 있는 느낌이다.

시대와 말투의 땅속에 범부의 사상이 잠들어 있다는 느낌을 지울 수 없다. 이것이 바로 이번 풀어쓰기 작업의 동기이며 목적이기도 하다.

이 책의 머리말에서 잠시 소개한 것처럼, 범부는 19세기 말에 태어나 20세기 전반기에 생의 대부분을 보내고 20세기 후반기의 일부를 살고 세상을 떠났다. 그가 이 글을 처음 작성하여 지면에 발표한 것이 1960년이었다. 이런 시간적 요소들을 고려하면 범부의 언어와 지금 우리가 사용하는 언어 사이에 반세기 이상의 간극이 들어와 있다는 점을 인정하지 않을 수 없다. 말과 글은 시간 속에서 변한다. 그래서 범부의 글을 오늘의 독자가 이해하기에는 어려움이 있을 수밖에 없다. 특별히 노력하지 않고서는 결코 술술 넘어가지 않는다.

이런 일반론 이외에도 범부의 언어에는 오늘의 독자와의 소통에 간극을 부르는 다른 특이 사항이 보인다. 널리 알려진 대로 그의 언어는 화려하다 못해 현학적이다. 자주 사전에도 없는 단어를 만들어 사용하며, 한문 투의 고어를 즐겨 사용하기도 한다. 이것은 아마도 깊은 사상을 길어 올리기 위한 장치로서 언어를 구사하는 과정에서 피할 수 없이 개입된 곡절이었을 것이다. 발표 당시에는 고풍스러운 멋을 지닌 글이 장점이었을 법하지만, 범부의 언어 취미와 표현 기술은 오늘의 독자에게 오히려 부담감으로 다가오는 면이 있는 것 또한 사실이다.

가공의 방법

그래서 이번의 풀어쓰기 작업을 통해 범부의 글에서 오늘의 독자 앞에 소통의 장애로 떠오르는 요소들을 큰 무리가 없는 한 과감하게 처리하기로 방향을 잡았다. 일단 소통이 중요하다는 생각 때문이다. 표현의 벽에 걸려 오늘의 독자가 범부의 콘텐츠를 만나지 못한다면, 그것처럼 큰 손실은 없을 것이다. 이러한 건설적인 동기에서 용기를 내어 범부의 언어를 '해체'하여 현대화하기로 한다. 어려운 조어는 뜻이 통하도록 풀어주고, 한문 투의 표현은 우리말로 고치고, 오늘의 현실에 맞지 않는 어법은 바꾸어주기로 한다. 이렇게 하여 오늘의 독자가 범부의 문헌에 좀 더 쉽게 접근할 수 있는 통로를 마련하고자 한다.

이처럼 소통의 장애 요소는 최대한으로 줄이고, 뜻과 의미는 온전하고 올곧게 전달하려는 것이 이 풀어쓰기 기획의 하나뿐인 목적이다. 아래에서는 여기서 시도되는 풀어쓰기 작업의 내용을 예를 들어 설명해보기로 한다.

이번 작업에서 핵심이 되며 가장 광범위하게 손을 댄 곳이 바로 낱말 부분이다. 범부가 사용한 낱말의 상당 부분을 오늘의 독자가 친숙하게 이해할 수 있는 우리말로 바꾸어준 것이다. 범부의 글은 모두 6개 절로 구성되어 있는데 우선 '1. 수운의 유년과 소년 시절'에서 어떤 것을 어떻게 바꾸어주었는가를 사례로 제시하면 이런 것이다.

- '幼少時代유소시대'를 '유년과 소년 시절'로
- '一隅일우'를 '변두리'로
- '蕭條숙조한 山陜산협'을 '한적한 산골'로
- '世居地세거지'를 '대대로 살던 터전'으로
- '望士망사'를 '명망 있는 선비'로
- '血嗣혈사'를 '혈통을 잇는 자손'으로
- '志業지업'을 '목숨을 건 과업'으로
- '主因주인'을 '주된 원인'으로
- '風神풍신'을 '생김새'로

- '尤甚_{우심}했다'를 '더욱 심했다'로
- '壯志_{장지}'를 '장한 포부'로
- '雄圖_{웅도}'를 '웅대한 계획'으로

비슷한 작업이 이후의 모든 절에서 이루어졌다. 작업은 가능하면 철저하게 하려고 노력했다. 일일이 다 예를 들 수 없지만 낱말을 바꾸어 주는 일 이외에 어떤 대목에서는 필요에 따라 문장을 고친 부분도 있다. 문장의 길이를 약간 줄인 데도 있고 약간 늘인 데도 있다. 또 어떤 데는 문단의 구조를 바꾸어준 데도 있다. 이것은 소통의 물길을 터주기 위한 하나의 기법이라고 보면 좋을 것이다. 가령 이런 것이다. 옷을 짜깁기할 때 안쪽에 다른 천 조각을 대고 재봉틀을 돌리는 장면을 떠올려 볼 수 있을 것이다. 또는 옛 그림을 복원하기 위해 받침종이를 대고 약물을 첨가하는 과정을 상상해볼 수도 있을 것이다. 이런 보조 수단을 사용함으로써 원상회복이 좀 더 잘 되리라고 생각한다. 외람되지만 범부 문헌을 풀어쓰기하면서 이런 방법도 적용해본 것이다.

작업을 끝내고 나서

이런 과정을 거쳐 풀어쓰기 작업은 일단 끝이 났다. 이것으로 소통의 문제는 어느 정도 해결될 것으로 보인다. 이제는 한글세대의 연구자, 일반 독자, 학생 들이 어렵지 않게 이 귀중한 범부의 글을 읽고 그 내용에 접근할 수 있을 것이라고 생각한다.

한편 일을 마치고 나서 염려되는 부분이 아주 없지는 않다. 독자와 범부의 글 사이의 간극을 좁히고 서로 소통시키려고 하는 한 가지 생각으로 내달린 작업이었기 때문에 본의 아니게 작업의 과정에서 범부의

원문이 지나치게 훼손된 면이 없지 않아 있는 것이 사실이다. 이 점이 못내 아쉽다. 그러나 작업의 성질로 보아 두 가지를 다 살릴 수 있는 것이 아니었다. 그래서 범부 문헌의 외형에 손상이 가더라도 내용을 살리는 쪽에 무게를 두게 되었던 것이다. 어쨌거나 문맥과 표현의 의미만은 제대로 전달하려는 노력이 있었다는 점이 인정되기를 바란다. 따라서 독자 가운데 연구자들은 이 풀어쓰기에만 전적으로 의존하지 말고 원문을 찾아 참고해줄 것을 권하고 싶다.

마지막으로 독자들을 위해 전해둘 일이 있다. 그동안 범부의 동학 해석에 대한 후학들의 재해석 작업이 있었다. 아래 소개하는 두 논문은 지금 풀어쓰기 형태로 세상에 내놓는 「최제우론」과 직접적인 관련을 가지고 있다.

· 최재목. 「범부 김정설의 '최제우론'에 보이는 동학 이해의 특징」, ≪동학학보≫, 제21집(동학학회, 2011. 4), 243~288쪽.
· 박맹수. 「범부 김정설의 동학관」, 범부연구회, 『범부 김정설 연구논문자료집』(서울: 선인, 2010), 197~220쪽.

범부 원전에는 일체 각주가 없다. 모든 것을 본문에서 소화하고 있다. 따라서 본문의 모든 각주는 필요에 따라 그리고 독자의 편의를 위해 내가 붙인 것임을 밝혀둔다. 다만 범부 문헌의 대중화라고 하는 취지에 따라 각주는 최대한 줄이고 그 뜻은 본문에 반영되도록 했다.

문헌에 대한 소개는 이 정도에서 마감하려고 한다. 그럼 지금부터 풀어쓰기 형식을 통해 범부의 글 속으로 들어가보기로 하자.

1. 수운의 유년과 소년 시절

금년으로부터 꼭 백 년 전이 된다. 그것은 1860년경신년 음력 4월 5일이었다. 그날 정말 어마어마한 역사적 대사건이 경주 변두리에 위치한 현곡면 마룡동이란 한적한 산골동네에서 일어났다.

현곡면 일대는 경주 최씨 가문의 사람들이 대대로 살던 터전으로서 마룡동 역시 그 가운데 하나였는데, 바로 그 마을에 지역의 유학자 근암近菴 최옥崔鋈의 서재가 있었다. 근암은 당시 명망 있는 선비로서 학식이 높고 행동이 진중한 사람이었다. 그런데 이 어마어마한 역사적 대사건이 발생한 것은 근암이 세상을 떠난 지 한 20년 뒤가 된다.

근암은 늦도록 혈통을 잇는 자손이 없었다. 처음 부인과 두 번째 부인이 다 자식이 없이 세상을 떠났다. 그래서 아마도 중년이나 만년의 어느 시기에 양자를 들였던 것 같다. 그런 연유가 있어 지금도 근암의 자손들이 현곡면에 살고 있다.

대사건이 발생하려면 흔히 심상치 않은 전조가 있기 마련이다. 근암이 환갑, 진갑을 다 지내고 63세인가 되던 해였다. 우연히 과부 한 사람이 단봇짐을 이고 정처도 없이 마을로 흘러들어와 근암과 만나게 되었다. 과부는 경주 서면 금척이라는 동네 사람이었다.

드디어 과부의 배가 불러 세상에 보기 드물고 영특한 기운이 서린 사내아이가 태어났다. 이 아이가 바로 역사적 대사건의 주인공이자, 뒷날 동학을 창시한 수운 최제우였다.

수운은 나이 많은 유학자가 뒤늦게 얻은 귀하디귀한 자식이었다. 그래서 남다른 귀염도 받았다. 그러나 그 생모가 되는 이는 수운이 6, 7세 적에 세상을 떠났고, 그 어른 근암도 16세 적에 돌아가셨다. 그런데 바로 여기, 수운의 출생과정 속에 뒷날 그의 운명과 사상 그리고 목숨을 건 과업과 긴밀한 관련을 가진 미묘한 사태의 구조가 은연중에 성립되고 있었던 것이다.

무엇보다 수운의 생모가 단봇짐을 이고 흘러들어온 과부란 사실이 주된 원인이었다. 수운은 어릴 때부터 총명과 기백이 비상했다. 용모 또한 비범했다. 밖에 나가면 동네 아이들이 말하기를 "저 복술이_{수운의 어린 시절 이름} 놈의 눈깔은 역적질할 눈깔"이라 했다. 그럴 때마다 수운은 "오냐, 나는 역적이 되겠으니 너희들은 착한 사람이 되라"고 했던 것이다. 이와 같은 수운과 동네 아이들과의 대화라고 해야 할까, 말싸움이라고 해야 할까, 일종의 대결 구도 속에 분명 문제성이 들어 있었던 것이다.

말하자면 역적질할 눈깔이라는 그 눈은 과연 비범한 것이 틀림없었다. 또 동네 아이들도 그 비범한 눈의 정기에 놀랐던 것이다. 아마도 아이들은 마음속으로 그 비범한 생김새에 위협을 느꼈을 것이다. 자기들이 열등하다는 것을 자인하면 할수록 그 비범한 모습에 모욕을 안기고 싶었을 것이다. 아이들의 이와 같은 태도 속에는 수운이 마을로 흘러들어온 과부의 천한 자식이란 인식이 박혀 있었으며, 그와 같은 아이들의 인식은 어른들로부터 듣고 배운 것이었다. 그리고 그 어른들과 아이들은 실은 남이 아니라 한동네에 살던 친척들이었다. 그것이 그 시대의 풍습이었다. 그런 종류의 차별은 오히려 일가친척 사이에서 더욱 심했던 것이다.

말하자면 그와 같은 풍습은 그 당시 사회 전체의 공기였다. 그러므로 그 시대를 산 사람들은 모두 그 공기를 호흡하고 살았다. 그러니 그 과부의 천한 자식이 천대를 받는 상황에서 과부에 대한 대우가 어떠했을 것인가는 역시 짐작할 수 있는 일이다. 가령 문중에 길흉사가 있는 경우, 과부 출신인 수운의 생모는 집안의 다른 부녀자들과 같은 자격을 가지고 나란히 참여할 수 없었다. 신세가 그러했으므로 때로 수운의 생모는 눈물 젖은 손으로 어린 수운의 머리를 혼자서 가만히 쓰다듬기도 했을 것이다. 영특한 복술은 비록 나이는 어렸지만 그것이 무슨 일인 줄을 아주 모르지 않았을 것이다. 나이를 먹어갈수록 사태를 더욱 깊이 알게 되었고, 그렇게 쌓인 울분과 고민은 장한 포부와 웅대한 계획으로 연결되었을 것이다. 이렇게 자란 복술이 뒷날의 수운 최제우였다.

2. 수운의 득도

수운이 아버지인 근암의 상을 당한 것이 16세 때였으니, 상을 면한 것은 18세 적이 될 것이다. 영특하고 성숙한 최제우는 그 어른에게 당시 사회적으로 숭상되던 유학 중심의 경서와 역사서를 배웠다. 그러면서도 한편으로는 사상적으로 또는 정치적으로 여러 가지 번민을 했던 것 같다. 아마도 그 당시 가정교육의 형태로 습득한 유학 중심의 사상으로는 그 번민을 해결하지 못했던 것으로 보인다.

상을 면할 때쯤, 수운은 누구도 알 리 없고, 그렇다고 해서 그 누구에게 통사정해볼 수도 없는 고독한 번민을 품고 있었다. 여러 가지 생각 끝에 드디어 집을 나가게 된 수운은 호방하고 의협심 있는 청년들과 어울려 활도 쏘고 술도 마시러 다녔으며, 가끔은 화류계 출입도 마다하지 않았다. 그러나 이것은 번민의 한 형태였을 뿐 그가 유혹에 빠질 리도 없고 사특한 길에 들어설 리도 없는 것이었다.

수운은 영험하기로 유명한 곳을 찾아가 기도도 하고, 이름 있는 산에 들어가 수행도 했다. 세상을 두루 다니며 민심과 물정을 살피기도 했다. 그러는 사이에 세월도 꽤나 흘러 어느덧 삼십 고개를 넘어서서 사십을 바라보게 되었다. 이윽고 36세 무렵에 고향인 경주로 돌아와 전에 근암이 사용하던 서재에 칩거하게 되었다.

마침내 37세 되던 1860년 음력 4월 5일에 수운은 하늘의 계시를 받는다. 이때의 상황을 수운은 자신의 글인 「논학문論學文」에서 다음과 같이 밝히고 있다.

> 무릇 경신년 사월에 천하가 어지럽고 민심이 효박하여 향할 바를 알지 못할 즈음에 또 괴이한 말이 있어 세상에 떠돌되 서양 사람은 도를 이루고 덕을 세워 그 조화에 이르러서는 못하는 일이 없다 하며, 무기로 싸우면 앞에서 대적할 사람이 없다 하니, 중국이 소멸하면 어찌 순망의 환란이 없겠는가? 도무지 다른 것이 없다. 이 사람들은 도를 서도라고 칭하고 학을 천주라고 칭하며, 교를 성교라고 하니, 이는 천시를 알고 천명을 받은 것이 아닌가? 이 하나 하나를 들어 다하지 아니하는 까닭으로, 나 역시 두려워하여 다만 늦게 태어난 것을 한스러이 여길 즈음에 몸이 몹시 떨리면서 밖으로는 신령을 접하는 기운이 있고 안으로는 강화의 가르침이 있으되, 보아도 보이지 아니하며 들어도 들리지 아니하는지라, 마음에 더욱 이상스럽게 여겨져서 마음을 닦고 기운을 바르게 하고 물어 말하기를 "어찌하여 그러합니까?" 하니, 대답하기를 "나의 마음이 곧 너의 마음이니라. 사람이 어찌 알리오. 천지는 알고 귀신은 모르니, 귀신이라는 것도 나이니라. 너에게 무궁무궁한 도를 줄 것이니 닦고 다듬어서 글을 지어 사람들을 가르치고 법을 정하여 덕을 펴면, 너로 하여금 장생하여 천하에 밝게 빛나게 하리라".[1]

묻기를 "그런즉 무슨 도라고 합니까?" 대답하기를 "천도니라". 묻기를 "서학과 더불어 다른 것이 없습니까?" 하니, 대답하기를 "양학은 이와 같으나 다름이 있고, 비는 듯하되 실지가 없느니라. 그러나 운인즉 하나요, 도즉 같으나 이치인즉 아니다". 묻기를 "어찌하여 그러합니까?" 하니, 대답하기를 "나의 도는 무위이화니라. 마음을 지키고 기운을 바르게 하고, 성품을 거느리고 가르침을 받으면, 자연한 가운데에 화하여 나오는 것이로되, 서양 사람은 말에 차례가 없고 글에 옳고 그름이 없어 도무지 하느님 위하는 단서가 없고, 다만 자기 몸만 위하여 빌 따름이라. 몸에는 기화의 신이 없고 학에는 하느님의 가르침이 없으니, 형식은 있으나 자취가 없고 생각하는 것 같으나 주문이 없으니, 도는 허무에 가깝고 학은 천주가 아니라. 어찌 가히 다름이 없다 일컬을 것인가?". 묻기를 "도가 같다고 말씀하시니, 서학으로 이름을 합니까?" 말하되, "그렇지 않으니라. 내가 동방에서 태어나 동방에서 받았으니, 도는 비록 천도나 학은 곧 동학이니라".[2]

'시侍'라 함은 안으로 신령이 있고 밖으로 기화가 있어 온 세상의 사람이 각각 알아 옮기지 아니한 것이요, '주主'라는 것은 존경하여 부모와 같이 섬기는 것이요 ⋯⋯ .[3]

---

1 본디 범부는 한문으로 된 원전을 인용했다. 여기서는 풀어쓰기의 취지를 살려 우리말 번역문을 사용한다. 번역문은 다음 문헌에서 가져온 것이다. 「논학문」, 『동경대전』, 윤석산 주해(서울: 동학사, 1996), 58~66쪽.

2 「논학문」, 『동경대전』, 윤석산 주해(서울: 동학사, 1996), 70~77쪽. 주해자 윤석산은 천도교의 전통에 따라 '한울님'이라고 표현하고 있다. 그러나 여기서는 범부의 의사를 존중하여 그 부분에 한하여 '하느님'이라고 고쳐 사용한다. 주해자의 양해를 구한다.

3 「논학문」, 같은 책, 83쪽. 범부는 인용의 출처를 정확하게 밝히지 않았다. 여기서 밝히는 출처는 독자의 편의를 위해 풀어쓴이가 주해본에서 찾아내어 제시하는 것이다.

나의 도는 지금도 듣지 못하고 예에도 듣지 못한 일이요, 지금도 비길 수 없고 예에도 비길 수 없는 법이다.[4]

또 수운은 자신의 글인 「수덕문修德文」에서 다음과 같이 밝힌다.

원元과 형亨과 이利와 정貞은 천도의 떳떳함이요, 오직 한결같이 중도를 잡는 것은 인사의 살핌이니라.[5]

닦고 닦으니 자연 아님이 없느니라. 공부자의 도를 깨달아보면 한 이치의 정한 바이요, 오직 나의 도를 논하면 대체로는 같고 작게는 다르니라.[6]

인의예지仁義禮智는 먼저 성인께서 가르치신 바이요, 수심정기守心正氣는 오직 내가 다시 정한 바이다.[7]

그런데 그 하늘의 계시를 받을 당시의 광경을 기술한 것을 보면 "몸이 몹시 떨리면서 밖으로는 신령을 접하는 기운이 있고 안으로는 강화의 가르침이 있으되 ······"라고 하고, 또 「용담유사」란 우리말 가사에도 여러 번 이때의 광경을 기술하고 있다. 이것을 보면 수운은 접령接靈이나 강화降話와 같은 하늘의 계시를 받는 체험을 한 것이다. 우리는 이

---

4 「논학문」, 같은 책, 91쪽.
5 「수덕문」, 같은 책, 115쪽.
6 「수덕문」, 같은 책, 135쪽.
7 「수덕문」, 같은 책, 143쪽.

체험의 광경을 그대로 믿는 수밖에 없다. 그러면 여기서 가장 문제가 되는 것이, 이 하늘의 계시를 받았다고 하는 사상이 도대체 어디서 왔느냐는 것이다.

수운은 워낙 유가 계통의 사람으로서 유학에 흠씬 젖어 있는 터였다. 그런데 유학사상, 더구나 당시 사회적으로 숭상되던 송유학宋儒學의 정신에서는 접령, 강화와 같은 해괴망측한 일은 꿈속에서도 떠올리면 안 되는 것이었다. 그것은 다만 인심을 혼란시키는 요사스러운 망언에 지나지 않았다. 이따위 일은 당시로서는 그야말로 준엄한 배척의 대상이 될 뿐이었다. 송유학의 사상과 정신에서는 처음부터 이런 광경이란 상상도 할 수 없는 것이었다. 사정이 그런데도 불구하고 법도 있고 성실한 유가의 자제로서 이런 체험을 했다는 것은 무엇을 의미하는 것일까? 거기에는 반드시 다른 어떤 유래가 개입되어 있는 것이 분명하다.

그렇다면 이것은 도대체 어디서 어떻게 유래한 것일까? 수운의 글인 「논학문」을 보면 이와 같은 대목이 나온다. 위에서 이미 예시한 내용이지만 강조하는 뜻에서 반복해보면 다음과 같다.

> 이 사람들은 도를 서도라고 칭하고 학을 천주라고 칭하며, 교를 성교라고 하니, 이는 천시를 알고 천명을 받은 것이 아닌가? 이 하나 하나를 들어 다 하지 아니하는 까닭으로, 나 역시 두려워하여 다만 늦게 태어난 것을 한스러이 여길 즈음에 …… 8

이와 같이 말한 것을 보면 수운이 그 당시 응달진 곳에서 성행하고

---

8 「논학문」, 같은 책, 61쪽.

있던 천주교의 자극을 받은 것은 일단 숨길 수 없는 사실이라고 볼 수 있다. 우선 천주라고 하는 칭호부터 유불선가에서 사용하던 것이 아니다. 더구나 계시라든가 묵시라든가 하는 하늘의 계시 광경은 기독교의 낌새를 연상하지 않을 수 없는 것이다.

그런데 역시 같은 수운의 글에 다음과 같은 내용이 함께 실려 있음을 기억할 것이다. 매우 중요한 대목이 아닐 수 없다. 강조하는 뜻에서 다시 인용해본다.

> 묻기를 "그런즉 무슨 도라고 이름을 합니까?" 대답하기를 "천도니라". 묻기를 "서학과 더불어 다른 것이 없습니까?" 하니, 대답하기를 "양학은 이와 같으나 다름이 있고, 비는 듯하되 실지가 없느니라 ……". 대답하기를 "나의 도는 무위이화니라. 마음을 지키고 기운을 바르게 하고, 성품을 거느리고 가르침을 받으면, 자연한 가운데에 화하여 나오는 것이로되 ……".9

수운은 자신의 생각이 분명히 서학과는 다르다는 것을 밝히고 있다. 접령이나 강화 등 유사한 점이 없지 않음에도 불구하고 결코 서도의 정신이 아니란 것이다. 말하자면 인격적 섭리10란 것이 도대체 서도의 근본 사상인데, "나의 도는 무위이화니라"라고 한 것은 상반되는 입장을 취하고 있다는 뜻이 될 것이다. 자신의 확고한 입장을 다시 한 번 강조하는 의미에서 "자연한 가운데에 화하여 나오는 것이로되 ……"라고 한 것이다.

---

9 「논학문」, 같은 책, 70~71쪽.
10 원전에서는 "人間意志的攝理(인간의지적섭리)"라고 표현하고 있다.

무위나 자연과 같은 어구는 본래 노장老莊 계통을 받드는 도가사상의 대표적 표현이다. 그러나 수운이 사용한 무위나 자연과 같은 표현은 반드시 노장이나 도가 사상의 영향을 받은 데서 유래하는 것이 아닌 것으로 보인다. 오히려 수운이 사용한 어구의 유래는 우리 민족에게 역사적으로 생리화되어 있는 광범한 동방정신에 있다고 할 것이다. 이 동방정신이란 중국 대륙의 그것만을 지칭하는 것이 아님은 말할 것도 없다. 사실을 말하면 한국인의 근본정신이야말로 무위와 자연의 경향을 가진 것이다. 그중에서도 신라문화의 근본정신인 풍류도는 핵심이 대조화란 것인데, 이 대조화란 도대체 자연의 성격인 것이다. 그리고 무위 역시 대조화의 성격인 것이다.

그러므로 이제 우리는 이렇게 말할 수 있다. 수운의 무위·자연 사상은 통째로 동방적인 것이다. 이것을 단정적으로 중국적인 것으로만 보거나 한국적인 것으로만 보는 것은 자못 치우친 감이 없지 않다. 그러나 수운 자신의 글에서는 "내가 동방에서 태어나 동방에서 받았으니, 도는 비록 천도나 학은 곧 동학이니라"라고 하고 있다. 이어서 "하물며 땅이 동과 서로 나뉘어 있으니, 서를 어찌 동이라고 하며, 동을 어찌 서라고 하리오. 공자는 노나라에서 나시어 추나라에서 교화를 폈으니, 추로의 풍속이 이 세상에 전하여졌거늘, 나의 도는 이곳에서 받고 이곳에서 펼쳤으니, 어찌 가히 서로써 이름을 하겠느냐?"라고 한다.[11] 이것을 미루어보면 수운은 분명히 서학과 다른 자신만의 동학을 부르짖고 있는 것이다.

수운의 계시 체험은 분명히 천주교의 영향을 받은 측면이 있는 것이

---

11 「논학문」, 같은 책, 77쪽.

사실이다. 그렇다고 하더라도 의문은 남는다. 처음의 연원과 맥락이 어디에 있느냐는 것이다. 천주란 말은 유불선가에서는 사용하지 않는다. 오히려 이것은 하느님이란 우리말에 해당하는 것이다. 그리고 이것은 유가, 특히 송유학의 천天 개념과는 크게 차이가 있는 것이다. 무릇 기독교가 신구를 가릴 것 없이 한국인에게 환영을 받는 이유는 천주 개념이 하느님 개념과 크게 보아 같다는 데 있는 것이다. 이와 같은 유래를 우리는 결코 가볍게 보아서는 안 될 것이다.

수운은 일찍이 유불도교에 의혹을 품고 있던 터였다. 한편 수운은 한국인의 신앙 생리로서 하느님이란 개념을 정신의 한가운데 함장含藏하고 있었다. 이런 관련으로 서교의 천주란 표현에 자극을 느끼고, 잠재의식에서 공명하는 바도 있었을 것이다. 그래서 유불선을 통한 만족스러운 번민 해결이 어려워지자 고향으로 돌아와 최후의 일전을 겨루게 된다. 전심전력을 다해 수행을 지속하는 가운데 마침내 1860년 음력 4월에 수운은 하늘의 계시를 받게 된 것이다. 그런데 수운이 계시를 받는 광경을 자세히 관찰하면 여기에서도 역시 서도적이지 않은 점이 드러난다.

서양 사람은 말에 차례가 없고 글에 옳고 그름이 없어 도무지 하느님 위하는 단서가 없고, 다만 자기 몸만 위하여 빌 따름이라. 몸에는 기화의 신이 없고 학에는 하느님의 가르침이 없으니, 형식은 있으나 자취가 없고 생각하는 것 같으나 주문이 없다.[12]

---

12 「논학문」, 같은 책, 71쪽.

이것을 보면 수운의 서도에 대한 이해가 그리 깊지 못하며 표현하는 문장 실력 또한 그리 훌륭한 것 같지는 않다. 그럼에도 수운의 뜻을 헤아리기에는 넉넉함이 있다는 점이 그나마 다행이라고 할 것이다. 우선 "몸에는 기화의 신이 없다"고 한 것은 조금은 딱딱하고 거친 느낌이 있으나 수운의 사상을 표현하는 데는 역시 그럼직한 면이 있다. 말하자면 서도에서는 신과 인간이 이원적으로 분리되어 있어 그 사이에 거리가 있다는 것이다. 신이 몸 바깥에 있기 때문에 정신의 교통이 되는지는 몰라도, 동학에서처럼 신이 몸 안에 있어 신의 생명이 곧 내 생명인, 기화氣化의 묘한 이치는 없다는 뜻이다. 이것이 곧 천인일기天人一氣의 동방사상인 것이다. 이것이야말로 서도와 동뜨게 다른 점이다. 또 "생각하는 것 같으나 주문이 없다"고 해서 수운 자신이 굳게 믿는 영험 있는 주문呪文이 서도에는 없다고 지적한다. 바로 이 대목이 수운이 확신한, 동학 교리의 시금석인 것이다. 서도를 "형식은 있으나 자취가 없다"고 하여 힘없는 사상으로 논단해버리는 것도 동학에서처럼 주문의 영험이 없다는 점을 가리키는 것이다.

수운은 언제나 삼칠자三七字를 묘결妙訣로 해서 교도를 지도했다. 그리고 그 삼칠자야말로 바로 동학의 생명이자 맥박이 되어 있기도 하다. 그런데 주문의 유래를 말하자면, 불교의 밀문密門에서 숭상하는 다라니가 가장 대표적일 것이며, 도교나 술가術家 계통에서 부주符呪를 비결로 삼기도 한다. 일찍이 수운이 세상을 떠돌며 수행할 당시 술서術書와 그 계통의 수행에 대해 전해 들은 바가 적지 않았을 것이다. 이로 미루어 보아 수운이 부주에 대한 묘미를 터득했음 직도 하다. 수운이 활용한 주문 가운데 특히 우리의 주목을 끄는 것은 "지기금지 원위대강至氣今至願爲大降"이라는 강령주문降靈呪文이다. 수운의 설명을 직접 들어보자.

묻기를 "강령의 글은 어떤 것입니까?" 대답하기를 "'지至'라는 것은 지극한 것을 이르는 것이니, '지기至氣'는 허령창창하여 간섭하지 않는 일이 없고, 명하지 않는 일이 없는 것이다. 따라서 형상이 있는 것 같으나 형상하기 어렵고, 듣는 것 같으나 보기가 어려우니 이 역시 혼원한 하나의 기운이요, '금지今至'라는 것은 이에 입도하여 기가 접한 것을 아는 것이요, '원위顧爲'라는 것은 청하여 비는 뜻이요, '대강大降'이라는 것은 기화를 원하는 것이다".[13]

여기서도 물론 수운의 사상을 엿볼 수 있는 대목이 없지 않다. "혼원한 하나의 기운"이라든가 "기가 접한다"와 같은 데는 주의를 기울일 필요가 있다. 가볍게 여기고 소홀하게 넘어가서는 안 되는 부분이다.

이제 우리의 의문은 이것이다. 강령주문降靈呪文의 유래가 어떻게 되느냐는 것이다. 이에 대한 대답은 사실 멀리서 찾을 필요도 없고 복잡한 설명도 필요 없는 것이다. 그것은 무속巫俗에서 유래한 것이다. 무릇 무속은 샤머니즘 계통의 신앙유속으로서 신라 풍류도의 중심사상이 바로 이것이고, 풍류도의 연원이 되는 단군 시대의 신도설교神道設敎의 핵심 사상도 바로 이것이다. 신라시조 혁거세가 신덕神德이 있었다는 것도 이 신앙과 관련을 가지는 것이며, 차차웅次次雄 자충慈充이 바로 방언 무方言巫였다는 역해가 있는 것을 보아도 역사의 진실을 알 수 있다.

그래서 이 신도神道, 특히 풍류도가 왕성하던 때에는 이것이 모든 문화의 원천도 되고, 인격의 이상도 되고, 수신제가치국평천하의 원리도 되었던 것이다. 그랬던 것이 후세로 내려오면서 그 정신이 쇠퇴한 나머지 오늘날 풍각쟁이, 사시락이, 무당패와 같은 것만 남은 것이다. 그러

---

13 「논학문」, 같은 책, 80쪽.

니 사람들은 무속이라고 하면 그냥 깜짝 놀라고 창피스러워하는 것이다. 그러고 보면 그렇게도 현묘했던 정신이 어째서 이다지도 영락했는가 하는 것도 우리 문화사 연구에서 중요하고도 흥미 있는 하나의 과제가 아닐 수 없다.

그런데 이 강령법이란 것은 샤머니즘의 여러 가지 범절 가운데 하나로서 우리말로 '내림을 받는다', '내림이 내린다', '손이 내린다', '손대를 잡는다', '신이 내린다', '신대를 잡는다'고 하는 것이다. 이것은 무당이 댓가지, 소반, 다듬잇방망이 같은 것을 두 손으로 잡고 간절한 마음으로 주문을 외우면 팔이 점점 무거워지면서 떨리기 시작하여 나중에는 그야말로 손이거나 신이거나 내림이 내리는데, 이때 예언도 하고 원하는 사물을 찾아내기도 하는 것이다. 이것이 지금의 모습으로는 도무지 우아하게 보이지 않는다. 그러나 유래를 보면 이는 고대 신도의 유풍인 것이 틀림이 없다. 아마 아득한 고대, 이 도가 왕성하던 당시에는 지금처럼 세련미가 적고 거친 형태는 아니었을 것이다.

수운이 체험한 계시 광경은 일종의 강령, 즉 '내림이 내린' 것으로 볼 수 있다. 그 강령법도 자신의 체험을 양식화한 것이라 할 것이다. 그러고 보면 이 동학 계시의 유래는 유교정신에서 올 수 없는 것은 물론이고, 불교나 도교의 그것일 수도 없고, 기독교에서 온 것은 더더욱 아닌 것이다. 그래서 이것은 무속의 '내림'에서 온 것이 틀림없는 것이다. 이 것은 과연 우리 문화사와 사상사에서 하늘이 무너지고 땅이 뒤집히는 일대 사건이라 할 것이다.

단군 시대의 신도설교는 우리 역사에서 일관되게 흘러 내려오는 정신으로서 고구려와 백제에서도 다 한가지로 이것이 신앙의 표준이었다. 신라에 와서는 마침내 이 정신이 더욱 발전하고 세련되고 조직화되어 풍류도를 형성하게 된 것이다. 이 풍류도가 신라 일대의 찬란한 문화를 만들어내고 뛰어난 인재를 길러내어 삼국통일의 기운을 촉진했던 것이다. 그러다가 외래문화인 불교나 유교와 서로 융섭融涉하면서 점점 변형이 되어 본래의 기운은 내리막길을 걷게 된다. 그래서 풍류의 정신은 오히려 불교에 가서 더 많이 발휘되는 경향이 생긴다. 원효의 불학이 대표적인 것이다. 그리고 역대로 유학 계통에서 배양된 우수한 인물들도 이따금 풍류의 기운을 드러내는 예가 있다. 그러나 외래문화가 사회의 주류를 형성하는 때에 재래의 것은 도태되는 신세를 면치 못하고 남아 있는 정신은 저절로 주류문화의 혜택이 미치지 못하는 하층사회로 내려가 살아남는 것이 역사의 법칙이라 할 수 있다. 지금에 이르러 풍각쟁이, 광대, 기생, 무당, 사당, 오입쟁이와 같이 사이비성과 퇴폐한 기운을 풍기는 무리로 풍류도가 변질되고 만 것이다.

그런데 역사도 때로는 기적적 약동을 보이는 때가 있는 것 같다. 자는 듯, 조는 듯, 지루한 천 년의 적막을 깨뜨리고 하늘에서 외치는 소리가 있어, 마룡동의 최제우를 놀래 깨운 것이다. 이것은 과연 역사적 대강령이며 이 땅의 오랜 신도정신의 기적적 부활이라 할 것이다. 국풍의 재생이라 할 것이며 역사의 경이라 할 것이다. 정말 어마어마한 역사적 대사건이 일어난 것이다.

3. 수운의 사상

내림降靈을 받는 일은 오늘 이 시간, 이 서울 바닥에서만도 수없이 일어난다. 그것은 열 집이나 스무 집 정도가 아닐 것이라고 생각한다. 한국 사람은 샤머니즘 계통에 속하는 신앙의 상속자로서의 성향이 워낙 강해 무의식중에 이 내림을 받고 싶은 심정을 지니고 있다. 그런데 수운이 살던 당시의 경주 지방 무속은 형태가 무던히 화려했다. 그리고 다른 지방에서보다 훨씬 성행하는 편이었다. 당시에는 그때 나름의 명무도 있었고 큰 굿禱神 · 別神(도신 · 별신)도 자주 있어서 구경으로서는 장관이기도 했다. 이런 때마다 화려한 내림 구경을 할 수 있었다.

그러나 수운은 점잖은 유가 자제로서 전아한 유학 교양에 깊이 익은 터였으므로, 유가 안목에서 요사스럽고 망령되게 보일 수밖에 없는 무속을 마음속으로 중시했을 리 만무하다. 하지만 사회적 훈습이란 그런 것이 아니다. 그것이 비록 같잖은 것이라고 외면을 하는데도 무슨 냄새가 몸에 배는 것처럼 자신도 모르는 사이에 젖고 마는 것이다. 이것을 사회적 훈습 또는 역사적 훈습이라고 할 수 있을 것이다. 그러고 보면 전아한 교양인인 수운에게도 이 훈습의 냄새가 아주 오르지 않았으리라고 볼 수 없는 것이다. 또 그 할머니나 어머니가 혹시 내림을 받은 적이 없으리라고 단정할 수도 없을 것이다. 설령 그들이 직접 내림을 받은 경험이 없다 치더라도 우리 민족은 내림을 받고 살아온 혈통이므로 수운 역시 그에게 스며든 영향을 부정할 수 없을 것이다. 아무리 점잖은 교양인이라고 하더라도 내림을 받고 싶어 하는 피까지 없어지지는 않는 것이다.

그래서 수운으로 말하자면 내림을 받고 살아온 우리 민족의 혈통을 지니고 있는 데다 내림의 역사적, 사회적 훈습을 몸과 마음에 입고 있는 상태였다고 할 수 있다. 그렇다고 해서 수운이 무당을 찾아가서 내림을 받았으리라고는 생각되지 않는다. 그런데 그에게 내림 가운데서도 큰 내림인 역사적 대강령이 그렇게 내리게 된 것은 무슨 이유에서였을까? 무릇 그 어떤 역사적으로 위대하고 창조적인 사상이라도 아무런 유래 없이 그냥 생기는 수는 없는 법이다. 따라서 경신년 4월에 수운에 게 내린 하늘의 계시 역시 어떤 유래를 따라서 온 것일 수밖에 없는 것이다.

수운이 불교에 대단한 조예가 있을 리 없고, 선도나 중국의 단학에도 큰 공부가 있어 보이지 않는다. 수운의 교양과 학식은 오직 유학, 그중에서도 송학宋學의 대강을 해득한 것으로 보인다. 그런 상태에서 그동안 수운의 마음 한가운데에는 송유학적 '천天'이 자리를 잡고 있었던 것인데, 그 제왕적인 자리가 수운의 근본적인 회의를 통해 동요되기 시작한 것이다. 여기에서 오는 상실감 때문에 수운은 아마 한동안 허무의 오뇌에 시달리기도 했을 것이다. 그런 와중에서도 이 땅의 신도의 '하느님'만은 민족문화사적인 생리로서 마음 깊은 곳에 잠재해 있었을 것이다. 그러나 적어도 한동안은 송유학적 '천天'이 여전히 마음 가운데 중요한 위치를 차지하고 있었으므로, '하느님'의 성격에 대해 깊이 자각하지는 못했을 것이다.

마침내 이와 같은 과도기적 상태가 극복된 것은 문화의 교류를 통한 연쇄적인 인과 관계 덕분이었다. 당시 이 땅에서 잠행 중이던 기독교의 '천주天主' 사상은 수운의 허무한 심경을 자극하기에 충분했다. 그래서 수운의 마음 가운데 잠재해 있던 '하느님' 의식과 기독교의 '천주' 사상이 서로 공명을 일으킨 것으로 보인다.

이 땅의 '하느님'은 송학의 '천'과는 서로 다른 면이 있다. 송학의 '천'은 도리나 법칙과 같은 합리적인 원칙인 반면, 우리의 '하느님'은 기독교의 '천주'와 매우 흡사하게 상벌도 주고, 기원도 들어주고, 계시나 강령도 내리는 '영활한 절대적 존재'인 것이다. 자신 속에 잠재한 '하느님'

과 기독교의 계시 사상에 동시에 눈이 뜨였을 때, 내림 또는 강령에 대한 수운의 깨달음은 한층 깊어지지 않을 수 없었다. 그리하여 얼마 동안 '하느님'과 '내림'을 마음 가운데 품고 의식적 또는 무의식적으로 수행에 깊이 빠져들게 되었을 것이다. 그런 가운데 마침내 경신년 4월 5일에 수행의 정도가 절정에 이르면서, '하느님의 내림'이 내린 것이다.

강령, 계시, 묵시, 천계 등의 어휘는 우리말로는 '내림' 이외에 딴 표현이 있을 수 없다. 그래서 '하느님', '내림'은 우리 신도의 고유 사상인 것이다. 고유 사상을 혈맥 가운데 고스란히 지니고 있던 수운은 기독교 사상의 자극을 받으면서 의식이 고양된 나머지 내림 가운데서도 '큰 내림'을 받게 된 것이다. 그래서 수운은 막연하게 '천'이라 하지 않고 '천주'라고 했다. 이것은 수운이 '영활한 하느님', '영활한 내림'을 몸소 겪었기 때문이다.

이제 수운의 신앙 원리를 그에게서 들어보기로 하자. 수운은 13자 주문으로 '시천주조화정 영세불망만사지侍天主造化定 永世不忘萬事知'를 제시하고, 다음과 같이 설명한다.

'시侍'라 함은 안으로 신령이 있고 밖으로 기화가 있어 온 세상의 사람이 각각 알아 옮기지 아니한 것이요, '주主'라는 것은 존경하여 부모와 같이 섬기는 것이요, '조화造化'라는 것은 무위이화無爲而化요, '정定'이란 것은 덕을 합하여 그 마음을 정하는 것이요, '영세永世'라는 것은 사람의 평생이요, '불망不忘'이라는 것은 언제나 생각을 둔다는 뜻이요, '만사萬事'라 함은 수의 많음이요, '지知'라 함은 그 도를 알아 그 지혜를 받는다는 것이다. 그러므로 밝고 밝은 덕을 생각하여 잊지 아니하면, 지극히 지기에 화하여 지극한 성인에 이르게 되는 것이다.14

우선 '시侍'의 뜻을 두고 말하자면 불교에서의 '나무歸依 · 歸命 · 歸信(귀의 · 귀명 · 귀신)'라든가, 기독교 등에서의 '신앙'이라든가 하는 것과 매우 비슷하게 들린다. 이런 면에서 볼 때 '아미타불'이나 '여호와'와 같이 인격적 성격이 농후해 보이기도 한다. 그러나 수운의 신관은 실은 이들과는 아주 딴판이다. 왜냐하면 그냥 '천'이 아니라 '천주'이고 또 그를 모셔야 한다고까지 분명히 설파하면서도 불교에서의 가피加被라든가 기독교에서의 섭리攝理라든가 하는 것과는 전혀 다른 원리를 가지고 있기 때문이다.

수운 자신의 설명에 따르면 "'시'라 함은 안으로 신령이 있고 밖으로 기화가 있다"고 한다. 이때 '안'은 '신의 안'인 동시에 '사람의 안'인 것이고, 이때 '밖'은 '사람의 밖'인 동시에 '신의 밖'인 것이다. 말하자면 천주가 '안'인데 사람이 '밖'이거나, 사람이 '안'인데 천주가 '밖'이거나 하는 그런 것이 아니라는 것이다. 나의 '안'이 곧 천주의 '안'이며 천주의 '밖'이 곧 나의 '밖'이 되는 것이므로, 내 '안'의 신령한 것이 곧 천주의 신령인 동시에 내 '밖'의 삼라만상이 곧 천주의 기화란 것이다. 그러므로 천주의 신령을 떠나서 나의 신령이 따로 있거나 천주의 기화를 떠나서 나의 기화가 따로 있는 것이 아니라는 것이다.

그래서 동학의 후대에 내려와서 '사람이 곧 하느님人乃天'이라는 사상을 내놓게 된 것도 서로 맥이 통해 있는 것이다. 다시 말하면 '하느님과 사람은 하나다天人一體', '신과 나는 하나다神我一體', 이것이 수운의 신관인 것이다. 이는 기독교에서 말하는 내 몸 밖에 있는 신을 보는 입장과는 크게 다른 것이다. 그러나 역시 하느님은 하느님이며 사람은 사람인

---

14 「논학문」, 같은 책, 83쪽.

것이 엄연한 사실인바, 사람의 수행이 따르지 않고서는 천인묘합天人妙合의 경지도 없는 것이다. 그러므로 '시侍'가 없어서는 안 되는 것이다.

모시되 모름지기 부모를 섬길 때와 같이 지극한 정성으로 섬겨야 하는 것이다. 다시 말하지만 그러면서도 여기서는 가피加被라든가 섭리攝理라든가 하는 인격 의지적 성격이 빠져 있는 것을 볼 수 있다. 그것과는 아주 딴판으로 수운은 조화造化를 주장한다. 조화는 의지와는 아주 다른 원리로서 하염없이 절로 된다는 것이다. 이 하염없이 절로 되는 그것만이 하느님의 성격이다. 수운 자신의 표현에 '조화라는 것은 무위이화다'라고 한 것을 보면 달리 의심할 여지가 없다.

다음으로 시천주조화정侍天主造化定에서 '정定' 자에 주목할 필요가 있다. 수운 자신의 설명에 따르면 "'정'이라는 것은 덕을 합하여 그 마음을 정하는 것이다"라고 한다. 이때 덕은 '하느님의 덕'을 말하며 마음이란 '내 마음'을 말하는 것이다. 하느님을 지극한 정성으로 모시면 무위이화로 나아가게 되는데 이것은 '내 마음이 곧 하느님의 마음이며 하느님의 덕이 곧 나의 덕'이 되는 경지를 말한다. 사람이 평생을 두고 쉬지 않고 정진하면 마침내 지혜를 얻고 천인묘합天人妙合의 경지를 이루게 되는 것이다. 수운은 이 부분을 설명하여 "'영세'라는 것은 사람의 평생이요. '불망'이라는 것은 언제나 생각을 둔다는 뜻이요, '만사'라 함은 수의 많음이요, '지'라 함은 그 도를 알아 그 지혜를 받는다는 것이다"라고 한다. 이어서 수운은 "그러므로 밝고 밝은 덕을 생각하여 잊지 아니하면, 지극히 지기에 화하여 지극한 성인에 이르게 되는 것이다"라고 결론을 맺는다.

이상이 수운의 신관, 신앙관, 수행관의 대강을 전해본 것이다.

4. 수운의 우주관

수운 자신은 워낙 자신의 우주관이 무엇이라고 따로 밝힌 바가 없다. 수운으로서는 하필 이런 것을 말할 필요를 느끼지 않았고, 당시 사람들도 수운에게 이런 것을 물어볼 생각을 하지 않았던 것 같다. 그렇기에 수운이 직접 집필한 글이 세간에 제법 많이 남아 있는데도 불구하고, 누군가가 문득 수운의 우주관을 묻는다면 얼른 대답을 찾기가 쉽지 않은 것이 현실이다. 그러나 수운의 글을 검토해보면 여기저기 간간이 수운만의 독특한 우주관이 드러나 있음을 보게 된다.

현대인들은 첨단을 달리면서도 구차하게도 세분화시키는 것을 마치 학문하는 지름길이라고 생각하는 경향이 있다. 하지만 이것은 모름지기 반성하지 않으면 안 된다. 물론 학리學理의 설명이란 것이 그런 경향으로 기울기 마련인 면이 있다. 하지만 이것은 어디까지나 방법론적으로 부득이한 면을 가리키는 것일 뿐, 무게의 중심을 그런 데 두었다가는 오히려 폐단을 낳고 말 것이다. 그래서 우리 현대인들은 할 수 있다면 간결하고 평이한 서술 방법을 터득할 필요가 있다. 이런 점은 확실히 옛사람들이 앞서 있었다는 생각이 든다.

그런데 수운은 실로 그 문장이 점잖고 기품이 있는 편이 아니다. 오히려 감칠맛이란 것이 전혀 없고 거친 편이다. 그러나 우리는 수운에게 명문장을 기대하는 것이 아니다. 그 뜻하는 바가 무엇인가를 파악할 수 있다면 그것으로 족하다고 할 것이다. 그래서 거칠고 감칠맛 없는 것은 어쩔 수 없이 그렇다고 치더라도 그의 문장에서 이따금 별빛처럼 밝은 빛을 보게 될 때, 우리는 그의 천재성을 유감없이 확인하게 된다. 우리는 수운의 몇몇 짧은 표현 속에서 그의 독특한 우주관을 발견하면서 무언가 복잡하고 분화된 것을 좋아하는 현대인의 자세를 반성하게 된다.

수운이 직접 지은 「포덕문」 맨 앞에 다음과 같은 표현이 나온다.

> 상고로부터 지금까지 봄과 가을이 서로 갈아들고, 네 계절이 성과 쇠에 의하여 바뀌는 것이 옮기지도 아니하고 바뀌지도 아니하니, 이 역시 하느님 조화의 흔적이 천하에 밝게 나타나는 것이다.[15]

여기서 '하느님 조화의 흔적'이라는 구절은 우선 수운의 우주관의 독특한 윤곽을 드러내고 있다. 이 구절에 나타나는 우주관의 윤곽은 무엇보다 창조관이 아니란 것을 알 수 있다. 어떻게 그것을 알 수 있는가 하면 '조화'라는 것은 창조 개념과는 온통 딴판인 것으로, 오히려 '화하여 생성되는化成' 쪽으로 보이기 때문이다. 그러면 이것을 그냥 화성관化成觀으로 볼 것인가 하면, 그것도 아닌 것 같다. 왜냐하면 '하느님 조화의 흔적'이라고 했으니, 그냥 화성관이라면 거기서는 '하느님'이라고 하는 경배의 대상이 허용되지 않는다. 더구나 발생관發生觀은 더 이상 언급할 여지가 없는 것 같다.

조화란 말과 우주관으로서 조화를 원리로 본 사상이 본디부터 수운의 발명품은 아니다. 천지조화天地造化란 것은 말하자면 동방사상東方思想으로서의 우주관의 주요 성격인 것이 틀림이 없다. 그러나 '하느님 조화의 흔적'이란 그냥 '천지조화'와는 또 전혀 다른 것이다. '천지조화'라고 하면 꼭 범신관汎神觀이라고 할 수는 없으나 가령 스피노자의 신관을

15 「포덕문」, 같은 책, 3쪽. 마찬가지로 범부의 의견을 존중하여 여기서는 '한울님' 대신 '하느님'이라는 표현을 채택한다.

범신론 계열로 본다면 비슷한 면이 없지도 않아 보인다. 저 불교의 연기관緣起觀이나 실상관實相觀 쪽과는 아주 많이 다르다. 이것은 재외신관在外神觀도 아니고 범신관汎神觀이나 이신관理神觀도 아니다. 더구나 유럽 계통의 일원관一元觀, 이원관二元觀, 다원관多元觀과도 거리가 멀다.

그리고 보면 하느님은 다만 하느님일 뿐이다. 절대 둘일 수 없는 영활靈活한 실체이다. 조화란 무위자연無爲自然의 묘리로서 다름 아닌 하느님의 성격인 것이다. 그리고 우주만상이 곧 이 조화의 자취이다. 그러므로 해와 달과 별, 산과 강과 대지는 물론이고 나무 한 그루, 풀 한 포기, 쥐와 벌레, 먼지와 때, 쭉정이와 겨까지도 어느 것 하나 조화의 자취 아닌 것이 없다.

그런데 「포덕문」에 기술되어 있는 이 한 구절을 문면 그대로 읽으면 그것이 바로 우주관을 설명하고 있는 것은 아니란 것을 알 수 있다. 우주관이라기보다 오히려 인간사관이라고 보는 편이 적절할 것이다. 대체 "상고로부터 지금까지 봄과 가을이 서로 갈아들고, 네 계절이 성과 쇠에 의하여 바뀌는 것이 옮기지도 아니하고 바뀌지도 아니하니, 이 역시 하느님 조화의 흔적이 천하에 밝게 나타나는 것이다"라고 했으니 아무리 글 아는 것이 넉넉하지 못한 수운이지만 우주관을 말하려면 "상고로부터"란 표현은 어불성설이고 또 끝 부분에 "천하에 밝게 나타난다"고 할 때 천하는 천지와 같지 아니하므로 처음부터 수운이 의도한 바가 우주관이기보다 사관史觀에 있다고 보는 것이 보다 적절할 것이다. "봄과 가을이 서로 갈아들고"라든가 "네 계절이 바뀌는"이라고 한 것도 자연의 천문현상을 가리키지 않은 것은 아니다. 하지만 천인일기관天人一氣觀을 견지했던 수운에게는 고금의 흥망성쇠도 이러한 어조로 표현하는 것이 도리어 대수로울 것도 없는 예사로운 일로 보인다. 말하자면 인간의 고금왕래에 그 흥망성쇠도 다름 아닌 시운의 소치인즉, 이 시운이란 또 다름 아닌 '조화의 흔적'이란 것이고 그것은 다시 다름 아닌 "하느님의 조화로서 그 자취가 인간 천하에 환하게 나타나 있다"는 뜻으로 보이는 것이다.

한편 구절을 두고 이처럼 설왕설래할 일이 아니라는 생각도 든다. 그러지 말고 처음부터 달리 볼 수도 있다는 생각이다. 이것을 인간사관으로 보는 입장을 버리고 수운의 우주관으로 인정하면 어떨까 하는 것이다. 수운의 문장 표현에 미흡한 점이 있지만 그것은 그것대로 수용하는 편이 좋을 것 같다. 우리의 까다로운 견해로서 사관이라고 고집할 수 있지만, 한 발짝 물러서서 우주관으로 보아도 큰 무리는 없을 것 같다. 왜냐하면 가령 수운이 의도적으로 자신의 우주관을 설명한다고 하더라도, 역시 "삼라만상이 조화의 흔적 아닌 것이 없다"고 할밖에 다른 방법이 없을 것이기 때문이다. 말하자면 진실로 사물의 실상을 관찰한다면 "천지만물은 모두 조화의 흔적"이며 "고금성쇠가 역시 조화의 흔적"일 뿐이기 때문이다. 그런데 여기서 특히 주목을 필요로 하는 것은 '흔적'이란 표현이다. 하느님의 뜻을 살피려면 모름지기 천지간의 모든 사물을 보면 되는 것이다. 왜냐하면 조화는 하느님의 성격이며 모든 사물은 조화의 자취인즉, 모든 사물은 곧 하느님의 하염없는 표현일 것이며, 또 하느님은 모든 사물의 본체일 것이기 때문이다.

그리고 수운은 수련을 위해 만든 13자 주문인 '시천주조화정 영세불망만사지'를 설명하면서 "'시'라 함은 안으로 신령이 있고 밖으로 기화가 있다"고 했다. 이 구절이야말로 현묘한 이치를 깊은 안목으로 수운 스스로 설파한 대표적인 장면이라고 할 것이다. 수운은 이 구절을 우주관을 밝히기 위해서라기보다 수행요결修行要訣로 사용하기 위해 지었다. 그러나 수운은 처음부터 우주관·인생관·수행관이 따로 있다고 보지 않았다. 어느 것이나 진리가 진실로 진리라면 서로 통하는 것이라고 생각했다. 수운은 그것을 굳게 믿었다. 그러므로 이 구절은 수운의 수행요결인 동시에 우주관이 될 수 있는 것이다.

말하자면 이와 같은 것이다. 우주의 속공간적이지 않음은 신령이며 우주의 겉공간적이고 시간적은 기화이다. 신령은 하느님의 성격으로서 우주의 속이 되는 것이며 기화는 조화로서 흔적을 나타내는 것이니 곧 우주의 겉이 되는 것이다. 천지기상天地氣象은 밖으로 보이는 조화의 흔적, 다시 말해 기화란 뜻이다. 그러고 보니 "신령은 겉으로 보이는 기화의 본체, 즉 우주의 속"이며 "기화는 속에 든 신령의 드러남, 곧 우주의 겉"이란 것이다. 그런데 수운은 원래 천인일기天人一氣의 원리를 확신해서 우주와 인간을 따로 보지 않는다. 사람도 역시 그 속은 신령이며 그 겉은 기화란 것이다.

수운은 이 확신을 내면의 깊은 체험을 통해 얻었던 것이다. 그렇기에 "안으로 신령이 있고 밖으로 기화가 있다"고 한 것은 우주관도 되며 인생관도 되며 수행관도 되는 것이다. 그래서 "하느님 조화의 흔적"이란 것과 "안으로 신령이 있고 밖으로 기화가 있다"는 것을 나란히 두고 보면 서로 일맥이 상통해 있는 것을 환하게 알 수 있다. 그리고 하느님과 사람은 원래 일기一氣이므로 언제나 사람이 자각하여 성경신誠敬信의 마음으로 하느님을 모시면 안의 신령과 밖의 기화가 서로 결합하여, 말을 하나 입을 다물고 있으나 몸을 움직이거나 가만있거나 그 어느 것도 다 하느님의 마음에 들지 않음이 없을 것이다.

이상이 수운의 우주관의 대강을 말해본 것이다.

5. 수운의 도덕관과 정치관

수운의 도덕관은 대체로 유교의 가르침을 계승한 것이다. 수운은 자신이 지은 「수덕문」의 첫 구절에서 다음과 같이 밝히고 있다.

> 만물이 비롯되는 '원元'과 비롯된 만물이 자라나 조화를 이루는 '형亨'과 결실을 이루는 '이利'와 갈무리되어 동요하지 않는 '정貞'이라는 것은 천도의 변하지 않는 원리요, 떳떳한 모습이 되는 것이다. 오직 이와 같은 천도의 중도中道를 한결같이 지키는 것이 곧 올바른 사람살이가 되는 것이다.[16]

여기서 원형이정元亨利貞 이 네 글자는 천도로서 봄·여름·가을·겨울 네 계절의 변함없음과 인사로서 인의예지 네 가지 가르침을 본받을 것을 강조하는 것이다. 이것은 역시 유학의 맥을 짚은 것이라고 볼 수 있다. 즉, 수운의 도덕 원리가 유학에서 온 것임을 알 수 있다. 그리고 수운은 같은 글에서 다음과 같이 설명을 부연한다.

> 인의예지는 먼저 성인께서 가르치신 바이요, 수심정기는 오직 내가 다시 정한 바이다.[17]

이것은 유학과 자신의 도道와의 관련성을 언급한 것이다. 도덕의 원리로서 인의예지 네 가지 가르침에 대해 변함없이 강조하면서, 그러나

---

16 「수덕문」, 같은 책, 116쪽.
17 「수덕문」, 같은 책, 143쪽.

그것만으로는 만족할 수 없다는 점을 밝힌 것이다. 인의예지가 아무리 완벽한 장치라고 하더라도 그것을 닦는 방법이 없다면 있는 것도 없는 것과 다름이 없다는 것을 지적한다. 이를테면 땅속에 1,000만 톤의 노다지가 들어 있다고 해도 그 광맥을 깔고 앉은 수수깡 오막살이 노인에게 무슨 의미가 있겠는가 하는 말이다. 수운은 이 점을 심각한 문제라고 파악했다.

다시 말하면 인의예지만은 먼저 살았던 성인의 교훈으로서 그 가치를 조금도 의심할 여지가 없지만 그것을 닦는 방법이 명확하지 못하다면 결함이라고 하지 않을 수 없다. 그래서 이 문제를 깊이 탐색한 나머지 수운은 마침내 '수심정기守心正氣'란 묘결妙訣을 찾아낸 것이다. 그런데 여기 묘한 문제가 하나 있다. 그것은 다름이 아니라 과연 수운 이전에는 닦는 방법이 없었을까 하는 것이다. 그것은 반드시 그렇다고 볼 수 없을 것이다. 오히려 고전의 여기저기에 수덕의 요지가 발견되는 것이 사실이다.

그런데 수운은 근암의 아들이다. 근암은 대대로 유학을 숭상해온 집안의 사람으로서 송학, 그중에서도 주로 정주학程朱學을 따르던 인물이었다. 그리고 근암은 시가詩歌 계통을 읽는 선비라기보다 『심경心經』, 『근사록近思錄』, 『성리대전性理大全』 등을 힘써 읽는 편이었다. 그러니 수운이 집안 내력인 송유학의 마음 닦는 방법으로서 지경공부持敬工夫의 대강을 알고 있었으리라는 것은 능히 짐작할 수 있는 일이다.

그런데 실로 문제의 핵심이 어디 있는가를 이해할 필요가 있다. 어째서 수운이 있는 것을 따르지 않고 "수심정기는 오직 내가 다시 정한 바이다"라고 선언하고 있는가 하는 것이다. 수운은 말하자면 송유학의 '마음을 다잡는' 방법을 위주로 하는 지경공부가 마음에 썩 들지 않았던 것으로 보인다. 그것은 기상이 발랄하기 이를 데 없던 수운에게는 너무도 무기력하고 활기가 없어 보였던 것이다. 이와 같은 모순을 해결하고 마침내 경신년 4월에 수운이 들고 나온 것이 '수심정기' 네 글자였다. 이것은 수운 스스로의 체험에 근거를 둔 것으로서, 과연 북을 치고 춤을 추는 활약상을 여지없이 연출하는 장치였다.

그런데 '수심정기'도 알고 보면 먼 데서 온 것이 아니다. "안으로 신령이 있고 밖으로 기화가 있다"에서 온 것에 지나지 않는다. "마음을 지킨다"고 할 때의 '마음'이란 "안으로 신령이 있다"고 할 때의 '신령'과 같은 말이다. "기를 바르게 한다"고 할 때의 '기'란 '기화'라고 할 때의 '기'와 같은 말이다. '지킨다守'와 '바르게 한다正'는 시천주조화정侍天主造化定의 '시'와 '정'에서 온 것이다. 그러나 '수심정기' 자체만으로는 기존의 '마음을 다잡는' 방법과 큰 차이를 내기가 어려운 것 또한 사실이다. 다만 약간의 선학仙學의 분위기가 가미되어 있을 뿐인 것이다.

이 어려운 고비를 넘기고 한 단계 앞으로 나아가게 해준 장치가 바로 수운 자신의 체험에 바탕을 둔 강령降靈이었다. 수운은 강령의 깊은 의미를 깨우침으로써 만사가 가능해졌다. 그것은 수련의 방법이 되고 도를 깨우치는 첩경이 되는 것이었다. 그래서 이 강령의 비결로서 만들어진 것이 13자 본주문[18]과 8자 강령주문[19]이었다. 이것을 적용한 결과 수운에게는 큰 효험이 나타났고 마침내 만장한 기염을 토하게 된다.

---

18 "侍天主造化定 永世不忘萬事知(시천주조화정 영세불망만사지)", 「주문」, 같은 책, 201쪽.

19 "至氣今至願爲大降(지기금지원위대강)", 「주문」, 같은 책, 201쪽.

삼칠자의 주문을 지어내니

이 세상의 모든 악마 항복을 하네.[20]

나의 도는 지금도 듣지 못하고 예에도 듣지 못한 일이요,

지금도 비길 수 없고 예에도 비길 수 없는 법이다.[21]

이것은 실로 텅 빈 우주 공간에 홀로 왔다 홀로 가는 인간의 거침없는 부르짖음인 것이다. 그리고 수운이 지은 우리말 가사인 「검결劍訣」이란 것이 있는데 전문을 소개하자면 다음과 같다.

시호시호 이내 시호 부재래지 시호로다

만세일지 장부로서 오만 년지 시호로다

용천검 드는 칼을 아니 쓰고 무엇하리

무수장삼 떨쳐입고 이 칼 저 칼 넌즛 들어

호호망망 넓은 천지 일신으로 비껴 서서

칼노래 한 곡조를 시호시호 불러내니

용천검 빛난 칼은 일월을 희롱하고

게으른 무수장삼 우주에 덮여 있네

만고명장 어데 있나 장부당전 무장사라

좋을시고 좋을시고 이내 신명 좋을시고[22]

---

20 「강시」, 같은 책, 211쪽.

21 「논학문」, 같은 책, 91쪽.

22 「검결」, 『용담유사』, 윤석산 주해(서울: 동학사, 1999), 251쪽.

여기서 문장의 세련미에 대해서는 말하지 않기로 한다. 그 대신 문장 속에 담겨 있는 패기와 기상에 주목하자. 그러면 이내 신기 서린 장엄미를 느끼게 될 것이다. 갑오년 동학농민전쟁 때 동학군이 이 칼노래를 부르면서 물불을 가리지 않고 적진으로 뛰어든 것도 과연 그럼직한 일이었다.

사실 수운의 도덕관은 유학의 범위를 벗어나는 것은 아니다. 하지만 수운에게서 참으로 이채로운 것이 바로 수양의 방법이다. 그리고 그것은 역시 국풍인 신도神道에서 유래한 것이다.

한편 수운의 도덕관에 유학과는 전혀 딴판인 요소가 있는데, 그것은 다름 아닌 평등사상이다. 수운의 평등사상은 주장에서보다 실천에서 두드러지게 나타나는 것을 볼 수 있다. 예를 들면 수운의 도통을 이어받은 해월海月로 말하자면 당시의 시대상에 비추어볼 때 서로 맞먹는 집안 수준이 아니었지만 수운은 이것을 개의치 않았다. 사실 이것쯤은 문제 될 것이 없다고도 할 수 있다. 당시로서 더 큰 사건은 다른 데서 일어났다. 수운은 자신이 데리고 있던 여자 종의 신분을 풀어 한 사람은 며느리, 다른 한 사람은 양녀로 삼았다. 이것은 당시 사회에서 실로 놀라움의 대상이었다. 이런 것은 유학에서 올 리가 없는 것이다. 그리고 그 당시 서양의 것이라고는 천주교 정도가 들어와 있었을 뿐 다른 것은 없었다. 루소가 들어왔을 리 없고, 중국의 황종희黃宗羲의 『명이대방록明夷待訪錄』이 들어왔을 턱도 없다. 설령 이런 사상이 당시 국내에 들어와 있었다고 치더라도 벽지 마을에서는 꿈같은 이야기일 뿐이었다.

그리고 보면 수운의 평등사상은 전에 없는 창작이다. 이것이 도대체 어디서 왔을까? 과연 궁금하지 않을 수 없다. 무릇 어떤 사상이고 유래

없이 생기는 법은 없는 것이다. 그 원인이나 동기를 찾아보면 문헌文獻이나 유풍유속遺風流俗에서 오는 경우가 있다. 아니면 시대적인 자극이나 어떤 경우의 촉발에서 오는 수도 있다. 수운의 독창적인 사상은 아마도 그 어떤 촉발에서 오는 것이 아닌가 싶다.

생각하면 수운은 단봇짐을 이고 마을로 흘러들어 온 과부의 천한 자식이었다. 친족들의 천대가 이만저만이 아니었다. 그러나 어린 영웅은 천대의 위력 앞에 굴복하지 않았다. 수운은 이때의 경험을 승화시켜 마침내 사회의 폐습을 근본적으로 소멸시켜버리기 위해 이처럼 웅대하고도 용맹한 사상을 지어내고 실천으로 나아갔던 것이다. 타성에 젖어 있던 당시 사회의 완강한 저항에 부닥쳤을 것은 짐작이 되고도 남는다. 그것은 실로 죽기 아니면 살기를 작정하지 않고서는 감히 내놓지 못할 위험 사상이었다. 결론적으로 수운의 도덕관은 유학의 기반 위에 국풍을 얹고 다시 그 위에 개인적 체험을 포개어 집대성한 것이었다.

수운의 정치관은 도덕관의 연장선 위에 있었다. 인권평등은 물론이고 보국안민을 대의로 삼았다. 군주에 대한 충의를 중시하지 않은 것은 아니지만 그것이 보국안민보다 더 중요한 덕목은 아니었다. 이 정신이 갑오년 동학농민혁명과 3·1 독립운동의 동력으로 작용했던 것이다. 수운은 평생을 두고 임진왜란과 병자호란 때 당한 것을 원통해했다. 그것은 수운의 애국심을 건드리는 것이었으며 국제평등의 원칙을 위배하는 것이었다. 수운의 입장에서는 용서가 되지 않는 것이었다.

수운에게는 종교나 도덕이나 정치가 원칙을 제각각 따로 하는 것이 아니었다. 오직 '도道'가 있으니 모든 것이 거기서 출발하는 것이라고 믿었다. 그래서 그에게 우주관, 인생관, 도덕관, 정치관은 하나의 동일한 원칙 위에 서 있는 것이었다.

6. 맺으며

국풍으로서 신도가 우리 문화의 근원인 것은 더 말할 필요가 없고, 신라 건국 초기에 시조 혁거세가 신의 공덕을 입어 봉대왕국奉戴王國이 최초로 우리 땅에 세워졌다. 그래서 이 신도를 숭상하는 기풍이 세월을 따라 더욱 성해지고 세련되어 마침내 풍류도가 출현했다. 이것이 문화 면이나 정치 면에서 신라의 번영을 가져왔던 것이다. 그러다가 이 정신이 세운을 따라 점점 쇠미해지더니 마침내 마지막에는 '하느님'이란 말과 함께 낙오되어 흩어진 신앙 행태와 굿이니 도신禱神이니 별신別神이니 하는 무당패의 호구지책으로 남게 되었던 것이다. 그런 가운데 수운 최제우가 나타나 '하느님'의 참 모습을 증언하고 강령내림의 위력을 새로이 천명하게 되니 실로 도를 잃은 지 천 년 만에 분명히 신도는 재생한 것이다. 이것은 정말 역사의 기적적 약동이다. 이 역사적 대사건의 주인공인 수운 최제우는 실로 기적적 존재이며 세상에 좀처럼 나타나지 않는 천재이다. 그의 가르침은 동방의 자연사상, 유학의 자덕정신諮德精神, 그리고 현묘한 선도 기풍을 혼연일체 한 가지로 융합해낸 것이다. 이것은 실로 자연스러운 결과이다.

반면 수운의 인권평등사상은 밖에서 온 유래가 없는 독창적인 발명품이다. 일신의 불행을 겪으면서도 외부의 폭압에 굴복하지 않고 원한에 찌들지도 않으면서 마침내 모든 조건을 승화시켜 빛나는 새 도덕을 창출하니 어찌 사나이답다고 말하지 않을 수 있겠는가. 이 땅에서 진정한 영웅을 보려면 수운 최제우를 보면 될 것이다.

그런데 수운은 자신의 운명을 미리 알고 있었다. 수운은 원체 신비의 사람으로 언제나 신령한 예감이 있는 터였다. 하물며 죽고 사는 것이

걸린 일을 그가 모를 리 없었다. 그러나 수운은 운명을 피하지 않았다. 유학의 종지宗旨를 어긴 죄목으로 목숨을 잃게 되었을 때도 그는 의연했다. 자신의 주장을 굽히고 처신을 고치기만 하면 얼마든지 참화를 면할 길이 있었음에도 불구하고 "나는 그렇게 할 수 없다"고 했다. 그래서 마침내 대구 장대에서 목숨을 잃게 된 것이다. 생각하면 그의 열정은 불덩어리 같고 그의 심념은 바윗덩이였다. 죽고 사는 것이 안중에 없었다. 오직 도에 대한 사명감만이 해와 달처럼 빛났다. 그는 성자였으며 죽지 않는 인간이었다.

그런데 우리가 기억해야 할 것이 있다. 수운의 정신은 갑오동학군이나 3·1 운동 주동자들의 사기를 진작시켰던 것으로 그 사명을 다하는 것이 아닐 것이다. 보국안민은 실로 동학 하는 사람들의 대의임에는 틀림이 없다. 그러나 수운이 보국안민을 주장할 때면 반드시 "마음을 지키고 기운을 바르게 하며 무위이화를 기다릴 것이며 덕을 합하여 그 마음을 정하라守心正氣 造化定"고 한 것을 명심할 필요가 있다. 도의 위력이 기초가 되지 않고 수련과 공부가 자리를 잡지 않고서는 보국안민이라고 부르짖어 보아도 한낱 정치운동이 될 따름이다. 그것은 참다운 동학의 도는 아닌 것이다. 어찌 되었거나 나로서는 수운이 지금 한 번 더 세상에 나타나기를 바랄 따름이다.

나는 몇 해 전에 수운의 그 옛날 집터가 있는 현곡면을 지나간 적이 있다. 그때 느낀 바가 있어 시 한 수를 지었다. 지금 생각이 나는 대로 적어보면 대강 다음과 같다.

태평성대의 시가 이 시대에 지어지지 아니하니
우리의 백성이 다만 가히 슬프도다

경신년에 하느님 말씀이 빈 산속에서 들리니

위기의 시대에 별천지가 나타나는구나

하느님이 가르침을 세워 신도를 높이니

신라대 풍류가 한 번 크게 이루어지도다

지극한 기운의 연원이 천고에 아득한데

동학을 처음 창도하니 뜻이 분명하구나

여러 성인의 종풍이 스스로 일가를 이루니

복숭아꽃 오얏꽃이 울긋불긋 피어나는 듯하도다

무궁화는 우리나라의 꽃

역시 꽃 중에서 가장 좋은 꽃이로다 23

별로 대수롭지 않은 시이다. 그런대로 수운과 동학에 대한 개인적인
견해를 술회한 것이기에 사족으로 붙여보았다.

---

23 한문학자이자 부산대학교 명예교수인 이병혁이 우리말로 옮긴 것을 대신 실었다. 범
  부 시의 원문은 다음과 같다.

  大雅王風俱不作 山河民物只堪哀
  庚申天語空山裏 別箇乾坤出劫灰

  天主設敎崇神道 羅代風流一大成
  至氣淵源渺千古 昌言東學意分明

  群聖宗風自一家 桃李紅白總韶華
  槿花一種靑邱色 亦是花中一好花

제3장

신라문화와 풍류정신
- 풍류도론서언

해설

문헌의 유래

지금 여기서 풀어쓰기의 형태로 소개하는 「신라문화와 풍류정신」은 1960년에 처음 지면에 나타났다. 그해에 이 글의 지은이 범부는 64세였다. 그는 그로부터 6년 후인 1966년에 70세를 일기로 세상을 떠났으니 이 글은 범부 만년의 작품이 된다.

이 글을 이해하기 위해서는 이 글이 세상에 나온 1960년 전후에 범부가 처한 사정을 이해할 필요가 있다. 그때 그는 어디서 무엇을 하고 있었는가, 무엇이 그의 관심사였는가, 이런 것이 밝혀지면 범부 생애에서 이 글이 차지하는 위치를 가늠하는 데 도움이 될 것이라고 생각한다.

1958년 이래 범부는 건국대학교와 관련을 맺는다. 건국대학교는 그의 오랜 친구인 유석창이 이사장과 총장으로 있던 곳이었다. 범부는 건국대학교에서 정치대학 학생들을 위해 강좌를 진행했으며 동시에 같은 대학교의 낙원동 캠퍼스에 위치해 있던 동방사상연구소 소장 일을 맡고 있었다. 따로 대학교수들을 위한 특별 강좌도 진행했다. 이때도 범부의 머릿속은 신라학의 과제들로 가득 차 있었다. 그중에서도 특히 풍류정신과 화랑 연구는 그의 필생의 사업이었다. 그것은 그의 신념에 기초한 활동이었다. 그는 이미 1948년에 『화랑외사花郎外史』한 권을 구술하여 원고를 준비한 바가 있고, 그것은 1954년에 책이 되어 시중에 나와 있었다.

범부에게 신라학과 풍류정신은 마치 학문의 원리와 같은 것이었다. 오늘의 현실이 어려우면 돌아가 질문을 던지고 해답을 구할 수 있는 준거 틀과도 같은 것이었다. 신라학과 풍류정신은 우리 민족의 장구한 역사적 실험을 거쳐서 나온 가장 좋은 결과라고 보았다. 그는 그 결과를 원리로 삼아 대한민국 건국정치의 이론을 지속적으로 발전시키고 있었다. 범부가 제창한 신생국민을 위한 국민윤리와 국민운동이 다 같은 연관에서 파생해 나온 것이다.

범부에게 1960년은 특별한 한 해였다. 그 한 해 동안에 범부는 여러 편의 문제작을 집필하여 지면에 발표한다. 먼저 ≪한국일보≫ 1960년 1월 1일 자부터 10회에 걸쳐 겨울여행기 "운수천리雲水千裏"를 발표한다. 이 여행기는 신문사에서 제공하는 차를 타고 문화부 기자들과 함께 움직이면서, 범부가 지정한 10개의 고적지를 순방하며 낭만성과 즉흥성을 발휘하여 여행기를 생산한 것이다. 주목할 점은 대부분의 방문지가 신라와 화랑 이야기와 관련을 가진다는 것이다. 가령 글 제목만 보아도 "아리내閼川行행", "昌林寺址창림사지", "北川椿事북천춘사", "龍潭용담을 바라보고서", "降仙臺강선대", "五陵巡參오릉순참", "壯義寺장의사 옛터를 찾으니"와 같이 범부의 생각이 나타난다. 이것만으로도 범부의 역사적 안목과 만년의 관심사를 미루어 짐작할 수 있다.

1960년 4월에는 지금 풀어쓰기를 하는 「신라문화와 풍류정신」을 학술지 ≪한국사상韓國思想≫의 지면에 발표한다. 뒤이어 같은 해 5월에는 동학 창도 100주년을 맞이하여 국제문화연구소가 특집으로 꾸며낸 잡지 ≪세계世界≫에 그의 독창적인 동학 해석을 보여주는 「최제우론」을 발표한다. 이 글에서 범부는 동학을 신라 풍류정신의 재생이라고 보고 있다. 풍류정신이 오랜 세월 동안 역사의 저변에 잠복해 있다가 조선 시대의 얼굴로 변모하여 나타난 것이 동학이라는 것이다.

이것이 「신라문화와 풍류정신」의 탄생 배경이다. 위에서 소개한 것처럼 이 글은 ≪한국사상≫ 제3호1960.4에 처음 발표되었다. 그 후에 한국사상연구회가 세 권으로 된 『한국사상총서韓國思想叢書』경인문화사, 1973를 꾸밀 때 첫째 권에 이 글이 실린다. 범부의 제자인 이종익이 『동방사상논총東方思想論叢』보련각, 1975을 만들 때 역시 이 글을 약간 편집하여 포함시킨다. 한국사상연구회가 여덟 권으로 된 『한국사상총서韓國思想叢書』태광문화사, 1975를 펴낼 때도 이 글이 역시 첫째 권에 실린다. 고운국제교류사업회가 엮은 『고운 최치원의 철학·종교사상』문사철, 2009에도 맨 앞에 이 글이 실려 있다. 최근 들어서 영남대학교 학인들이 중심이 된 범부연구회회장 최재목, 선임연구원 정다운가 『범부 김정설 단편선』선인, 2009을 엮을 때 역시 이 글이 포함된다.

가공이 필요하다

이 책의 맨 앞에 실린 「국민윤리특강」과 중간에 실린 「최제우론」과 마찬가지로 마지막에 싣는 이 글 역시 오늘의 독자가 읽기에는 어려운 면이 있다. 오묘하고 정치한 학술적 내용에도 불구하고 대중의 접근을 가로막는 요소가 개입되어 있기 때문이다. 또 거기에는 시대에 따른 말과 글의 변천이라고 하는 일반적인 요소도 있고 언어 구사에서 나타나는 범부 개인의 특성도 포함된다. 아무튼 이 글 역시 가공의 과정을 거치지 않으면 오늘의 독자가 쉽게 소화하기 어려운 것이 사실이다.

그래서 일종의 리모델링이 필요하다. 기둥, 대들보, 서까래는 원래 자리에 있도록 살리고 나머지는 헐고 다시 꾸미는 현대화 작업이 요구된다. 그래서 새로 안방과 부엌을 넣고 서재와 생활공간을 꾸미며 햇빛이 들고 통풍이 잘 되도록 할 필요가 있다. 원형이 훼손되는 손실을 어느 정도 감내하고서도 소득이 있을 것이라는 판단이 선다. 그것이 오늘 풀어쓰기 작업을 진행하는 이유이다. 풀어쓰기를 위한 저본底本은 교정이 충실하고 범부의 원본이 잘 보존되어 있다고 판단되는 『한국사상총서』 경인문화사, 1973 제1권에 실린 것으로 한다.

가공의 방법

파블로 피카소의 머릿속에는 무엇이 들어 있었을까? 살바도르 달리의 머릿속은 무엇으로 채워져 있었을까? 무엇이 들어 있었기에 보통 사람은 감히 상상조차 할 수 없는 그와 같은 그림과 조각을 남긴 것일까? 범부의 글을 읽어도 이와 같은 생각이 든다. 범부의 머릿속은 과연 어떻게 생겼기에 이런 생각을 하고 이런 표현을 사용하는 것일까? 궁금하지 않을 수 없다.

범부의 글을 풀어쓰는 작업이 과연 가능한 것일까 하는 의문도 생긴다. 그래서 이 작업은 상책이라기보다 차라리 궁여지책이라는 결론을 내렸다. 일반 독자가 아닌 연구자의 경우는 반드시 범부의 원전을 찾아 참고하는 것이 필요할 것이라고 생각한다. 풀어쓰기를 거친 이 글은 어디까지나 부차적으로 활용되기를 바란다.

이 글을 풀어쓰기 하면서 고려한 사항은 여러 가지이지만 역시 가장 많이 호흡을 고르고 집중하며 고친 부분은 낱말이다. 다음으로 필요에 따라 문장을 바꾸고 문단의 구조를 재편한 데도 신경을 기울였다. 어떻게 해서든 소통이 좀 더 원활하게 이루어지도록 노력했다. 낱말을 어떻게 바꾸었는지 궁금한 독자를 위해 예를 들어 설명하면 다음과 같다.

- '異議이의'를 '다른 생각'으로
- '素昧소매하다'를 '견문이 어둡다'로
- '崇嚴숭엄하다'를 '숭고하고 존엄하다'로
- '疏略소략하다'를 '적다'로
- '支那지나'를 '중국'으로
- '끄레샤'를 '그리스'로
- '殊遇수우'를 '특수한 대우'로
- '優遇우우'를 '후한 대접'으로
- '指環지환'을 '가락지'로
- '零碎영쇄한'을 '보잘것없는'으로

범부의 원문에는 각주가 없다. 모든 의미를 본문에 담고 있다. 풀어쓰기 작업에서도 몇몇 경우를 제외하고는 대중화의 의미를 살려 가능한 한 각주를 달지 않기로 한다. 되도록이면 본문에서 뜻이 다 포함되어 전달될 수 있도록 했다.

범부의 글 속으로

「신라문화와 풍류정신」은 이 책의 앞에 실린 두 문헌과는 달리 200자 원고지 50매 분량의 짧은 글이다. 하지만 이 짧은 글 속에 범부 사상의 핵심이 들어 있다고 감히 말할 수 있다.

이 책의 앞부분에서 풀어쓰기의 형태로 소개한 「국민윤리특강」의 핵심 사상을 풍류정신이라고 이해한다면 무리가 없을 것이다. 국민윤리의 기반을 풍류정신에 둔 것이다. 「최제우론」에서 수운 최제우는 풍류정신의 화신으로 나타난다. 직접 언급은 하지 않았지만 문맥으로 보면 범부는 수운 최제우를 조선 시대의 화랑으로 본 것이 틀림없다. 지금 이 글 「신라문화와 풍류정신」은 제목 그대로 범부가 풍류정신을 독창적으로 이해하고 해석한 것이다. 이렇게 범부 필생의 화두는 바로 풍류정신이었다. 이제 문헌에 대한 해설은 이 정도에서 마감하려고 한다. 지금부터 범부를 직접 읽고 만나는 즐거움을 누리기 바란다.

1. 중심문화

문화사를 연구하면서, 시대를 불문하고 그 시대의 중심문화가 무엇인가를 먼저 생각하지 않으면 핵심을 놓치고 만다. 이를테면 현대의 문화를 역사적으로 고찰할 때는 반드시 과학정신이 그 중심이 되는 것을 잊어서는 안 된다. 물론 현대문화라고 해서 과학만 있는 것은 아니다. 이를테면 종교, 도덕, 예술, 정치, 법률, 교육, 의약, 심지어 군사까지 각각 저마다 고유한 내실을 가지는 것이지만, 이들은 동시에 하나의 공통요소로서 과학정신을 함장含藏하고 있는 것이 사실이다. 현대문화치고 그 어느 것이건 과학정신이 중심의 지위에 있다는 것을 부정할 수 없을 것이다.

그러나 민감한 사상가는 한 발짝 앞서 나가야 한다. 나의 안목에서 볼 때 이미 현대에는 위기의 그림자가 비치고 있다. 다른 이들은 못 보고 있지만, 현대 과학의 지위에 동요가 생기고 있음이 감지된다. 이는 매우 중차대한 일이라고 할 것이다. 그러나 사상가의 자각만으로 현대를 움직이기란 힘에 부치는 일이다. 오히려 자각에 이르지 못한 타성이 현대의 대세를 이룬다. 여기에 우리 시대의 함정이 있다고 보는 것이다.

현대란 말이 논리적으로 의심스러운 것 또한 사실이다. 근세란 말로 고쳐 부르는 것이 오히려 적절할 것이다. 현대거나 근세거나 그 중심문화가 과학정신이란 데는 누구도 다른 생각이 없다. 그러나 우리는 여기서 주의할 필요가 있다. 아무리 현대 또는 근세의 사정이 그렇다고 하더라도 고대의 중심문화그것이 중고든 상고든 태고든 상관없다를 규정하는 데 과학을 끌고 들어오는 것은 곤란하다는 것이다. 이것은 그야말로 어불성설인 것이다.

무릇 시대의 정신이란 특색이 있는 것이다. 그러므로 역사를 관찰할 때 시대의 정신이 집약된 중심문화에 착안하지 않으면 시야에 들어오는 것은 이미 사실이 아니라 관찰자의 주관적 허구에 지나지 않는 것이다. 그러므로 우리는 이렇게 말할 수 있다. 현대는 현대의 중심문화가 있고, 중고는 중고의 그것, 상고는 상고의 그것이 있는 법이라는 것이다. 각 시대의 특색은 한 개의 온전한 성격으로 엄연히 존재하는 것이므로, 가치를 불문하고 그것의 규명에 매달리는 것이 역사 연구의 핵심적인 방법이 될 것이다.

그런데 여기 문제가 있다. 착각 속에 헤매는 역사철학이 우리 학계를 현혹하고 있는 것이다. 완료의 원리에 어두운 궤변적인 헤겔의 사관이 판을 친다. 시대마다의 성격에 둔감하고 독단적인 콩트의 사관도 얼쩡거린다. 새삼스레 원시적인 진화론적 사관도 길거리에 돌아다닌다. 역사란 모름지기 복선적인 연쇄인과체로서 성립하는 것이라는 데까지는 감히 꿈도 꾸지 못하는 유물사관도 한 몫을 단단히 한다. 이와 같은 사이비 이론들이 홍수를 이루고 마치 사나운 짐승처럼 대든다. 사람들은 여기에 감염되고 도취되어 있으므로 이런 사정이 정화되려면 시간이 꽤나 걸릴 것으로 보인다.

그런데 과학의 정신은 언제나 숭고하고 존엄한 것이다. 그래서 근세의 중심문화를 과학정신으로 규정하는 것이 바로 과학의 정신인 것처럼, 고대의 그것을 규정하는 잣대가 따로 있다는 것을 인정하는 것 자체가 다름 아닌 과학정신인 것이다. 고대의 중심문화는 모름지기 종교에 있다는 것을 인식할 필요가 있다. 두말할 필요 없이 이런 관찰 방법은 언제 어디서나 적용될 수 있는 것이다.

이제 이런 원칙에서 신라문화를 살펴보기로 하자. 신라문화는 당연히 고대의 성격을 지니는 것으로서 그것의 성격을 규명하려면 먼저 종교적인 측면에 착안하지 않으면 안 된다.

2. 신라문화의 여러 양태

무릇 역사를 연구하는 데는 증거가 되는 사료가 필요하다. 그런데 사료를 찾는다는 것은 말처럼 간단한 일이 아니다. 우선 생각할 수 있는 것이 문징文徵이다. 이것은 관련 있는 문헌을 가리킨다. 물징物徵도 생각할 수 있다. 이것은 유적이나 유물과 같은 것이다. 사징事徵도 있다. 이것은 문헌에도 나타나지 않고 유적·유물에도 보이지 않으면서 풍속, 예속, 역사적 유풍과 같은 데 남아 있는 것을 말한다. 거기서 지난 시기를 상기할 수 있는 정조라든가 표정과 같은 것을 읽어낼 수 있다. 구징口徵은 전설, 속담, 민요, 동요, 고전악, 옛이야기와 같은 것들이다. 그래서 문징, 물징, 사징, 구징을 사징四徵이라고 불러볼 수 있다. 사징 말고 방징傍徵이란 것도 생각할 수 있는데 여기서는 비켜 가기로 한다.

도대체 우리 고대사를 연구하는 데는 남아 있는 문징이 너무 적은 것이 현실이다. 그래서 흔히 물징이나 구징에 의존하기도 하는데, 반면에 사징事徵은 소홀히 하는 면이 있다. 신라문화의 성격을 규명하는 데도 마찬가지의 사정이 있다. 증거자료가 태부족이다. 고대의 다른 시기나 지역에 비해 반드시 더 열악하다고 말할 수는 없지만 자료가 모자라고 아쉬운 것은 숨길 수 없다. 그러나저러나 신라에 관한 문제는 역시 남아 있는 신라의 여러 흔적에서 해답을 찾는 수밖에 없다.

신라문화에 관심을 가지는 사람들은 흔히 신라 미술을 먼저 말한다. 과연 신라 미술이 우수한 것은 사실이다. 그리고 신라 미술의 특색이나 가치에 대해 어느 정도 정확한 설명도 나와 있는 형편이다. 여기서 문제가 되는 것은 과연 그 신라 미술의 특색이 어디서 왔느냐는 것이다. 이에 대해 중국, 인도, 그리스의 영향을 꼽기도 한다. 일단 수긍이 가는 논법이다. 중국 대륙과 문물이 교류될 때, 특히 불교 사상이 대륙으로부터 전해져 들어오는 과정에서 그것이 신라 미술에 끼친 영향이 적지 않을 것이다. 그리고 중국의 불교 미술은 인도의 영향을 받았고 인도의 미술은 그리스의 영향을 받았을 것이므로 신라 미술에 그리스의 영향이 있다고 보는 것 또한 자연스럽다고 할 것이다. 그래서 석굴암 조각에 그리스의 색채가 다분하다고 말들을 하는 것이다.

그런데 이 지점에서 짚고 넘어갈 것이 있다. 중국, 인도, 그리스의 영향을 지적하는 것까지는 합리적이라고 할 수 있지만 그것이 곧바로 신라 미술의 특색을 밝히는 것은 아니라는 점이다. 그리고 좀 더 엄밀하게 검토하면 그리스의 영향이라고 하는 부분은 다시 생각할 여지가 있는 것으로 보인다. 그리스 영향으로 말하자면 인도가 가장 직접적으로 받았을 것이고 다음이 중국, 그다음이 신라였을 것이라는 점을 고려할 필요가 있다. 때문에 신라에 미친 영향이 가장 적었을 것이라는 추론이 가능하다. 그런데 어째서 현실에서는 신라의 석굴암 조각이 중국이나 인도의 것보다 더 많이 그리스 조각을 닮아 있는 것일까? 그래서 신라 미술에 끼친 그리스 영향이라고 하는 부분은 좀 더 복선을 두고 신중하게 판단할 필요가 있다고 하는 것이다. 그렇다고 해서 그리스의 영향을 아주 배제하자는 뜻은 결코 아니다. 다만 이것만으로 신라 미술의 특색을 밝히기에는 여전히 미흡하다는 점을 지적하는 것뿐이다.

그런데 신라의 미술은 시간의 제약을 뛰어넘어 지금도 물징物徵이 많이 남아 있다. 이것이 그나마 후세의 논의를 가능하게 하는 근거가 된다. 하지만 음악의 경우는 그렇지 못하다. 시간의 제약 때문에 물징이 별로 남아 있지 않고 그래서인지 매우 섭섭하게도 논의마저 뜸한 편이다. 하지만 알고 보면 신라의 문화에서 음악의 지위는 미술의 그것 이상이었다. 자세한 것은 나중으로 미루더라도 그 대강만 훑어보아도 당시의 사정을 알 수 있다.

당시 가야금을 제작한 가야국사 우륵于勒이 후한 대접을 받으며 살았다는 이야기를 우리는 알고 있다. 옥보선인玉寶仙人도 후한 대우를 받으면서 많은 양의 작곡을 했다. 백결선생에게 특수한 학칭學稱을 붙인 점도 기억할 필요가 있다. 해가 둘이 나타나 열흘이 지나도록 없어지지 아니하자 왕의 부탁으로 향가「도솔가」를 지어 불러 변을 해결했다고 하는 월명사月明師의 이야기는 유명하다. 역시 향가에 조예가 깊은 융천사融天師가「혜성가」를 지어 불러 괴성怪星을 물리쳤다는 이야기도 전한다.「우적가」를 지어 불러 산적을 감화시킨 영재사永才師의 전설도 있다. 물론 전설은 전설일 뿐이므로 현실을 그대로 전하는 것은 아니다. 다만 여기서 우리는 전설 속에 감추어져 있는 진실을 볼 필요가 있다. 그때 사람들이 얼마나 음악을 중시했기에 하늘에서 일어나는 괴변을 좌우한다고까지 했을까 하는 것이다.

이것뿐만이 아니다. 화랑의 대표적인 수행 과목도 음악이었다. 화랑이 신앙하던 종교를 풍류도風流道 또는 풍월도風月道라고 하거니와 지금 고전악의 아악을 '풍류'라고 하는 것도 같은 맥락에서 이해할 수 있다. 그리고 처용무處容舞, 상심무詳審舞, 옥도령玉刀鈴, 옥적玉笛, 만파식적萬波息笛, 서출지書出池 전설에 나오는 사금갑射琴匣이란 것도 두루 음악과 관련한 당시의 실상을 말해주는 것이며 물계자勿稽子가 음악 애호가였다는 것도 사료에 밝혀져 있는 사실이다. 당시 사회에서 음악이 얼마나 발달했고 성행했으며 그 지위가 높았는지를 말해주는 사료는 이밖에도 많이 있다. 그런데 우리가 지금 문제로 삼고자 하는 것은 도대체 어떤 유래 때문에 당시 사회에서 음악이 이다지도 성행했으며 사람들이 그것을 중시했느냐는 것이다.

미술과 음악을 뛰어넘어 우리의 눈길을 끄는 것이 또 있다. 그것은 다름 아닌 신라의 기술이다. 이를테면 금관, 귀고리, 목걸이, 가락지, 허리띠, 그 밖의 각종 옥으로 된 장신구를 보면 정말 경이롭다. 구리와 쇠로 만든 각종 기구와 무기, 거대한 크기의 종, 건축물로 볼 수 있는

능, 분황사의 탑, 첨성대와 같은 축조물은 시대를 감안하면 놀랄 만한 걸작품이 아닐 수 없다. 그 가운데 첨성대는 세계에서 가장 오래된 천문대로 알려져 있다. 신라의 건조물은 대체로 규모가 대단한데도 천 몇백 년 동안이나 비바람을 견디며 오늘에 이르고 있다는 사실이 경이로울 따름이다.

한 예로 석굴암과 같은 토목공사가 그 시대에 과연 어떻게 가능했는가를 생각하면 도무지 믿어지지 않는다. 그런데 유감스럽게도 몇 년 전부터 이 석굴암에 문제가 생겼다. 많은 비용을 들여 보수공사를 했는데 그 뒤부터 내부에 이끼가 끼기 시작한 것이다. 그래서 할 수 없이 석회를 사용하여 닦아내기 시작했는데 이것이 한 번으로 끝나는 것이 아니라 해마다 그렇게 해야 한다는 데 문제가 있다. 한 번 닦을 때마다 돌에 새겨진 미세한 무늬에 손상이 가게 되는데, 해마다 일이 이렇게 진행된다면 나중에는 무늬를 아주 볼 수 없게 되면 어쩌나 하는 염려가 있다. 답답한 것은 일이 이렇게 된 이유를 모른다는 것이다. 혹시 보수공사 이전에 석굴 천장의 한 편에 약간의 굴절이 있고 거기 금이 터져 있었는데, 그것이 그냥 터진 것이 아니라 이끼를 조절하는 장치가 아니었을까 하는 추측이 있기도 하다. 나 역시 이 방면으로는 견문이 좁고 어두운 편이라 송구스러울 뿐이지만 보수공사 이전에 존재했던 기술 수준에 관심을 가지지 않을 수 없고, 그것이 과연 어디서 왔을까 하는 의문을 제기하게 된다.

그리고 신라에는 틀로 짜낸 피륙이 유명했다는 기록도 있다. 하지만 오늘날 출토품에서 나오는 물징으로는 당시의 품질을 자세히 알기는 어렵다.

이제 당면한 과제를 좀 더 명료하게 정리해보기로 하자. 이 여러 양태로 나타나는 신라문화의 기반이 되는 원리 또는 학리學理가 있었을 것이다. 우리는 이것을 신라의 학술이라고 불러도 좋을 것이다. 그런데 신라 학술의 전모를 제대로 천명하려면 아직 사람과 때를 기다려야 하는지 모른다. 다만 지금 당장 나의 관심은 그것의 유래에 있다. 신라의 학술은 과연 어디서 왔는가 하는 것이다.

3. 풍류정신과 신라문화

신라의 미술, 음악, 학술의 유래가 궁금하다. 나아가 신라의 문학, 정치, 군사와 같은 개별 문화는 도대체 어디서 왔을까? 요컨대 이 모든 것들의 특색이 어디서 유래한 것인가 하는 것이다.

이것에 대한 대답으로 신라의 국민성, 시대성, 풍토성, 사회의 성격 같은 것을 말해볼 수 있을 것이다. 그러나 이것은 매우 군색한 방법으로, 의도하는 목적을 이루기 어렵다. 이렇게 하는 것은 말하자면 눈을 그리기는 해도 눈동자가 빠진 것과 같다고 할 것이다. 그렇다면 여기서 말하는 눈동자란 무엇이란 말인가?

단도직입하면, 신라문화의 눈동자를 보려면 바로 그 시대의 '중심문화'를 보는 것이 첩경이라고 할 수 있다. 그렇다면 신라 시대의 중심문화는 무엇인가? 그것은 다름 아닌 신라의 고유한 종교사상인 풍류도란 것이다. 이제 풍류도란 과연 무엇인가를 말해볼 차례이다.

최치원의 「난랑비서문鸞郎碑序文」에 다음과 같은 내용이 적혀 있다.

나라에 현묘한 도가 있으니 이름하여 '풍류風流'라고 한다. 이 가르침을 창설한 근원은 '선사仙史'에 자세히 갖추어 있으니, 실로 세 가지 가르침을 포함해 중생들을 교화하는 것이다. 말하자면 집에 들어와 부모에 효도하고 나가서는 나라에 충성하는 것과 같은 것은 노사구魯司寇의 가르침이요, 아무런 작위적 일이 없는 가운데서도 말로 표현할 수 없는 진리를 실천하는 것은 주주사周柱史의 근본 뜻이며, 모든 악행을 짓지 않고 모든 선행을 받들어 행동하는 것은 축건태자竺乾太子의 교화인 것이다.[1]

물론 이것만으로는 충분한 사료적 근거가 되기에는 부족함이 있다. 풍류도의 실상을 밝히기에는 참으로 볼품없는 증거라고 할 것이다. 한편 그나마 전해오는 이 몇 구절은 불행 중 다행인 면도 있다. 이것을 단서로 삼아 풍류도풍월도(風月道)라고도 한다의 진상을 거슬러 올라가며 따져볼 수 있을 것이기 때문이다.

먼저 비문을 지은 최치원의 사상과 교양을 살펴볼 필요가 있다. 비문을 보면 풍류도는 유불선 삼교를 포함包含한 현묘한 도라고 한다. 삼교를 '포함'하므로 삼교보다 크다는 말이다. 여기서 최치원이 혹시 국풍國風을 과장하여 주장을 펼친 것이 아닌가 하는 의심을 가져볼 수 있다. 국수론자로서 외래문화를 배척하는 입장일 수 있기 때문이다. 그러나 최치원은 그런 경우는 아닌 것 같다. 왜냐하면 최치원은 당나라 유학생 출신이 아닌가? 그는 13세 때 상선에 몸을 싣고 당나라로 가서 공부하여 과거에 합격하고 벼슬길에 올랐고, 황소난 때는 종사관從事官으로 참

---

1 범부는 한문으로 된 원문을 인용하고 있으나 여기서는 풀어쓰기의 취지를 살려 번역문을 사용하기로 한다. 번역문의 출처는 다음과 같다. 김부식, 『삼국사기 I』, 이강래 옮김(서울: 한길사, 1998), 129쪽.

가하여 격문을 지어 승리에 기여하기도 했다. 그의 문장이 유명해지자 당나라 조정에서는 기념으로 혁대를 내리기까지 했다. 30세 즈음하여 귀국해서는 신라 말기의 어지러운 정치 현실에 실망을 느낀 나머지 주로 자연을 벗 삼아 지냈으며 마침내 종적이 묘연해졌다고 전해진다. 최치원이 남긴 문장과 행장으로 보면 그 당시에 성행하던 변려문騈儷文(騈儷文)과 당시唐詩에 조예가 깊었던 것 같다. 사상 면에서도 역시 그 당시 성행하던 불학과 유학에다 도교적 색채가 가미되었던 것으로 보인다. 어느 면에서 보나 최치원은 매우 우수한 당나라 유학생 출신이었다.

이상으로 미루어보아 최치원은 결코 문화적으로 배타적인 국수론자일 수 없다. 그런 최치원이 「난랑비서문」에 '나라에 현묘한 도가 있으니 이름하여 풍류라고 한다. 실로 세 가지 가르침을 포함한다'라고 했다. 이에 우리는 신라에 일찍이, 적어도 최치원의 시대까지는 삼교를 포함한 국교가 존재했음을 알 수 있다.

이제 다시 궁금증이 일어난다. 도대체 그 굉장하고 훌륭한 사상의 정체는 무엇인가? 그것은 지금 어디로 가버리고 없는 것일까? 아마 이것은 앞으로 많은 시간을 두고 천명해야 할 과제가 아닐까 싶다.

더 깊은 구명은 앞으로의 과제로 남겨두기로 하자. 다만 여기서는 이왕에 단서를 난랑의 비문에서 붙들어보기로 한 터이므로, 비문의 뜻을 좀 더 자세하게 새겨보는 것으로 만족하기로 한다. 우선 "나라에 현묘한 도가 있으니 ……"라고 했으니 여기서 '나라'란 외국과 구별한 것으로 바로 신라를 가리킨 것이다. 그다음 '현묘한 도'라고 한 것은 그냥 좋다는 말로 이해하고 넘어갈 일이 아니라 실로 깊이 생각하고 음미할 여지가 있는 표현이다. 옛사람이 금석문을 적을 때는 한 자, 한 획을 소홀히 하는 법이 없었다. 이 '현묘한 도'라는 표현만 해도 지은이는 몇 번이나 생각하고 읽어보고 적은 것이며, 적은 뒤에 다시 읽어보고 다시 생각해본 것임을 우리는 알 필요가 있다. 그러므로 풍류도였기 때문에 다른 선택의 여지 없이 '현묘한 도'라고 표현했다고 보아야 하는 것이다. 지은이가 유교를 생각했다면 결코 '현묘한 도'라고 적었을 리가 만무하다. 유교라면 '정대한 도正大之道'나 '중정의 도中正之道'라고 표현했을 것이다. 지은이가 불교를 생각했다면 옛사람의 신중한 필법에서 '원묘한 도圓妙之道'나 '대각의 도大覺之道'가 되었을 것이다. 지은이가 도교나 선도仙道를 표현하려고 했다면 그것은 '현허의 도玄虛之道'나 '청허의 도淸虛之道'가 되었을 것이다. 다만 도교나 선도의 경우라면 전적인 동의를 하기는 어렵지만, '현묘한 도'라고 해볼 수도 있었을 것이라고 생각한다.

유보적이기는 하지만 도교나 선도의 경우라면 '현묘한 도'라고 표현할 수도 있었을 것이라고 해석하는 데는 나름의 이유가 있다. 물론 풍류도는 중국의 도교나 선도와는 거리가 있다. 그러나 우리가 눈여겨보아야 할 점은 풍류도인인 화랑을 국선國仙이라 일컫고 화랑의 역사를 선사仙史라고 사서에 적은 것을 보면, 풍류도와 도교 또는 선도 사이에는 서로 일맥이 상통해 있다는 점만은 인정할 만하다는 것이다.

어째서 풍류도는 반드시 '현묘한 도'였을까? 왜 '중정의 도', '원묘한 도', '현허의 도'는 안 되는 것이었을까? '현묘' 두 글자에 그처럼 집착하는 이유가 어디 있었을까? 그것은 달리 생각할 수 없다. 풍류도의 성격을 나타내기 위해서는 반드시 '현묘' 두 글자가 필요했던 것이라고 해석하는 수밖에 없는 것이다. 그런데 문제가 남는다. '현묘' 두 글자의 의미를 완전히 해득하려면 역시 풍류도의 성격을 먼저 규명하는 수밖에 없다는 것이다.

풍류도의 성격을 규명하려면 먼저 '풍류'란 말의 의미를 알아야 한다.

그리고 "실로 세 가지 가르침을 포함"한다고 한 데서 이 '포함'이라는 두 글자를 쉽게 지나치면 안 된다. 이 '포함' 두 글자를 잘못 해석하면 우리 문화사 전체가 비틀어질 우려가 있다. 이를테면 삼교를 조화, 집성, 절중, 혹은 통합했다고 할 경우에는 고유의 연원은 없고 다만 삼교를 집합한 것이 되고 만다. 그런데 '포함'이라고 했으니 말하자면 고유의 정신이 원래부터 삼교의 성격을 포함하고 있었다는 의미로 해석해야 한다. 그리고 풍류도는 유불선이 들어오기 이전의 정신으로서, 이미 삼교의 성격을 포함하고 있을 뿐만 아니라 유불선 이외의 요소, 즉 오직 풍류도만이 지니는 고유의 특색까지 가지는 것이라고 보아야 한다.

그런데 「난랑비서문」에는 풍류도만이 지니는 고유의 특색이 무엇인지 구체적으로 나타나 있지 않다. 이것은 천고의 유감이 아닐 수 없다. 전해지는 「난랑비서문」이 이미 전문이 아니라는 데 문제의 소지가 있다. 또 지은이 최치원의 사상과 식견이 과연 거기까지 미치고 있었는지도 의문이다.

이제 유감은 유감인 채 남겨두기로 하자. 어쨌거나 풍류도는 그 정신에서 이미 삼교의 성격을 포함하고 있으며 삼교 이외에 또 다른 독특한 한 개의 성격을 가진 것만은 확실하다. 이것이 과연 현묘한 풍류도란 것이다. 우리는 이렇게 말할 수 있다. 풍류도를 모르고서는 화랑을 모르는 것이고, 신라문화를 모르는 것이고, 한국문화도 모르는 것이다.

그렇다면 이 풍류도란 도대체 무엇인가? 앞으로 더 연구해보아야 할 과제이다.[2]

---

2 범부는 이 글의 결론을 명쾌하게 내리지 않았다. 오히려 "그렇다면 도대체 풍류도란 무엇인가? 앞으로 더 연구해보아야 할 과제이다"라고 여운을 남기면서 애매하게 처리

하고 있다. 일생을 풍류도 연구에 매달린 범부의 이런 태도에 독자로서 자못 당혹스러운 점도 있다. 그런데 범부는 여기서뿐만 아니라 다른 글에서도 마찬가지의 태도를 취한다. 『화랑외사』와 「국민윤리특강」에서도 같은 태도가 드러나 있다. 그는 오히려 구체적인 역사상의 인물을 가리키면서 이런 인물이 풍류정신의 사람이라고 말한다. 가령 물계자, 백결선생, 사다함, 김유신 등이 풍류정신을 구현하고 있다고 한다. 저 멀리는 원효, 가까이는 수운 최제우를 풍류정신의 화신이라고 보기도 한다. 물론 범부는 단정적인 결론을 내리지 않는다는 것뿐, 풍류정신이 진정 무엇이라는 데 대해 예리한 시사점을 수도 없이 많이 남기고 있다. 범부의 이와 같은 태도는 당시뿐 아니라 지금도 관련 연구자들 앞에 놓인 빈곤한 사료의 문제를 말해주는 것이 아닌가 싶기도 하다.

범부는 ≪한국사상≫의 지면에 처음 이 글을 발표했다. 이후 약 반세기가 흘렀다. 그동안 연구자들의 풍류도에 대한 구명과 탐구는 꾸준히 이어져 왔다. 범부 이래 오늘까지의 연구 성과를, 최근에 우리 사회에 선을 보인 한국철학사전편찬위원회 편, 『한국철학사전』(서울: 동방의빛, 2011)이 함축적으로 집대성하고 있다. 이 사전에 실린 '풍류도(風流道)' 항목(37~39쪽)을 보면 범부가 단정적인 결론을 내리지는 못했지만, 그런 상태에서나마 내보인 여러 시사점과 통찰이 얼마나 정확한 것인가를 알 수 있다. 사전은 이렇게 설명한다.

풍류도는 풍월도(風月道), 혹은 선도(仙道)라고도 하며 고대 한국의 전통사상이다. 시기적으로 볼 때, 단군조선시대에 발흥하여 삼국 시대, 특히 신라에서 지배적 세계관이었다. 삼국이 불교를 수용한 이후에는 불교와 한데 합쳐져 무불습합시대(巫佛褶合時代)를 열었으며, 조선조에 민중의 기층사상으로 자리하면서 동학사상과 증산교단에 깊은 영향을 미쳤다. 현재는 한국인의 집단무의식과 한국 고유예술의 형성원리로 작용하고 있다(37쪽).

또 사전은 결론 부분에서 이렇게 말한다.

풍류도에 대해 국수주의적 접근을 하거나 반대로 미신적인 것으로 치부하는 두 경향이 있었으나, 이를 극복하고 원전에 대한 분석과 문화인류학적 연구를 통해 풍류도사상의 총체상을 종합하려는 것이 최근의 경향이다(39쪽).

사전의 설명은 이른 시기에 풍류도에 주목했던 범부의 입장과 정확하게 일치하고 있다. 저세상에 있는 범부는 후학들의 연구 성과에 매우 만족해할 것 같다.

김범부의 풍류정신 천명과『화랑외사』구상*

1. 시작하며 - 범부는 누구인가

김범부金凡父는 드러난 것보다 숨겨진 것이 많은 인물이다. 그런 면에서 특히 해석의 여지를 많이 남기고 세상을 떠난 사람이다. 근래에 들어와 범부학은 우리 사회에서 주목을 받고 있다. 그 범부학의 입문자로서, 이 글을 통해 그가 생전에 하려고 했던 일의 국면에 대해 부분적인 해석과 추론 작업을 해보려고 한다. 내가 하려는 작업의 내용에 대해서는 뒤에 좀 더 구체적으로 밝히게 될 것이다. 그전에 우선 범부의 생애와 그에 대한 새로운 사회적 관심에 대해 간략하게 소개해두기로 한다.1 아울러 이 작업은 이 글을 집필하게 되는 사회적 조건을 밝히는 일

---

* 이 글은 김정근, 「김범부의 풍류정신 천명과 '화랑외사' 구상」,『한국사상의 원류 –

도 될 것이다.

범부는 19세기의 마지막 밤이 깊어갈 무렵, 그리고 미처 20세기의 동이 트기 전인 1897년에 한반도의 남녘땅 경주에서 태어났다. 그가 태어난 것은 그해 2월이었는데, 공교롭게도 같은 해 10월에 대한제국이 선포되었다. 그래서 그는 단명한 대한제국 시기의 먹구름 속에서 유년과 소년기를 보내며 고향에서 글공부를 했고, 유학儒學의 소양을 쌓았다. 어린 시절의 유학 읽기는 이후 그의 사상 발전의 기반이 되었다.

범부는 조의제문弔義帝文으로 유명한 점필재 김종직의 15대 후손이다. 점필재의 증손 석령錫齡 계통의 자손이다. 그 선조가 무오사화를 만나 화를 피해 경주 서면의 깊은 산골을 찾아들어 숨어 살게 되면서 그곳에 조그만 선산 김씨 문중을 형성하게 되었는데, 범부는 그 집안에서 태어났던 것이다. 범부의 조부 동범東範 때부터 서면을 떠나 경주 읍내로 들어와 살았는데, 범부는 당시 경주부 북부리에서 나서 성건리에서 자랐다. 기록에 보면 범부의 조부 동범은 근처 현곡면에 살았던 최복술 나중의 수운 최제우과 어릴 때부터 서로 너, 나 하는 친구 사이였으며 평소에 자주 어울려 놀았고, 그 관계는 후에 최복술이 관아에 잡혀 형장의 이슬로 사라지기까지 계속되었다고 한다. 범부는 조부에게 들은 최복술의 이야기를 구술증언으로 남기기도 했다.[2]

동학과 동방학』(동리목월문학 심포지엄, 2011), 155~179쪽의 내용을 수정·보완한 것이다.

1   범부 생애의 전반에 대해서는 다음 책을 참고해주기 바란다. 김정근, 『풍류정신의 사람 김범부의 삶을 찾아서』(서울: 선인, 2010). 이 글의 도입부는 대부분 이 책에 의존하고 있다.

2   김정설 구술, 小春[소춘, 김기전(金起田)] 글, 「大神師(대신사) 생각」, ≪天道教會月報(천도교회월보)≫, 제162호(1924. 3), 16~19쪽.

범부는 고향 경주에서 4세부터 13세까지 김계사金桂史 문하에서 글공부를 했다. 김계사가 누구인지는 지금까지 자세히 밝혀진 바가 없었다. 향리의 고명한 선비였다는 정도가 알려져 있을 뿐이었다. 그러던 중에 내가 최근에 접한 한 문헌에 따르면 김계사는 일찍이 경주 서편의 서악 서원에서 공부한 당대의 큰 선비였으며, 함께 공부한 사람 중에 이후 동학의 계승자가 된 최경상나중에 해월 최시형이 있었다고 한다. 함께 공부하긴 했지만 최경상은 김계사보다 다섯 살 위였다. 김계사는 1832년에 태어나 1910년에 79세를 일기로 세상을 떠난 것으로 밝혀져 있다. 같은 문헌에 따르면 범부는 자라면서 스승 김계사로부터 수운 최제우와 해월 최시형에 대한 이야기를 자주 들었다고 한다.[3] 이것으로 미루어보면 동학이라고 하는 사상의 코드는 범부에게 어릴 때부터 그의 조부 동범과 스승 김계사에 의해 머리 깊숙이 입력되었던 것이라고 짐작할 수 있다.

대한제국이 막을 내리며 들어선 일제강점기에 범부는 사상범으로 지목받아 일제 형사들에게 쫓기는 신세가 되었다. 일제 경찰에 의한 문초와 투옥도 여러 번 경험했다. 범부와 그의 맏아들은 광복 이전에는 제대로 된 직업도 가질 수 없었다. 광복 직전에 범부 가족은 장남 지홍趾以이 운영하던, 지금의 부산광역시 기장군 일광면에 위치한 굴 두 개 규모의 기와공장에 생계를 의존하는 각박한 삶을 살지 않으면 안 되었다.

범부가 예의 기와굴 마당에서 광복을 맞이한 것은 그의 나이 49세 때였다. 일제가 물러나자 그때까지 불온 사상가로 구석에서 구석으로 몰리며 살았던 그는 단박에 민족 사상계의 거목으로 등장했다. 그제야 마

---

3   최정간, 『해월 최시형家의 사람들』(서울: 웅진출판, 1994), 44쪽.

음 놓고 시대와 사회의 요청에 따라 다양한 사상 활동을 펼칠 수 있게 된 것이다. 광복 직후에는 부산에서 곽상훈, 김법린, 박창희, 오종식, 이시목, 이기주 등과 더불어 건국방책 논의를 목적으로 일으킨 일오구락부─五俱樂部의 리더였고, 1948년에 서울로 올라가서는 동지들과 더불어 경세학회經世學會를 조직하여 건국이념을 연구하는 한편 일련의 강좌를 열었다. 대한민국 시대에 들어와서는 유서 깊은 동래군의 민의원국회의원, 고도 경주의 계림대학 학장, 서울의 동방사상연구소 소장, 오월동지회 부회장회장은 박정희 국가재건최고회의 의장 등을 역임했다.

위의 간략한 기술에서 보는 것처럼 일제강점기에 범부는 일본에 저항하는 태도와 행동 때문에 불온 인물로 몰려 주로 음지에 숨어 지내는 생활을 했다. 산사에 은거하면서 불교 연구에 심취한 적도 있었다. 그는 경상남도 사천의 신라 고찰인 다솔사에서도 오래 기거했다. 해방공간과 대한민국 시대에서 어느 정도 대외적으로 나타나는 활동을 펼치기는 했으나 그 기간이 그리 길지 않았고, 그것으로 그의 전모가 드러난 것도 아니었다.

그는 일생의 대부분을 주로 독서와 사색을 하며 살았다. 또한 글을 쓰고 사상 강좌를 진행하는 동시에 방대한 규모의 저술 기획도 가지고 있었다. 그 가운데 저술 기획은 여러 가지 사정으로 대부분 불발로 끝이 났고, 다만 그 구상의 테두리만은 여러 사람의 이야기로 전해지고 있다. 그래서 지금 남아 있는 그의 몇 안 되는 저작은 그의 큰 구상에 비추어보면 편린에 지나지 않는다고 할 수 있다.

범부는 일생 동안 천재 소리를 들으며 살았다. 그 소리는 한반도는 물론 식민 지배의 종주국인 일본에서까지 들렸다. 살아생전에는 사상가로서 특출한 지위를 지녔으며 따르는 제자들도 많았다. 그가 우리 사회에 남긴 유산 가운데 가장 큰 부분은 좌담, 단발성 강의, 연속 강좌 형태의 '말씀'이었다. 범부의 언어에는 당대 사람들을 사로잡는 무엇이 있었다. 아마도 목마른 그들에게 큰 위안과 영감이 되었던 것 같다. 앞서 언급한 것처럼 불행하게도 그는 여러 가지 사정으로 인해 글로 쓴 유산은 그다지 많이 남기지 못했다. 이와 같은 이유에서 그가 1966년에 70세를 일기로 생을 마감한 이후에, 평소 그를 따랐던 제자들과 가족에 의해 소소한 추모 사업이 있긴 했지만,[4] 그의 큰 족적은 속절없이 역사의 뒤안길로 사라져갔다. 빠른 속도로 산업화의 길로 들어선 우리 사회는 더 이상 그의 지혜와 통찰에 관심을 가지지 않았다.

하지만 역사의 반전은 아무도 모를 일이다. 그의 사후 꽤 오랜 세월이 흐른 뒤에, 범부는 의식 있는 학자들의 손에 의해 다시 역사의 무대 위에 올라서게 되었다. 그의 사상이 다시 주목을 받기 시작한 것이다. 그가 세상을 떠난 지 30년쯤 뒤인 1990년대 이래 범부의 존재가 다시 부각되기 시작했고, 2000년대에 들어와서는 그의 이름이 많은 사람들의 입에 더욱 자주 오르내리게 되었다. 그 예를 몇 가지만 들어보자.

김지하는 탁월한 시인이며 비중 있는 사상가이다. 그는 범부를 우리 민족의 경험에 기반을 둔 세계사상을 펼쳤던 사상가로 보았다.

---

4 범부 1주기인 1967년에 범부선생유고간행회[회장 김상기(金庠基), 서울대학교 사학과 교수]에서 『화랑외사』 재판본을 펴냈다. 범부 15주기인 1981년에는 같은 유고간행회[이때 회장은 이종후(李鍾厚), 영남대학교 철학과 교수]에서 『화랑외사』 삼간본을 펴냈다. 범부 20주기인 1986년에는 범부의 새 저서가 되는 『정치철학특강 — 범부유고』(이문출판사)와 『풍류정신』(정음사)이 세상에 나왔다. 이 두 책은 광화문 출판문화회관에서 열렸던 범부 20주기 추모식장에서 처음 선을 보였다. 책의 간행과 관련하여 유고간행회 회장이었던 이종후 교수와 범부의 막내 사위인 진교훈 서울대학교 철학과 교수의 숨은 공로가 컸다.

김범부는 현대 한국 최고의 천재라고 생각한다. 사회주의와 자본주의 이후 제3의 휴머니즘으로 기존의 접근과 다르게 양자의 장점을 키우고 '한국학'을 추구하려 했기 때문이다. 제3의 휴머니즘은 미래 자본주의 단점을 밀어내고 장점을 취합한 것으로 자기체계를 가지고 있었다. 다만 그가 책을 많이 안 쓴 것이 아쉽지만 당시 전쟁 전이라 책을 내놓을 수가 없었고 그만큼 그도 분주했다고 생각한다.[5]

지금 '범부연구회'를 이끌면서 이 땅에서 새로운 접근 방법으로 범부 연구 활동을 주도하고 있는 영남대학교 철학과의 최재목은 범부의 존재를 다음과 같이 소개했다.

범부는 우리에게 잘 알려져 있는 소설가 金東里김동리, 1913~1995의 만형으로 근현대기 한국의 사상과 학술 면에서 탁월한 능력을 보였던 사상가로 흔히 '하늘 밑에서는 제일로 밝던 머리'로 평가된다. 그는 '風流풍류' 및 '東方동방' 등의 주요 개념들, 아울러 '東方學동방학' 연구의 방법론에 대한 탐색, 미당 서정주가 '新羅신라의 大祭主대제주'라 표현했듯 '新羅신라-慶州경주-花郎화랑' 개념의 중요성을 부각시킨 선각자라 할 만하다.[6]

이 글은 범부에 대한 이와 같은 새로운 사회적 관심을 배경으로 작성

---

5 영남대학교 신문방송사, 「영남학(嶺南學)과 영남대학: 김지하 석좌교수와의 인터뷰」, 『영남대학교 개교60주년 기념호』(2007), 16쪽.

6 최재목, 「범부 연구의 현황과 과제 및 범부의 학문방법론」, 『범부 김정설의 사상세계를 찾아서』(제2회 범부연구회 세미나, 2009), 3~4쪽.

되는 것이다.7 또한 이 글은 광활했던 사상세계와 활동을 조명해보려는 시도라고 할 수 있는데, 구체적으로는 그의 국민윤리 세우기와 관련이 있는 것이다. 국민윤리 세우기는 그가 벌였던 여러 기획 중 하나이면서, 그의 전 생애를 관통하여 심혈을 기울인 핵심 과제로 여겨진다. 그는 이 과제를 해결하기 위해 강의를 하고, 글을 쓰는 등 다양한 노력을 펼쳤던 것으로 보인다.

나는 이 글에서 범부의 국민윤리 세우기를 위한 노력의 일단을 검토하되 작업의 범위를 제한하여 우선 그가 강력하게 내세웠던 풍류정신 천명 활동을 읽어갈 것이다. 다음으로 같은 목적을 가지고 그의 유저 가운데 하나인 『화랑외사』의 저작의도를 살필 것이며, 이 저작의 내용과 기법에 대해 자세한 해석을 시도할 것이다.

범부는 자신의 사상을 펼치기 위해 여러 가지 방법을 사용했는데, 주로 문사철의 기법을 자유자재로 활용했다. 글의 경우 자주 문학의 형식을 빌리기도 했다. 내가 여기서 해석의 저본으로 삼고자 하는 『화랑외사』 역시 유장한 사상을 담고 있으면서도, 저자 자신의 표현대로 설화 說話의 형식을 취하고 있다. 범부의 계씨가 되는 소설가 김동리는 전기 소설이라고 규정하기도 했다. 역사적 사실을 바탕으로 구성한 허구이므로 아마도 동리의 표현이 더욱 적절한 것일 수 있겠다.

---

7 우리 사회에 범부학의 새로운 이륙을 알리는 긍정적인 신호가 그 밖에도 다양하게 나타나고 있다. 이것과 관련하여 다음의 자료를 참고해주기 바란다. 정다운, 『범부 김정설의 풍류사상: 멋·화·묘』(서울: 선인, 2010); 우기정, 『범부 김정설의 국민윤리론』(서울: 예문서원, 2010). 위의 두 저자는 영남대학교 철학과의 최재목 교수 지도하에 범부 사상을 연구하여 박사학위를 받았다. 아울러 다음 서평 기사도 살펴주기 바란다. 최익현, "'잊혀진 사상가'의 귀환", ≪교수신문≫, 2011년 3월 21일 자, 1면.

2. 범부의 신라사 이해

범부가 생애를 걸고 추구했던 사업 가운데 새로운 국민윤리의 원칙을 천명하는 과제가 포함되어 있었다. 한국인들이 일제의 식민지 백성으로서 나라 없이 산 경험에서 오는 폐해가 크다는 점을 깊이 인식한 범부는 그 문제를 국민윤리의 확립을 통해 해결하려고 했다.

일제의 식민 지배를 겪으면서 한국인들은 심한 상처를 경험하지 않을 수 없었다. 그것은 궁핍한 대로 동족끼리 치거니 받거니 하고 살 때와는 질적으로 다른 경험이었다. 나라를 잃어버린 상태에서 그들은 전반적으로 비통하고 우울한 분위기에서 살아야 했으며 자연히 조심스럽고 수동적으로 행동하게 되었다. 두려움도 많아졌으며 전보다 눈치를 많이 보게 되었다. 낮은 자존감과 열등감에 시달리는 사람도 흔했다. 이것이 상처받은 백성들의 모습이었다. 이런 상황에서 출세 지향적인 사람들은 부와 권력을 탐하거나 일반적이지 않은 길을 택하기도 했다. 그들은 식민 종주국에 접근했으며 빌붙고 아첨하는 일도 마다하지 않았다. 식민 종주국이 제시하는 법과 제도에 발 빠르게 적응해가기도 했다. 하지만 그것 역시 상처 입은 인간의 또 다른 모습일 뿐이었다.

범부의 우려는 바로 거기에 있었다. 당대의 선구적이고 양심적인 지식인으로서 식민 지배에 시달리는 백성들에게 어떤 리더십을 보여주고 무슨 말을 해주어야 할 것인가를 심각하게 고민했던 것이다. 식민 치하에서 굴절된 인간 행태의 문제도 문제였지만, 그는 광복 이후에 벌어질 문제까지도 예견하고 걱정했던 것이다. 나라가 갑자기 독립되었다고 해서 식민지 백성이 하루아침에 상처를 깨끗이 털어버리고 자주적이고 품위 있는 인간으로 가뿐히 새롭게 태어나는 것은 아닐 것이었다.

과연 어느 날 갑자기 광복이 닥쳐왔을 때, 범부의 우려는 그대로 적중했다. 해방 정국과 6·25 전쟁을 겪으면서 사회는 아비규환과 무질서, 그 자체가 되었다. 사람들은 서로에게 인간이고 동족이기를 거부했다. 윤리가 무너진 상태에서 사람들은 각자의 이익을 쫓아 서로 엉켜붙기도 하고 헤어지고 흩어지기도 했다. 나라는 되찾았지만 여전히 국민은 없었던 것이다.[8]

광복이 된 조국 땅에서 윤리의 원칙을 세우는 문제는 이제 더욱 절실해졌다. 그런데 범부에게 국민윤리의 원칙이란 현대인의 필요에 따라 그때그때 '안출'하는 그런 것이 아니었다. 이것저것을 조합하여 만들거나 바깥으로부터 수입하여 즉석에서 두들겨 맞추어 세울 수 있는 것도 아니었다. 오히려 국민윤리의 원칙은 민족의 역사적 경험 가운데서 발굴하여 '천명'하는 성질의 것이라고 했다. 즉, 원천에 대한 탐구를 통해 전통적인 것을 근거로 삼지 않으면 안 되는 것이다. 그래서 범부에게 국민윤리란 "民族的민족적 人生觀인생관의 傳統的전통적 要素요소를 제쳐 두고는 찾을 수도 밝힐 수도 없는 것"[9]이었다. 그것은 모름지기 민족생활의 사실 가운데서 찾아내어 시대에 맞게 발전시킬 수밖에 없는 무엇이었다. 이것과 관련하여 범부는 「국민윤리특강」에서 다음과 같은 관찰을 남기기도 했다.

---

8 범부는 "民族(민족)이라는 것은 歷史性(역사성)이 主(주)가 되는데 國民(국민)이라고 할 때에는 國民的(국민적) 自覺(자각)이 반드시 따라야 하는 것이다"라고 갈파했다. 범부의 '국민'에 대한 이해는 매우 복잡하며 의미심장한 데가 있다. 그 깊은 곳에서 그 유명한 '국민윤리론'이 탄생했던 것이다.

9 김범부, 『화랑외사』(대구: 이문출판사, 1981), 「서(序)」.

國民道義국민도의라고 하는 것이 年來연래에 와서 대단히 문제가 되니까 혹 道義問題도의문제를 운위하는 사람들이 가령 이러이러한 것을 崇尙숭상했으면 道義도의가 바로 서지 않겠는가, 이런 생각으로 혹 글도 쓰고 말도 하는 사람이 있습니다. 그런데 그것이 성과가 있을 줄 모두가 기대하는 모양인데 결코 그렇지가 않아요. 왜 그러냐 하면 正直정직이 좋은 줄은 누구도 알고, 眞實진실이 좋은 것도 누구나 알며, 正義정의를 사랑해야 되는 것도 누구나 잘 안다 이 말이요. 이런 것을 陳列진열해서 자꾸 正直정직을 요구하고 眞實진실을 요구한다고 해서 이것이 實效실효가 나느냐 하면 안 난단 말입니다. 그러니까 이 民族민족이 所有소유한 倫理的윤리적 生理생리, 道德的도덕적 生理생리를 探求탐구해서 그것에 呼訴호소하지 않으면 안 되는 것입니다.[10]

그래서 범부는 국민윤리 문제를 고민하면서 우리 민족의 역사적 경험의 중요성에 눈을 돌리지 않을 수 없었다. 역사의 맥을 짚어 내려오면서 삼국 시대의 무게감에 주목하지 않을 수 없었으며, 그중에서도 특히 민족을 통일국가로 만든 신라사에 비중을 두게 되었다. 범부의 이와 같은 자세는, 무엇이나 좋은 것은 다 서양에서 오는 것이라고 믿었던 당시 세태에 비추어보면 매우 독자적인 것이었다.[11]

그런데 범부와는 다르게 오늘날 우리 사회에 신라의 삼국통일을 부

---

10 김범부, 같은 책, 235쪽.

11 오늘 이 땅에서 국민윤리 문제에 큰 관심을 가지고 활동의 초점을 맞추고 있는 데가 다양한 종교 계통이다. 그런데 여기도 범부의 입장에 비추어보았을 때 성찰을 하고 넘어가야 할 대목이 있다. 종교 활동에서 제시하는 해답의 대부분 또는 거의 전부가 외국으로부터 오고 있다는 것이다. 그들은 하나같이 윤리와 도덕의 기준을 인도, 중국, 팔레스타인, 아니면 미영독불 등 서양의 여러 나라에서 구하고 있는 것이다. 각종 종교 채널이 날마다 쏟아내고 있는 언설들에서 이를 쉽게 확인할 수 있다.

정적으로 바라보는 기류가 있는 것 또한 사실이다. 이것은 고구려나 백제가 중심이 되어 통일이 되었다면 만주 대륙이나 일본 열도가 지금 우리 영토가 되어 있을 것이라는 막연한 희망에 기초한 가정 때문이다. 또한 이민족 국가인 당나라를 끌어들여 통일 전쟁을 수행한 데 대한 비판도 있다. 그러나 이는 매우 부적절하며 위험하기까지 한 태도라고 할 수 있다. 역사 해석에서 '당대성'[12]이라고 하는 가장 중요한 현실적인 요소를 무시한 처사이기 때문이다. 이는 삼국통일 당시의 상황을 고려하지 않고 오늘의 눈으로, 관념적으로 역사를 해석한 것이다. 오히려 세력이 가장 미미했던 신라가 어떻게 주변의 두 강대국을 꺾고 통일의 주역이 될 수 있었는지, 그 이유를 더듬어 살펴 오늘과 미래를 위한 교훈으로 삼는 것이 더 합리적이고 생산적인 자세일 것이다. 지금 우리 학계에는 이 같은 합리적인 논지를 펴고 있는 학자가 여럿 있다. 잘은 모르지만 아마도 그들이 다수가 아닐까 싶다.[13]

신라문명의 우수성과 삼국통일의 저력을 불교사적인 입장에서 관찰한 사례가 있다. 바로 밝은 눈을 가진 도올 김용옥의 통찰이다.

여기서 이제 우리는 조선 三國삼국에의 불교 유입의 패턴을 보다 명료하게 파악할 수 있게 되었다. 불교의 고구려 유입에는 그 대륙성이, 백제의 유입에는 그 국제성이, 신라 유입에는 그 토착성이 두드러진 패턴을 형성한

12 이덕일, 『교양 한국사 1: 단군조선에서 후삼국까지』(서울: 휴머니스트, 2007), 276쪽.
13 이기백, 『한국사신론』, 신수판(서울: 일조각, 1991), 98~102쪽; 이동철, 「삼국통일과 한국통일: 문화적 과제와 전략」, 김용옥 엮음, 『삼국통일과 한국통일』(서울: 통나무, 1994), 247~338쪽; 김기협, 『밖에서 본 한국사』(파주: 돌베개, 2009), 107~114쪽; 구대열, 『삼국통일의 정치학』(서울: 까치, 2010), 327~451쪽.

다. 결국 보편사의 기류 속에서 승자가 될 수 있었던 것은 대륙성의 장대함도 아니요, 국제성의 섬세함도 아니었다. 그것은 토착성의 하나됨이었던 것이다! 여기에 바로 신라문명의 정치적·예술적 위대성이 있는 것이다. 신라문명의 후진성과 토착성이야말로 삼국통일의 위업을 달성할 수 있는 근본소이였던 것이다(난 뿌리가 백제래서 체질적으로 전라도를 친근하게 느끼는 사람이다. 내가 이런 말 한다고 경상도 신라사람 정권체제에 아부한다고 왜곡하지 말지어다. 역사의 판단엔 오로지 양심만 있을 뿐이다. 春秋筆法춘추필법!).14

신라는 삼국이 패권을 다투는 과정에서 가장 늦게 발전한 나라였다. 삼국의 관계는 지금 우리가 상식적으로 생각하는 것과는 많이 달랐다. 그때는 민족의식이란 것이 생겨나기 전이었고 서로 다투고 싸우는 적국일 뿐이었다. 백제는 4세기 중엽에 이미 전성기에 이르렀다. 백제의 근초고왕이 고구려의 고국원왕을 전사시킬 정도였다. 고구려는 5세기에 접어들면서 국력이 날로 팽창해갔다. 광개토대왕에 의한 대대적인 영토 확장사업을 펴나갔다. 숙신을 복속시켜 요하 동쪽의 만주 땅을 차

---

14 김용옥, 『나는 불교를 이렇게 본다』(서울: 통나무, 1989), 168쪽. 김용옥이 또 다른 지면에 발표한 신채호·함석헌 주도의 '고구려통일마땅론'에 대한 비판 역시 유명하다. 이와 관련하여 라오서, 『루어투어 시앙쯔: 윗대목』, 최영애 옮김, 김용옥 풀음(서울: 통나무, 1990), 132쪽을 참고하라.

신채호나 함석헌 선생의 인상론적 마땅론, 즉 전혀 역사의 실상에 대한 치밀한 고증과 역사를 역사에 즉해서 해석하는 방법의 결여, 그리고 중국사를 포함한 한국사의 마당이 이루어지고 있는 주변 역사에 대한 포괄적 조감과 발달된 고고학적 성과에 의하여 새롭게 해석되는 고대사의 실상에 대한 이해의 부족에서 오는 매우 엉성한 이론, 그러한 이론의 허구성은 고구려가 망했으면 망하게 된 원인에 대한 치밀한 반성이 일차적으로 선행되지 못한 데에 있다.

지했으며, 남쪽으로는 백제를 공격하여 한강 이북을 점령했다. 고구려, 백제보다 뒤늦게 발전한 신라는 6세기 진흥왕 때 크게 발전했다. 지증왕, 법흥왕의 뒤를 이은 진흥왕은 추풍령, 조령을 넘어 한강 하류와 원산만 북쪽까지 이르는 국경선을 구축했다. 이때 진흥왕은 국경지역을 시찰하고 비석을 세웠는데, 순수비 4개와 단양적성비가 그것이었다.[15]

제한된 범위에서나마 합리적인 시각으로 우리 민족사를 바라보는 학자들의 견해를 확인하기 위해 서가에서 이런저런 문헌을 뽑아 살피는 과정에서 이런 해석이 있는 것을 보았다. 신라의 지배층은 우리 역사에서는 아주 드물게 노블레스 오블리주 정신을 지녔었고, 그것이 신라 통일의 원동력으로 작용했다는 것이다. 달리 말해서 신라 사회의 상층부에 요즘 표현으로 공적 정신public mind이 관철되고 있었다는 것이다. 신분이 높을수록 사회적인 책임을 더 많이 지려고 했으며 이기적으로 몸을 사리는 일을 삼갔다는 이야기였다. 내가 찾아본 좁은 범위의 자료에서 이 흐름을 가장 명시적으로 지적하고 주장한 학자가 앞에서 인용한 이덕일이었다.[16]

---

15 이만열, 『우리 역사 5천년을 어떻게 볼 것인가』(서울: 바다출판사, 2000), 168쪽.

16 이덕일, 같은 책, 293~299쪽. 이덕일의 경우가 그러하지만 나 역시 노블레스 오블리주나 공적 정신과 같은 개념을 우리 시대의 상식적인 차원, 말하자면 매일 신문과 방송에서 확인하는 수준에서 사용했다.
한편 이것과 관련하여 공(公)과 사(私)란 무엇이며 이 둘을 매개하는 공공(公共)이란 또한 무엇인가에 대해 동아시아의 전통이라고 하는 큰 구도에서 전문적으로 설명하려는 시도가 있는 것을 나중에 알게 되었다. 나의 이번 원고는 이 새로운 시도를 모르는 상태에서 작성되었다. 이 새로운 시도의 내용은 《월간 공공철학》 제1~4호(2011.1~2011.4)에 자세하게 소개되어 있었다. 이 운동의 중심인물이 일본을 거점으로 삼고 세계무대에서 활동을 펼치고 있는 공공철학공동연구소 소장 김태창 박사라는 사실도 같은 지면을 통해 알게 되었다.

국사학자 이만열은 신라 사회의 상층부에 확립되어 있던 공적 정신을 우리 민족의 중요한 자산으로 파악한다. 다음은 그의 논지를 따르면서 설명을 부연한 것이다.

진흥왕은 넓어진 국토를 관리하고 삼국통일에 대비하기 위하여 화랑도花郎徒라는 무사 교육단체를 만들어 후원했다. 그 후 진평왕 때 화랑도를 위해 당대의 고승이었던 원광법사가 제시했던 세속오계는 지금도 유명하다. 이 세속오계는 신라 사회에 본래부터 전해오던 도의와 정신을 시대에 맞추어 재구성한 것이라고 알려져 있다. 그 내용은 이런 것이다. "충성으로 임금을 섬기고事君以忠, 효도로 부모를 섬기며事親以孝, 신의로 친구를 사귀고交友以信, 싸움터에서 물러서지 말며臨戰無退, 살아 있는 생물을 가려서 죽여라殺生有擇." 당시뿐 아니라 지금 보아도 매우 수준 높은 정신의 천명이다.

이 화랑도를 통해 수많은 인재가 배출되었다. 뒷날 신라가 삼국을 통일할 수 있었던 것은 화랑도를 통해 철저히 교육받은 젊은이들이 통일대업을 위해 기꺼이 헌신했기 때문이다. 신라가 당이라는 외세를 끌어들였기 때문에 통일을 할 수 있었다는 주장은, 당시 신라의 신장된 역량과 내부 결속력을 과소평가한 것이다. 통일을 달성하고 나서, 신라는 마침내 당 세력마저도 물리치지 않았던가. 이만열은 통일 전쟁에 임했던 화랑 출신 젊은이들의 활약상을 다음과 같이 그리고 있다.

나당연합군을 형성한 후, 신라의 백제 공격이 시작되었다. 김유신이 거느린 신라의 5만 군대가 탄현숯재을 넘어 오늘날의 논산 지방에 이르렀다. 백제 장군 계백과 5,000여 명의 결사대가 이곳을 지키고 있었다. 수로는 10배에 가까운 병력을 가진 신라가 백제군을 치열하게 공격했으나 네 번이나 실패했다. 신라군의 사기는 떨어지고, 병사들은 더 이상 공격할 의욕이 나지 않았다. 이 전투의 실패는 곧 나당연합군의 연합작전계획에 차질을 가져왔다. 신라군은 당군과 약속한 기일 내에 백제 수도 부여성까지 이르지 못하고 이틀이나 늦게 도착한 것이다. 신라가 이렇게 좌절하고 있을 때, 부사령관 김흠춘은 아들 반굴을 홀로 적진에 내보내 먼저 희생시켰다. 뒤이어 부사령관인 김품일의 아들 관창도 열여섯의 나이였지만 적진에 뛰어들어 장렬히 전사한다. 이를 본 신라의 장병들은 의연한 죽음에 감격하여 자신의 목숨을 돌보지 않고 싸움에 나섬으로써 결국 계백 장군의 방어선을 무너뜨릴 수 있었다. 두 부사령관과 그의 두 아들은 모두 화랑 출신이었다. 두 아들의 희생은 지도자인 두 부사령관 자신의 희생이었다. 이렇게 통일 전쟁에 임했던 화랑 출신의 지도자들은 일반 백성에 앞서 자신이 먼저 실천하고 희생하는 행동으로 백성을 지도한 것이다.[17]

이만열은 같은 글에서 또 다른 화랑 이야기를 전하고 있다.

김유신 장군의 가정교육 또한 감동적이다. 전장에서 후퇴하여 목숨을 건진 아들 원술 장군이 경주의 집으로 돌아왔을 때, 김유신 장군 부부는 화랑의 계율을 어긴 아들을 나무라고 그 뒤 평생 동안 아들을 보지 않았다. 비록 부모에게는 외면당했으나, 김원술은 675년 의정부 근처의 매초성 전투에서 당의 이근행 장군이 이끄는 20만 대군을 격파할 때 가장 큰 공을 세웠다. 이러한 지도자들 밑에서 신라의 젊은이들은 조국을 위해 즐거이 희생을 감수했다.[18]

_____

17 이만열, 같은 책, 168~170쪽.

생전의 범부 역시, 오늘날 합리적으로 역사 해석을 수행하는 학자들과 다를 바 없는 신라사 이해를 견지하고 있었다. 그 점에서 오히려 범부를 요즘 학자들의 선구자로 보는 편이 적절할 것이다. 그는 우리 민족을 바로 세울 수 있는 사상을 신라사에서 찾았다. 현대에 되살렸을 때 자산이 되고 힘이 되는 전통의 유산이 신라정신에 있다고 확신하기에 이르렀던 것이다. 두말할 것도 없이 그가 가장 중요하게 보았던 요소는 신라 사회 상층부의 노블레스 오블리주 정신이었다.

그와 같은 신라정신에 대한 범부의 확신의 뒤에는 일찍이 그가 쌓았던 동서철학의 비교연구, 광범위한 독서, 독특한 학문방법인 즉관법卽觀法, 오증자료론五證資料論, 거기에 더하여 그의 천부적이고 종합적인 사고 능력이 있었다. 이는 아마도 범부의 생전에 그를 잘 알던 사람들도, 범부의 사후에 그를 연구하여 깊은 이해에 도달한 사람들도 모두 쉽게 승복할 수 있는 대목일 것이다.

3. 범부의 풍류정신 천명

이와 같은 범부의 신라사 이해에 범부 특유의 풍류정신 천명과 해석이 뒤따랐고, 이는 오히려 자연스러운 일이었다. 그는 삼국통일이라고 하는 엄청난 사건의 배경에는 위대한 '민족적 인생관'이 반드시 깔려 있었을 것으로 본 것이다. 또한 범부는 그것이 통일 위업의 동력으로 작용한 것으로 파악했다.

---

18 같은 책, 170쪽.

한편 범부는 그 동력의 핵심을 풍류정신이라고 지목하고 그 정신의 구현태를 화랑 또는 화랑도花郎徒라고 제시하면서도, 그것의 내용이 어떠한 것이라고 그 어디에서도 자세하게 밝힌 적이 없다.[19] 물론 설명이 아주 없지는 않았지만, 오히려 애매한 태도를 보이면서 이를 앞으로의 연구 과제로 남겼다. 이와 관련하여 그는 다음과 같이 말한다.

花郎화랑은 우리 民族生活민족생활의 歷史上역사상에 가장 重要중요한 地位지위를 차지하게 된 一大事件일대사건이다. 그러므로 花郎화랑은 언제나 마땅히 國史上역사상의 學理的학리적 究明구명이 要求요구되는 一大일대의 課題과제로서 우리 學徒학도에게 있어서는 모름지기 努力研鑽노력연찬의 一大宿債일대숙채라 할 수밖에 없는 것이다.[20]

범부의 다른 글에 이런 대목이 있다.

천만 가지 일과 천만 가지 이치가 둘이 아닌 줄 꼭 알란 말이야. '얼'의 앉을 자리만 닦아지면 아무것이나 다 이룰 수 있는 법이야 …… 사람은 누구나 제빛깔自己本色이 있는 법이어서 그것을 잃은 사람은 아무것도 이룰 수 없는 것이고 …… .[21]

19 정다운은 같은 책에서 '멋·和(화)·妙(묘)'의 관점에서 범부의 풍류사상을 분석했다. 정다운의 연구는 범부에 대한 지금까지의 연구 중에서 매우 선구적인 작업으로 평가되고 있다.

20 김범부, 같은책, 「서(序)」.

21 같은 책, 123~124쪽.

이때 범부의 '얼', '제빛깔'과 같은 표현은 물론 개인을 두고 사용한 것이지만 민족을 두고도 그는 같은 생각을 가지고 있었을 것이다. 그는 민족의 얼, 민족정신의 제빛깔 같은 것을 마음에 담고 있었을 것이다. 범부는 그와 같은 요소가 빠졌을 때 민족은 힘을 잃고마는 것이라고 보았다. 범부의 그와 같은 사유는 곧 도덕과 윤리의 원칙을 세우는 일과 맥을 같이하는 것이었다.

한편 범부는 풍류정신의 내용에 대해서 여전히 애매한 태도를 취하면서도 그 중요성만은 거듭 강조한다. 범부의 말을 직접 들어보자.

그런데 靜肅정숙히 우리의 歷史역사를 回顧회고하건대 何代하대 何人하인의 精神정신과 行動행동이 果然과연 今日금일 우리의 歷史的力量역사적역량으로서 살릴 수 있는 것인가? 보라 上下千古상하천고의 脈絡맥락을 짚어서 이것을 더 듬어 오다가 '여기다' 하고 큰 숨을 내어 쉴 자리는 역시 新羅統一신라통일 旺時왕시의 花郎화랑을 두고는 다시 없을 것이다.[22]

그리고 범부는 이어서 말한다.

花郎화랑을 正解정해하려면 먼저 花郎화랑이 崇奉숭봉한 風流道풍류도의 精神정신을 理解이해해야 한다.[23]

범부의 설명에 따르면 풍류도風流道는 정신을 가리키는 것이고 화랑

---

22 같은 책, 「서(序)」.
23 같은 책, 「서(序)」.

또는 화랑도花郎徒는 구현태를 말하는 것이다. 범부는 또한 풍류정신의 연원과 계승에 대해 다음과 같이 개방적으로 설명하기도 한다.

범부에 의하면 풍류정신의 연원은 고조선 시대의 신도설교神道設敎에 있으며, 지역적으로도 고구려·백제 땅에 두루 같은 정신이 숭상되고 있었다. 그러던 것이 "신라에 와서는 마침내 이 정신이 더욱 발전하고 세련되고 조직화되어서 風流道풍류도를 형성하여 신라 일대의 찬란한 문화를 醸出양출하고 傑特걸특한 인재를 배양하고 또 삼국통일의 기운을 촉진했던 것"[24]이라고 설명한다. 범부는 다른 글에서 같은 사정을 다음과 같이 밝히기도 한다.

> 花郎화랑의 運動운동은 원래 新羅신라에서 爲主위주한 것이지만 그 精神정신과 風格풍격만은 當時당시로는 百濟백제 高句麗고구려에도 아주 없었던 것은 아니요, 또 後代후대로는 高麗고려 漢陽한양을 通過통과해서 今日금일에 이르기까지 그 血脈혈맥은 依然의연히 躍動약동하고 있는 것이다.[25]

이 대목에서 나는 중간 정리를 하면서, 동시에 거기서 파생하는 중요한 의문을 제기하게 된다. 풍류정신과 그것의 구현태로서의 화랑에 대해 그처럼 확신을 가지고 있었으면서도, 범부는 왜 그렇게 인색한 설명으로 아쉬운 점을 남겼을까? 이 점에 대해 고심하던 중에 나는 이런 생각을 해보았다. 아마도 범부가 그와 같은 태도를 취하게 된 데는 충분한 설명을 위한 사료가 턱없이 부족했다는 사정이 있지 않았을까? 혹은

---

24 김범부, 『풍류정신』(서울: 정음사, 1986), 90쪽.
25 김범부, 『화랑외사』(대구: 이문출판사, 1981), 「서(序)」.

당시 국내의 학문적 연구와 축적이 충분한 설명을 위해 의존하기에는
턱없이 빈약했다는 의미도 들어 있지 않았을까?

또 한편 나는 이런 생각도 해보게 된다. 범부는 분명 어떤 확신에 이
르렀을 것이다. 그만의 독특한 자료 활용법과 사유 방법을 통해 깊은
데를 보았을 것이다. 그러나 자세한 설명을 제시하는 데 기술이 모자랐
거나 성의가 부족했던 것은 아니었을까? 지금은 알기 힘든 어떤 사정으
로 청중 또는 독자에게 충분히 친절하지 못했던 점 또한 있지 않았을
까? 그러나 이는 어디까지나 추측일 뿐이다.

4. 범부의 『화랑외사』 구상

여전히 궁금하기만 하다. 범부는 그토록 자신이 확신을 가지고 중요
성을 부여한 풍류정신에 대해, 어째서 충분한 설명을 남기지 않고 여운
만 잔뜩 남겨두었던 것일까? 이 의문을 마음에 담고 범부의 『화랑외사』
를 주의 깊게 검토해보면, 그 속에 질문에 대한 해답이 어느 정도 드러
나 있음을 알게 된다. 다름 아닌 설명을 위한 자료 부족이 장애물로 작
용했던 것이다.

반복하여 강조하지만, 새로운 국민윤리의 창출을 과제로 삼았던 범
부는 그 해결의 단서를 풍류정신에서 찾았다. 한국사의 흐름을 상고 시
대로부터 더듬어 내려오다가 멈춘 데가 바로 신라 성시의 풍류정신이
었다. 그와 같은 확신에 이르기까지 범부는 분명 나름의 학문방법론을
동원했을 것이다. 범부는 일찍부터 학문방법론에 관심이 많았다. 자신
이 개발한 방법론을 자신의 과제에 먼저 적용했으리란 점을 충분히 유

추해볼 수 있다. 하지만 범부는 그다음 작업 단계에서 난관에 부닥친 것으로 보인다. 그것은 바로 설명을 위한 근거 자료의 문제였다.

　풍류정신의 내용을 구명하기 위해 범부 역시 『삼국사기』 신라본기 제4 진흥왕 37년 기사에 인용된 고운 최치원의 「난랑비서문」을 활용했다. 그것은 당대의 석학이었던 최치원이 난랑이라는 화랑의 비에 새긴 글이었다. 내용은 다음과 같은 것이었다.

　　나라에 현묘한 도가 있으니 이름하여 '풍류風流'라고 한다. 이 가르침을 창설한 근원은 '선사仙史'에 자세히 갖추어 있으니, 실로 세 가지 가르침을 포함해 중생들을 교화하는 것이다. 말하자면 집에 들어와 부모에 효도하고 나가서는 나라에 충성하는 것과 같은 것은 노사구魯司寇의 가르침이요, 아무런 작위적 일이 없는 가운데서도 말로 표현할 수 없는 진리를 실천하는 것은 주주사周柱史의 근본 뜻이며, 모든 악행을 짓지 않고 모든 선행을 받들어 행동하는 것은 축건태자竺乾太子 의 교화인 것이다.[26]

　상식적으로 생각했을 때 풍류정신의 정체를 제대로 구명하고 설명하기 위해서는 최치원의 「난랑비서문」의 범위를 뛰어넘어 더 많은 양의 객관적 자료가 필요했을 것이다. 그러나 그 당시 구할 수 있었던 자료에는 한계가 있었고 그 얼마 되지 않는 자료도 산만하기만 했다. 이 자료 문제를 타개하기 위한 고심의 흔적이 『화랑외사』 삼간본이문출판사, 1981에 부록으로 첨부되어 있는 「국민윤리특강」에 비교적 자세하게 나타나 있다. 이 54쪽 분량의 특강은 『화랑외사』 본문의 사상적 배경을

---

26 김부식, 『삼국사기 I』, 이강래 옮김(서울: 한길사, 1998), 129쪽.

이해하는 데 도움을 주기 위해 붙여진 것이며, 유래는 확실하지 않지만 아마도 1950년대 초반에 어떤 단체 회원들에게 행한 연속강의의 속기록을 정리한 것으로 보인다.[27] 범부는 이 글에서 풍류정신과 관련하여 자료 부족 문제가 심각하게 상존한다는 점을 솔직하게 토로하고, 그와 같은 상황에서 적용할 수 있을 법한 대처 방안을 제시한다. 범부의 제안에 귀를 기울이다 보면 그가 발휘한 기지야말로 과연 절묘하다는 감탄이 절로 나온다. 과연 범부다운 발상이라고 말하지 않을 수 없다.

花郎精神화랑정신, 花郎道화랑도 즉 風流道풍류도란 것을 우리가 研究연구하기에 대단히 곤란한 것은 文獻문헌의 問題문제가 중대한 그만한 比例비례로 文獻문헌이 모자란다는 것입니다. 史記사기의 記錄기록 가운데 『花郎世記화랑세기』라는 書서가 있었다는데 그 『花郎世記화랑세기』는 一名일명 仙史선사 즉, 神仙신선의 史사라고 하며 그것은 누가 지었느냐 하면 史記사기에 金大問김대문이라는 이가 지었다는데, 그 『花郎世記화랑세기』가 언제부터 없어졌는지 그것조차 모른다는 말입니다. 아마 적어도 몇 百年前백년전부터 그것이 없어진 것 같아요. 그런데 『花郎世記화랑세기』쯤 있었더라면 이 風流道풍류도 즉, 花郎精神화랑정신을 研究연구하는 데 대단히 좋은 資料자료가 될 터인데 그것조차 없고 지금 우리가 구차한 斷片단편을 좇아가지고 研究연구해볼 수밖에 없는데 그러나 절망할 문제는 아니라고 생각해요. 왜냐하면 史蹟사적을 研究연구하는 法법이 文獻문헌에만 依據의거하는 것은 아니기 때문입니다. 文獻문헌 이외에 무엇이 있느냐 하면 物證물증이라는 것이 있어서, 古蹟고적에도 우리가 資料자료를 구할 수가 있는 것이고 또 하나는 그 이외에 말하자면 口

27 이종후, 「삼간서」, 김범부, 『화랑외사』(대구: 이문출판사, 1981), 7쪽.

證구증이라는 것이 있는데, 그것은 무엇이냐 하면 口碑傳說구비전설과 같은 것입니다. 또 하나는 事證사증이라는 것을 들 수 있는데 그런 것은 遺習유습이라든지 遺風유풍·遺俗유속·風俗풍속 또는 習俗습속, 이런 것들 가운데서 찾아볼 수 있는 것입니다. 文獻문헌 이외에도 이만한 것이 있기 때문에 우리는 絶望절망하지 않고 硏究연구해볼 수 있는 것인데, 이 風流道풍류도 問題문제에 대해서는 이 四證사증 以外이외에 말하자면 文證문증이나 物證물증, 口證구증이나 事證사증 以外이외에 또 한 가지 좋은 資料자료가 있어요. 그 資料자료는 우리들 自身자신들이 가지고 있는 血脈혈맥 즉 말하자면 살아 있는 피라고 말하겠는데, 이것은 이 네 가지 證外증외에 우리의 心情심정, 우리의 精神정신 속에서 찾아볼 수가 있는 것입니다. 그런데 여기 하나 다시 問題문제가 되는 것은 과연 그 피라는 것이 무엇인가? 즉 花郎화랑이 가지고 있던 精神정신 그것이 피로서 傳전해져 있다는 데 대해서는 다소 疑惑의혹이 생길려면 생길 수 있는 것입니다. 그러나 다른 말씀이 아니라 花郎화랑이 所有소유했던 精神정신이 피 속에 들어가서 그 피가 지금까지 그냥 흘러 내려온다는 그런 意味의미가 아니고 누구든지 歷史上역사상에 적혀 있는 花郎화랑이라는 名目명목으로 傳전해 있는 분만이 花郎화랑의 피를 가졌던 것이 아니라, 말하자면 이 民族민족이 全體전체로 花郎화랑의 피를 가졌던 것이라고 말해야 할 것입니다. 그래서 그 時代시대 花郎화랑들은 그 피, 그 精神정신을 대표하는 사람으로서 모든 다른 사람들이 다 가지지 않고 花郎화랑만 그 피와 그 精神정신을 가졌던 것이 아니라 그 말입니다. 그러므로 가령 系譜的계보적으로 소급해 들어가면, 직접 歷史上역사상에 적혀 있는 花郎화랑의 子孫자손들도 많이 있는 것입니다. 그러나 그 이외에 直接직접으로 花郎화랑 子孫자손들이 아니라 할지라도 이것이 花郎화랑과 同一동일한 血脈系統혈맥계통이라는 것에 있어서는 조금도 의심할 여지가 없을 것입니다.[28]

범부는 산만하고 열악한 자료 문제를 해결하기 위해 특단의 조치를 강구한다. 그는 단일 계통의 자료에 의존하기를 거부하고 복수의 가용한 자료원을 찾기로 한다. 그는 문증文證 자료의 부족을 채우기 위해 물증物證을 활용하고, 거기에 더하여 구증口證과 사증事證까지 동원한다. 특기할 것은 범부는 이상의 사증四證 이외에 혈맥血脈이라고 하는 자료원까지 구사한다. 범부는 체질적으로 자연스럽게 오증자료五證資料를 능수능란하게 활용할 수 있었던 것이 아닌가 싶다. 그의 탁월하고 확실하고 단정적인 결론은 그와 같은 다층적인 자료 활용법에 의해 뒷받침되고 있었던 것이다.

가령 일이 이렇게 진행되지 않았을까? 문증 자료에서 벽에 부딪친 범부는 몸을 움직여 자신의 고향이기도 한 화랑 고적지를 살피고 구비전설과 풍속을 해석하는 데서 풍류정신의 잔영을 찾으려고 하지 않았을까? 그리고 당시 살아서 움직이는 신라인의 후예들에게 말을 걸고 소통하면서 그들의 언어와 표정과 몸짓을 관찰하는 데서 영감을 얻으려고 하지 않았을까? 아마도 뛰어난 관찰자였던 범부는 그것이 충분히 가능했을 것이며 그와 같은 방법을 즐겨 활용했을 것이다.

범부는 여기에서 그치지 않았다. 그는 자료 문제에서 한 번 더 도약을 시도한다. 자료 문제를 보다 확실하게 해소하기 위해 범부가 적용한 방법이 하나 더 있었던 것이다. 그것은 매우 이례적이고 상식을 뛰어넘는 것이었다. 범부는 고대의 역사적 사실을 현대로 끌어와 생생하게 전달하기 위해 허구의 통로를 거치게 했다. 범부 자신의 표현에 따르면 설화 형식을 빌린 것이었다. 범부의 계씨인 동리는 이것을 전기소설의

---

28 김범부, 『화랑외사』(대구: 이문출판사, 1981), 227~228쪽.

기법이라고 불렀다.

이제 범부가 구사했던 허구의 방법을 『화랑외사』에 실린 글을 통해 살펴보기로 하자. 이 책은 실제 역사서에 나타나는 여러 화랑의 전기화랑정신의 구현자라고 간주되는 선구자 몇 사람이 포함되어 있다를 기초로 하여 꾸며진 이야기이다. 각 편의 이야기는 그 끝 부분에 『삼국사기』, 『삼국유사』, 『동국통감』, 『동경잡기』와 같은 출전에서 따온 원문을 싣고 있다. 하지만 이들 출전이 제공하는 원문이라고 해봐야 그야말로 단편적인 것뿐이다. 이는 오래된 역사서들이 지니는 어쩔 수 없는 한계이다.

범부가 이 책에서 채택한 화랑과 그 정신의 선구자는 다음과 같다. 사다함斯多含, 김유신金庾信, 비녕자丕寧子, 취도형제驟徒兄弟, 김흠운金歆運, 소나부자素那父子, 해론부자奚論父子, 필부匹夫, 물계자勿稽子, 백결선생百結先生이 그들이다.

범부가 특별한 애착을 가지고 책의 맨 앞에 배치한 화랑 사다함과 책의 맨 끝에 배치한 화랑 정신의 선구자 백결선생을 중심으로 논의를 좀 더 진전시켜보기로 한다. 우선 범부가 저본으로 활용한 사다함 편의 원문은 다음과 같다. 범부는 한자 원문을 인용했지만 여기서는 번역문을 사용하기로 한다.

사다함斯多含의 집안은 진골이었으며, 내밀왕奈密王 7세손으로 아버지는 구리지仇梨知 급찬이다. 본래 문벌이 높은 귀족의 후예로 풍모가 맑고 빼어났으며, 뜻과 기세가 방정하여 당시 사람들이 화랑으로 받들기를 요청하매 부득이해 화랑이 되었다. 그의 무리가 무려 1,000여 명이었는데 그들 모두의 환심을 얻었다. 진흥왕이 이찬 이사부異斯夫에게 명령하여 가라加羅, '가야 (加耶)로도 씀다국을 습격하게 했는데, 이때 사다함은 나이 15~16세로 종군하기를 청했다. 왕은 나이가 어리다 하여 허락하지 않았으나 그의 요청이 간절하고 뜻이 굳으므로 마침내 귀당비장貴幢裨將을 삼으니 그의 무리 가운데 따르는 이들 또한 많았다. 사다함은 가락국의 국경에 이르자 원수에게 청해 휘하의 군사를 거느리고 먼저 전단량栴檀梁, 전단량은 성문의 이름인데 가라어로 '문(門)'을 '량(梁)'이라고 한다에 들어갔다. 그 나라 사람들은 뜻밖에 군사가 갑자기 들이닥치니 놀라고 허둥대 막지를 못했다. 대군이 이 틈을 타 마침내 그 나라를 멸망시켰다. 군사를 되돌려 오자 왕은 사다함의 공로를 포상해 가라 사람 300명을 내어주었으나, 받는 즉시 모두 풀어주어 한 사람도 남기지 않았다. 또 밭을 내려주니 굳이 사양하다가, 왕이 강권하자 알천閼川의 불모지를 내려줄 것을 청했을 뿐이었다. 사다함은 처음에 무관랑武官郎과 생사를 함께할 벗이 되기로 약속했는데, 무관랑이 병으로 죽자 통곡하여 슬퍼함이 심하더니 7일 만에 그 또한 죽고 말았으니, 이때 나이 열일곱이었다.[29]

이것이 범부가 소설 작업을 위해 저본으로 삼았던 사료의 원문이다. 아울러 범부는 같은 『삼국사기』의 다른 곳에 실린 사다함 기사도 활용한 흔적이 보인다. 그것을 인용하면 다음과 같다.

9월에 가야가 배반하므로 왕이 이사부에게 명해 토벌하게 하고, 사다함斯多含을 그 부장으로 삼았다. 사다함이 기병 5,000명을 거느리고 선두에서 치달려 전단문栴檀門에 들어가 흰 깃발을 세우니, 온 성중 사람들이 두려워 어찌할 바를 몰랐다. 이사부가 군사를 이끌고 도착하니 일시에 모두 항복했다. 전공을 논함에 사다함이 으뜸이었다. 왕이 좋은 밭과 사로잡은 포로

---

29 김부식, 『삼국사기 II』, 이강래 옮김(서울: 한길사, 1998), 801~802쪽.

2,000명을 그에게 상으로 주었다. 사다함은 세 번이나 사양하여 왕이 억지로 권해서야 받았다가, 포로들은 방면해 양인으로 만들어주고, 밭은 나누어 전쟁에 참여한 병사들에게 주니, 나라 사람들이 아름답게 여겼다.[30]

두 인용문은 전체적으로 보아 같은 내용이지만 세부적으로 약간의 차이를 보인다. 이 둘을 합해 한 쪽 분량에 담긴 사서史書의 정보를 활용하여 범부는 일곱 쪽 분량의 허구의 세계를 창조했다. 범부의 사다함 소설은 범부 자신의 표현대로 과연 "活光景활광경을 描出묘출"하고 있다. 진지한 독자라면 깊은 감동에 젖지 않을 수 없도록 기술해놓았다.

범부는 사다함이 사적인 안일을 버리고 공적인 대의의 마당으로 나아간 점을 높이 샀다. 어린 나이에도 불구하고 국난을 당한 나라를 위해 자원하여 전장에 나아가 싸운 것이 그것이었다. 그리고 포로를 받아서 노예로 삼지 않고 전부 해방시켜 선량한 백성으로 살게 한 것 역시 높은 정신의 소산이었다. 패전했으면 그만이지 또 학대할 이유가 없다고 판단했던 것이다. 또한 하사받은 밭은 전쟁에 참여한 병사들에게 나누어주고 말았으니, 이 역시 특별한 정신이 아니고는 있을 수 없는 일이었다.

범부는 이와 같은 사다함의 정신 속에 유불선이 포함되어 있고 거기에 더하여 저변에 우리 민족 고유의 특질이 약동하고 있는 것이라고 보았다. 그 고유의 요소 때문에 풍류도가 되는 것이라고 했다. 범부는 이 고유의 요소를 '멋'이라고 했으며 그것이 민족정신 발전을 위한 모태이며 기초라고 했다. 오늘날의 의미와는 다르게 매우 긍정적 의미에서

---

30 김부식, 『삼국사기 I』, 이강래 옮김(서울: 한길사, 1998), 126쪽.

'멋'을 풍류정신의 핵심 요소로 보았던 것이다.[31]

범부가 저본으로 사용한 백결선생 편의 사료 원문은 다음과 같다.

백결선생百結先生은 어떠한 이인지 내력을 알 수 없다. 그는 낭산狼山 아래
에 살았는데 집안이 매우 가난하여 옷을 백 군데나 기워 마치 메추라기를
매단 것 같았으므로, 당시 사람들이 동쪽 마을의 백결선생이라고 불렀다.
그는 일찍이 영계기榮啓期의 사람됨을 흠모하여, 거문고를 가지고 다니면서
무릇 기쁘거나 성나거나 슬프거나 즐겁거나 불만스러운 일이거나 모두 거
문고로 그 뜻을 표현했다. 한 해가 저물 무렵 이웃 마을에서 곡식을 찧었는
데, 그의 아내가 그 방아 소리를 듣고 말했다. "남들은 다들 곡식이 있어 방
아 찧는데 우리만 홀로 찧을 곡식이 없구나! 무엇으로 한 해를 마쳐 설을 쇨
것인가?" 백결선생이 하늘을 우러러 탄식하며 말했다. "대저 죽고 사는 데
는 운명이 있고 부귀는 하늘에 달린지라, 그것이 오는 것을 막을 수 없으며
그것이 가는 것도 좇을 수 없거늘, 당신은 어찌하여 마음 상해 하시는가? 내
가 당신을 위해 방아 소리를 지어 위로하리다." 이윽고 거문고를 두드려 방
아 찧는 소리를 지어냈으니, 세상에 그 곡이 전해져서 이름을 대악碓樂이라
했다.[32]

이 반 쪽 분량의 저본을 바탕으로 범부는 서른일곱 쪽 분량의 허구를
만들어냈다. 예의 "活光景활광경"이 여기서도 묘출된다. 작품 속에서 백
결선생은 악성으로 추앙되었으며, 음악뿐만 아니라 모든 예술, 학문,

---

31 김범부, 「국민윤리특강」, 『화랑외사』(대구: 이문출판사, 1981), 224~225쪽.

32 김부식, 『삼국사기 II』, 이강래 옮김(서울: 한길사, 1998), 858쪽.

검술, 정치, 군사 등 어느 분야에서나 정통하지 않은 것이 없었다. 그런데도 막상 궁정의 악사장으로 추천받았을 때는 이를 극구 사양한다. 경세적 수완이 출중하여 나라의 최고 문관직인 상대등에 천거되었을 때도 대답은 역시 '안 될 소리!'였다. 그는 나라에 도움이 되는 일을 '하려고' 했지 스스로를 위해 무엇이 '되려고' 하지 않았다. 그야말로 높은 인간 정신을 여지없이 발휘하고 있었다. 작품에 표현된 그의 전형적인 일상은 다음과 같은 것이었다.

그리고 자기 취미, 아니 취미라기보다는 생활은 첫째 음악을 좋아했지만, 그러나 날씨가 좋고 할 때는 문을 닫고 앉아서 거문고를 타는 일은 그리 없었다. 가끔 그는 큼지막한 망태를 메고 산으로 들로 다니면서 꽃씨를 따 모아가지고, 꽃 없는 들판이나 산으로 돌아다니면서 뿌리곤 했다. 선생은 이일을 무엇보다도 오히려 음악 이상으로 재미스럽게 생각했다. 혹시 누가 멋모르고 그것이 무슨 취미냐고 물으면 그는 "이것이 治國平天下치국평천하야"라고 대답하는 것이었다. 이것은 선생에게 있어서는 꼭 농담만은 아니었다. 그러기에 수백 리 길을 멀다 생각하지 않고 꽃씨를 뿌리러 다닐 때가 많았다. 그리고 백결선생이 망태를 메고 지나간 곳마다 온갖 꽃이 다 피어나는 것이었다. 그리고 나무나 꽃 없는 산, 그 중에도 벌겋게 벗겨진 산을 볼 때는 어떤 바쁜 일을 제쳐두고라도 근처 사람을 불러가지고 그 산을 다 짚고는 길을 떠나는 것이었다. 그리곤 사람을 벗겨두면 나라님이 걱정하는 것처럼, 산을 벗겨두면 산신님이 화를 낸다고 말했다.[33]

---

33 김범부, 「백결선생」, 『화랑외사』(대구: 이문출판사, 1981), 146쪽.

생전에 범부의 화랑 이야기를 특히 좋아했던 그의 계씨 동리는 『화랑외사』의 발문跋文에서 다음과 같은 언급을 남겼다.

『花郎外史화랑외사』는 花郎화랑에 대한 外史외사란 뜻이겠지만, 이것을 歷史역사나 史話사화로 보기보다는 花郎화랑에 대한 傳記小說전기소설로 나는 보고자 한다. 그만큼 史實사실이나 素材소재를 그냥 整理정리하는 데 그치지 않고, 더 나아가서, 人物인물, 花郎(화랑)의 心境심경과 思想사상을 活寫활사하는 文學的문학적 表現표현에 특징이 있기 때문이다. 지금 나는 이렇게밖에 설명할 수 없지만, 이 책을 읽는 이는 이 말이 무슨 뜻인가를 대충 짐작할 수 있으리라고 믿는다. 이 책에 수록되어 있는 몇 사람의 花郎화랑 이야기를 읽는 이는 누구나 다 무언지 형언하기 어려운 어떤 감격을 받을 것이다. 그런데 그 감격의 내용과 성질에 관한 것이다. 우리는 영화를 보나 小說소설을 읽으나 여하간 어떤 성질의 감동 내지 감격정도의 차이는 다르겠지만을 받는다고 볼 수 있겠지만, 이 花郎화랑 이야기에서 받는 감격의 '내용과 성질'은 특이한 것이다. 斯多含사다함, 金庾信김유신, 勿稽子물계자, 百結先生백결선생 …… 이렇게 읽어내려 가노라면 그들花郎(화랑) 사이에 무언가 共通공통된 핏줄 같은 것이 鑛脈광맥처럼 번쩍번쩍하며 흘러내리고 있음이 보인다. 그리고 그것이 어느덧 자기 자신 속에도 흐르고 있음이 느껴진다. 이러한 감동은 일반적인 예술 작품이나 史談사담 따위로는 경험할 수 없는 특이한 것이다. 그리고 이 점을 가리켜 나는 '人物인물, 花郎(화랑)의 心境심경과 思想사상을 活寫활사하는 文學的문학적 表現표현'이라고 말한 것이다.[34]

---

34 김동리, 「발문」, 김범부, 『화랑외사』(대구: 이문출판사, 1981), 180~181쪽.

동리의 범부 이해를 보면 과연 그 형에 그 아우였다고 말하지 않을 수 없다. 범부에 관심 있는 사람들은 특히 동리의 말을 신뢰할 필요가 있을 것이다. 그리고 더 이상의 구차한 설명을 거칠 필요 없이 범부의 필치로 바로 내달려가서 대면하는 것이 도움이 될 것이라고 생각한다. 풍류정신의 진수가 녹아서 면면히 흐르고 있는 것을 보게 될 것이다.

5. 맺으며 - 범부는 노블레스 오블리주의 선구자였다

앞에서 사례로 활용한 사다함과 백결선생뿐만이 아니라, 범부가 『화랑외사』에서 소개한 화랑 또는 그 정신의 선구자들은 하나같이 오늘날 대한민국의 신문과 방송에서 매일같이 그 중요성을 강조하고 있는 공적 정신의 소유자들이었다. 범부 당대뿐 아니라 오늘날 그리고 미래의 우리 사회에서 가장 절실하게 필요할 덕목이 바로 이 공적 정신일 것이라는 데 생각이 미치면, 미래를 내다본 범부의 안목이 새삼 돋보일 것이다.

범부의 책에 실린 사다함과 백결선생 이외의 다른 여러 인물들도 하나같이 풍류정신의 구현자들이었다. 김유신, 비녕자, 취도형제, 김흠운, 소나부자, 해론부자, 필부, 물계자는 모두 사회적으로 상당한 신분이었으면서도 개인의 안일을 뛰어넘어 나랏일을 먼저 도모하는, 지금으로 말하면 투철한 공적 정신의 소유자들이었다. 그들은 그것을 통해 사회 통합에 크게 기여하고 있었던 것이다. 범부의 표현대로라면 그들이야말로 우리 민족 전통에 걸맞은 '멋'을 아는 사람들이었다.

물론 요즘 사람들에게 신라 사람들처럼 되라고 하는 요구는 무리가

있다. 그때는 그때 나름의 인생관이 있었을 것이고 그때 나름의 시대정
신이 작용하고 있었을 것이다. 그렇기 때문에 범부는 '국민윤리의 원칙'
이란 표현을 사용했던 것이라고 여겨진다. 공적 정신의 원칙은 어디까
지나 엄하고 중하게 세우되 시대에 맞추어 적절하게 변형하여 적용할
필요가 있다는 것을 범부는 이해했고 그래서 현대적인 해석의 여지를
충분히 남겨두었다.

그렇다면 범부가 천명한 풍류정신의 핵심이란 후대의 동학에서 말하
는 각자위심各自爲心[35]을 버리고 동귀일체同歸一體[36]로 모인 세계라는 것
이었을까? 새로운 국민윤리를 제안함에 있어서 경계의 대상이 되는 인
간상이란, 다른 사람의 입장이나 처지를 생각하지 않고 자신의 사사로
운 이해관계만을 따지는 고리고 비린 마음이라는 뜻이었을까? 아울러
새로운 국민윤리의 기초가 되는 인간의 심성이란, 세상의 모든 사람들
이 자신 속에 모시고 있는 하늘의 마음을 회복하여 모두 그 하늘의 마
음으로 돌아가 아름다운 사회를 이룬다는 것이었을까?[37]

여기서 문득 정리되는 생각이 하나 있다. 그것은 다름이 아니라 범부
야말로 우리 사회에서 이른 시기에 노블레스 오블리주를 주창한 선구
자였다는 것이다. 그는 그것을 즉석에서 안출해내거나 외국에서 수입
하여 제안하지 않고, 우리 민족의 역사적 경험 가운데서 발굴하여 천명
하려고 했다. 그것이 국민윤리 세우기의 정석이라고 보았던 것이다. 그

---

35 동학의 「포덕문」에 나오는 표현.

36 동학의 「교훈가」에 나오는 표현.

37 윤석산 주해, 『동경대전』(서울: 동학사, 1998), 윤석산 주해, 『용담유사』(서울: 동학
사, 1999)의 해석을 참고했다.

래서 모색 끝에 그가 찾아낸 것이 풍류정신이었다. 풍류정신이야말로 시대에 맞추어 재해석했을 때 우리 사회에서 큰 의미를 가질 수 있는 것이라고 본 것이다. 그리고 범부는 그 자신 삶에서 풍류정신의 투철한 실천가이기도 했다. 또 범부의 이와 같은 자세와 노력은 근년에 들어와 사회적 정의 문제와 관련하여 우리 사회가 한 단계 높은 정신을 구하기 시작한 것보다 훨씬 이전의 일이었다는 것을 기억할 필요가 있다.[38]

그런데 이 시점에서 안타까운 사실은 오늘날 우리 사회의 도덕적 해이가 범부가 살았던 해방 정국과 6·25 전쟁 전후의 시기에 비해 별반 달라진 것이 없다는 것이다. 오히려 이 땅에 사는 사람들의 이기심은 극을 향해 치닫고 있으며 그것을 실현하려는 방법은 더욱 교묘해지고 있다. 가까운 예로서 가장 중요한 병역과 납세의 의무가 사회 상층부로 올라갈수록 제대로 지켜지지 않고 있는 현상을 들 수 있다. 사회 상층

---

38 나는 과문한 탓에 김태창 박사의 존재를 모른 채 이 원고를 완성했다. 원고를 발표하기 위해 2011년 4월 22일 경주 동리목월문학관에 도착했을 때 같은 심포지엄에서 기조 강연을 하러 일본에서 온 그를 처음으로 만나게 되었다. 그는 강연에서 최제우와 김범부를 신라의 원효(元曉)와 관련지어서, 깊은 의미에서 '공공(公共)하는 인간'으로 위치를 부여했다. 이 발언과 관련하여 김태창·야규 마코토, 「공공(公共)하는 철학'으로서의 한 사상: 원효·수운·범부를 생각한다」, 『한국사상의 원류 — 동학과 동방학』(동리목월문학 심포지엄, 2011), 15~47쪽을 참고해주기 바란다.
이후 김태창 박사가 또 다른 지면에서도 관련된 발언을 남겼다는 사실을 알게 되었다. 그는 "공공인(公共人)은 곧 풍류인으로, 신라의 풍류는 도덕성을 바탕으로 하면서 자연성, 자발성, 예술성이 강조되었다"라고 갈파했다. 이 발언은 조성환, 「경북 국제 세미나 참관기」, ≪월간 공공철학≫, 제3호(2011.3), 15쪽에 실려 있다.
나는 김태창 박사의 이와 같은 주장을 접했을 때 묘한 감동을 받았다. 그것은 나의 소박하고 상식적인 범부 해석이 아주 터무니없이 과녁을 벗어난 것은 아니었다는 것을 확인하는 데서 오는 안도감과도 같은 것이었다. 그로부터 어떤 무언의 추인 같은 것을 받은 느낌이었다. 소중한 가르침을 준 김태창 박사에게 감사한다.

부의 비리와 부정부패는 갈수록 활개를 치고 있다. 일이 매우 심각한 지경에 이르렀다고 보아야 할 것이다. 이것은 큰 병폐가 아닐 수 없다. 젊어서 입대 영장이 나왔을 때 이목구비, 어깨, 팔, 다리, 위, 대장, 허파, 콩팥에 이상이 생겼다는 수상쩍은 이유로 면제를 받았던 사람들이 지금 나이가 들어서는 건강을 과시하며 버젓이 높은 자리에 앉아 백성을 지도하려고 하고 있다. 하필 영장이 나왔을 때 행방불명이 되었던 사람도 지금은 세상 바깥으로 나와 나라의 지도자가 되어 큰소리를 치는 형국이다.

알 만한 사람들은 다 아는 것처럼, 지금 이 나라의 국군을 향해 잘한다, 못한다고 훈시를 하고 때로 격려도 하고 호통도 치는 높은 자리에 있는 사람치고, 정작 그 자신이 병역 의무를 제대로 완수한 경우는 거의 없다고 해도 과언이 아닐 것이다. 대부분이 수상쩍은 면제자들인 것이다. 그렇지 않은 경우가 오히려 예외가 되어 있는 지경이다. 이유 여하를 막론하고, 이것은 곤란하지 않은가, 해도 너무한 것이 아닌가 하는 것이다. 이들이 앞장서서 국민 통합을 강조하고 있으니 어찌 제대로 먹혀들기나 하겠는가?

언론은 매일처럼 사회 상층부에서 저질러지고 있는 대규모 세금 포탈이나 부정부패 사건을 보도하기에 바쁘다. 이런 일이 아무런 부끄러움도 없이 다반사로 저질러지고 있는 세상인 것이다. 이것 역시 사회 통합과는 거리가 먼 조건이라고 할 것이다. 황석영의『강남몽』과 조정래의『허수아비춤』이 그리고 있는 현실은 또한 어떠한가? 정말 심각한 문제가 아닌가? 우리 사회에 사상과 윤리의 힘이 떨쳐 일어나 인간의 사특한 마음을 꺾어주기를 간절히 바라게 된다.

물론 이렇게 말하는 것은 한 사람도 빠짐없이 누구나 다 군대를 갔다

와야 한다거나, 조세 저항이 절대 있어서는 안 된다고 하는 뜻이 아니다. 사정이 있으면 누구나 인정하는 정당한 통로를 따라 얼마든지 예외의 경우를 만들어갈 수 있는 것이다. 이의를 제기하고 예외를 만들어가는 것이 오히려 정당하고 마땅할 것이다. 그것에 대해 누가 무엇이라고 하겠는가. 다만 이기심에 기초를 두고 수상한 방법을 동원하여 의도적으로 병역을 기피하고 세금 포탈과 오만 다른 잘못을 저지르는 행태를 지적하는 것뿐이다. 나라의 기강이 이래서야 되겠는가 하는 것이다. 윗물이 맑아야 아랫물이 맑다고 하는 오랜 격언도 있지 아니한가.

1990년대에 어느 잡지사와 가졌던 인터뷰에서 시인 김지하는 범부를 두고 "때를 잘못 만난 천재"라는 평을 남겼다. 오래 전에 접했던 내용이지만, 지금 생각해도 시인의 통찰력에 새삼 감탄을 금치 못한다. 시인의 말처럼 과연 범부는 이른 시기에 찾아온 선구적 토종 사상가였다.

【부록 2】

새로 구성한 김범부 연보

2009년 이른 봄이었다. 동리목월문학관의 장윤익 관장과 범부연구회의 최재목 회장의 권유를 받아 범부 사상의 재해석 작업에 참여하기로 결정하고 나서 처음 찾아본 것이 그의 연보였다. 우선 개인적으로 소장하고 있던 범부의 저서 몇 권을 꺼내놓고 연보 부분을 찾아 읽어보았다. 범부의 평생 제자였으며 학문적인 계승자이기도 했던 이종후의 손에서 만들어진 것으로 알려진 '金凡父 先生 略歷김범부 선생 약력'이하 '이종후 원본'이 책마다 실려 있었다. 어떤 책에는 한 쪽 분량이었고 또 어떤 책에는 반 쪽 분량이었다. 물론 연보는 일반적인 연보와 마찬가지로 범부가 세상을 떠난 1966년에서 끝이 나고 있었다.

이렇게 소개되어 있는 범부 연보를 읽고 나서 가장 먼저 든 생각은 연보가 분량은 적지만 매우 정확하다는 것이었다. 연보가 매우 알차게 꾸며졌다는 느낌을 받았다. 나중에 그 연보의 작성자가 이종후라는 것이 밝혀지면서 그럴 수밖에 없다고 수긍하게 되었다. 이종후는 20대 초부터 범부의 제자였으며 개인적으로도 매우 가까워 평소에도 부자관계와 같이 지냈다고 한다. 그러니 범부의 연보는 그 누구보다 이종후의 손에서 만들어지는 것이 가장 적절하고 정확성을 기대할 수 있는 것이었다. 그만큼 이종후 원본은 권위를 가지고 있었다.

다른 한편 범부의 연보가 이대로는 조금 소략하다는 생각이 들었다. 범부의 칠십 평생을 대변하기에는 내용이 빈약해 보였다. 관심 있는 사람들이 참고하고 연구의 출발점으로 삼을 수 있게 하려면, 이보다는 좀 더 규모 있게 소개할 필요가 있을 것 같았다. 당시까지 드러나 있는 자료를 최대한 활용하여 반영하는 것이 좋겠다는 생각이 들었다.

그리고 범부 연보의 경우 생전의 일들도 좀 더 깊이 찾아내어 자세하게 소개할 필요성과 함께, 사후의 일들을 정리하여 독자 앞에 제공하는 것이 그에 못지않게 중요하다는 생각이 들었다. 바야흐로 그의 생애와 사상이 우리 학계에서 재조명을 받기 시작한 마당에서 그러한 작업이 반드시 이루어져야 한다는 생각을 더욱 지우기 어려웠다. 앞으로 전개될 범부학의 여러 국면을 예상하면 마음은 다급해졌다. 말하자면 그의 사상을 재조명하는 모임과 학회 행사, 그런 기회에 발표되는 논문의 서지 사항, 이후에 기대되는 단행본의 출판과 같은 일들을 지금부터 정리해나가지 않으면 안 되겠다는 생각이 절실해졌다.

그런 취지에서 몇 달 동안 작업을 하여 새롭게 구성한 '金凡父 年譜김범부 연보'가 논문에 실려 첫선을 보였다. 종전보다 내용이 풍부해졌고 읽는 사람이 보다 친근하게 접근할 수 있도록 꾸며졌다. 가능하면 범부의 일생과 사후의 일들이 한눈에 다 보이도록 정리했다. 기존의 이종후 원본을 뼈대로 하고 여기저기 보이는 자료 가운데 다소라도 새롭다고

생각되는 것이 있으면 포함시켰다. 그렇게 작성된 새 연보는 그 후 많은 인용의 출처가 되었다.[1]

그런 과정을 거쳐 새 연보가 첫선을 보인 것이 2009년 4월의 일이었다. 그러니 새 연보는 범부 사후 42년째가 되는 2008년까지의 사항을 정리한 것이었다. 금년이 2013년이니 그로부터 다시 4년의 세월이 흘렀다. 그동안 범부 연구에 많은 진전이 있었다. 젊고 의식 있는 연구자들에 의한 논문과 단행본 작업이 줄을 이었다. 그래서 지금 여기 소개하는 연보는 지난 4년 동안에 일어난 활발한 연구 활동과 눈부신 업적들을 반영하고 있으며, 그 이전 시기에 대해서도 필요하다고 생각되는 부분이 있으면 보완하고 수정하는 작업을 가미한 것이다. 체재 면에서 약간 고치고 바꾼 부분도 있다.

이 '새로 구성한 김범부 연보'가 연구자들뿐 아니라 관심 있는 일반 독자들에게도 도움이 되기를 바란다.

---

1 김정근, 「김범부를 찾아서」, 『김범부 선생과 경주문학』(동리목월문학 심포지엄, 2009. 4. 24), 37~67쪽 참고.

김범부 연보

1897년(1세) 2월 18일, 당시 경주부 북부리(慶州府 北部裏)에서 태어났다. 선산 김
씨(善山 金氏) 집안이었으며 점필재 김종직(佔畢齋 金宗直)의 15대손이
었다. 아버지 임수(壬守), 어머니 김해 허씨(金海 許氏)의 장남이었다.
문헌에는 아버지의 이름이 덕수(德守)라고 나오는 데도 있다. 같은 부
모에게서 계씨(남동생)인 소설가 김동리가 태어났다. 범부의 집안에
서는 어머니 김해 허씨의 명석한 두뇌와 뛰어난 판단력이 전설처럼
전해져 내려오고 있다.

범부의 조부 동범(東範)은 수운 최제우(水雲 崔濟愚, 어릴 때는 최복술(崔
福述))와 서로 멀지 않은 거리에 살면서 어려서부터 친구 사이로 지냈
다. 서로 너, 나 하고 부르며 터놓고 지내는 사이였다.

1897년은 대한제국 원년이자 광무 원년이 되는 해였다. 8월 16일부
터 연호가 건양(建陽)에서 광무(光武)로 바뀌고 10월 12일에는 황제즉
위식이 거행되어 국호가 조선(朝鮮)에서 대한제국(大韓帝國)으로 개칭
되었다.

1900년(4세) 4세부터 13세까지 김계사(金桂史, 1832~1910) 문하에서 한문칠서(漢文
七書) 등을 공부했다.

김계사는 후일 동학의 2대 지도자가 되는 해월 최시형(海月 崔時亨, 당
시는 최경상(崔慶翔))과 같은 시기의 인물로, 최시형과 함께 경주 서쪽
에 위치한 서악서원(西嶽書院)에서 공부한 당대의 고명한 선비였다.
이 서원은 신라의 삼명신 김유신(金庾信), 설총(薛聰), 최치원(崔致遠)
을 향사(享祀)했고 경주 유풍(儒風)의 중심이었다.

1910년(14세) 8월 29일 일제의 술책에 의해 대한제국이 멸망하고 한국은 일제의 식
민지가 되었다.

같은 해에 스승 김계사가 79세의 나이로 세상을 떠났다. 이것으로써
범부가 일생 동안 쌓은 공부 가운데 정해진 스승이 있고 출석에 규칙
성이 있으며 교과목에 단계성이 있는 학업은 끝이 났다. 이후에는 주

로 책과 씨름하고 '세상'을 직접 읽는 독학의 과정을 밟았다.

1911년(15세)   경주 김씨 옥분(慶州 金氏 沃粉)과 결혼했다.

1912년(16세)   병약한 몸이었지만 일제에 항거하기 위한 창의(倡義)를 시도했다. 그
                  것에 뜻을 이루지 못하자 경주 남문에 격문(檄文)을 붙이고 청년들을
                  규합하여 경주와 울산 사이에 위치한 외동면 치술령으로 들어가 바
                  위굴에서 생활하며 소규모 유격활동을 펼치기도 했다. 나중에 산사
                  에 들어가 초막(草幕)에서 『월남망국사(越南亡國史)』를 읽었으며 그밖
                  의 여러 가지 병서를 탐독했다.

1915년(19세)   안희제가 설립한 민족기업인 백산상회(白山商會, 1914년 설립)의 장학
                  생으로 일본에 건너갔다. 경도제대(京都帝大, 교토 대학교의 전신), 동경
                  제대(東京帝大, 도쿄 대학교의 전신) 등에서 청강하고 일본의 학자들과
                  폭넓게 교유했다. 범부는 일본의 학제에 정식으로 등록한 적이 없는
                  데, 그 이유로 체질적으로 교실 공부를 싫어했다는 것 이외에 더 이상
                  의 구체적인 것은 밝혀져 있지 않다.

1921년(25세)   일본에서 귀국하여 동국대학교의 전신인 불교중앙학림(佛敎中央學林)
                  에서 강의를 했다. 그 후 병을 얻어 부산에서 칩거하며 경사자집(經史
                  子集)과 성리학(性理學) 계통을 공부했다.

1922년(26세)   「列子(열자)를 읽음(1)」을 ≪新民公論(신민공론)≫(新民公論社), 1922
                  년 신년호, 33~34쪽에 발표했다.

1924년(28세)   김정설 구술, 小春[소춘, 김기전(金起田)] 글 「大神師(대신사) 생각」이 지
                  면에 게재되었다. 지면은 ≪天道敎會月報(천도교회월보)≫, 제162호
                  (1924. 3), 16~19쪽이었다. 이것은 범부가 수운 최제우에 대해 언급한
                  최초의 자료이다.
                  김정설이라는 이름으로 「老子(노자)의 思想(사상)과 그 潮流(조류)의
                  槪觀(개관)」을 발표했다. 지면은 ≪開闢(개벽)≫, 제45호(1924. 3), 4~

13쪽이었다.

김정설 이름으로 「칸트의 直觀形式(직관형식)에 對(대)하여」를 발표
했다. 지면은 ≪延禧(연희)≫, 제3호(1924. 5. 20)였다.

칸트 탄생 200주년 기념으로 서울 YMCA 강당에서 칸트 철학에 대한
강연을 했다.

1934년(38세) 스님 최범술(崔凡述)의 주선으로 사천 다솔사(泗川 多率寺)에 머물기
시작했다. 이때 일본 천태종의 고위 승직자(天台宗 比叡山門以下 大僧
職者)들과 대학교수단 40여 명을 대상으로 청담파(淸談派)의 현리사상
강의(玄理思想講義)를 1주일간 진행했다.

당시 다솔사에는 만해 한용운이 가끔씩 들러 범부와 주지 스님인 최
범술과 깊은 대화를 나누고는 했다. 범부는 한용운에게 '형님'이라는
호칭을 사용했고 한용운은 '범부'라고 불렀다.

이 시기에 다솔사에는 불교계의 지도자들인 김법린, 허영호 등이 함
께 머물렀다. 전진한도 가끔 방문했다.

후일 소설가로서 활약하게 되는 범부의 계씨(남동생) 동리도 한때 절
에서 함께 기거했으며, 나중에 그는 절에서 세운 야학인 광명학원에
서 교사 생활을 하기도 했다.

1941년(45세) 다솔사에서 해인사(海印寺)사건으로 일제에 피검되어 1년간 옥고를
치렀다(이종후 원본).

옥고와 관련하여 범부의 계씨이며 다솔사에서 함께 생활한 소설가
김동리는 다소 다른 증언을 하고 있다. 범부의 옥고는 한 번이 아니
고 두 차례 치러졌다는 것이다. 1941년 여름에 경기도 경찰부에 끌려
가 여러 달 감방 신세를 졌고, 1942년 봄에는 경상남도 경찰부에 끌
려가 역시 장기간 감방 신세를 졌다는 것이다[김동리, 『나를 찾아서』(서
울: 민음사, 1997), 200~201쪽.].

해인사사건으로 경상남도 경찰부에 끌려가 치른 옥고와 관련하여 당
시 경찰관으로서 범부가 수감된 감방의 간수로 있던 신형로는 자신
의 수기에서 또 다른 증언을 남기고 있다. 범부가 그의 평생의 동지
인 다솔사 주지 효당 스님(최범술)과 함께 경상남도 경찰부에 끌려간

것은 '1941년 초가을'이었고 비밀감방에서 1년 넘게 영어(囹圄) 생활을 한 끝에 '1942년 가을과 겨울을 전후하여' 풀려났다는 것이다[신형로(申炯魯),「내가 만난 범부 선생과 효당 스님」, ≪다심≫, 창간호(1993 봄), 77~81쪽].

범부 가족들의 증언에 따르면 다솔사에 머무는 동안 수시로 일제 형사들의 방문이 있었고, 그때마다 형사들은 마루에 올라 일단 큰절을 하고 안부를 물었다고 한다. 그런 다음에는 조사할 일이 있다고 하면서 범부를 포승으로 묶어 연행해 갔으며 며칠씩 경찰서에 붙들어두었다가 돌려보내곤 했다. 이 시기에 단기간으로 유치장 생활을 한 곳은 사천경찰서, 하동경찰서, 진주경찰서 등이었다.

1945년(49세)   광복을 맞이했다. 당시 장남 지홍(趾弘)이 운영하던 기와공장(오늘날 부산광역시 기장군 일광면에 위치해 있었다)에 딸린 집에서 기거하던 범부는, 8월 15일 한낮에 일제의 패망 소식을 듣고 기쁨에 벅찬 나머지 미친 사람처럼 고함을 지르며 큰길을 마구 달렸다고 한다.

곧이어 부산에서 곽상훈(郭尙勳), 김법린(金法麟), 박희창(樸熙昌), 오종식(吳宗植), 이시목(李時穆), 이기주(李基周) 등 여러 사람들과 더불어 일오구락부(一五俱樂部)를 조직하여 건국방책(建國方策)에 대한 연속 강좌를 열었다. 이때 강좌를 위해 그가 준비한 짧은 원고가「建國政治의 方略(건국정치의 방략)」이었다. 이 원고는 1960년대 초 군사정권 때 "建國政治의 性格(건국정치의 성격)"이란 제목으로 확장되어 단행본 분량으로 다시 집필되었고, 한동안 원고 상태로 보관되어 오다가 나중에 책으로 출판되었다. 그것이 바로『정치철학특강』(이문출판사, 1986)이다.

후일 반민특위(반민족행위특별조사위원회) 경남조사부가 조직될 때, 범부의 장남 지홍은 사무국장 겸 조사관으로 참여해 활동하기도 했다.

1948년(52세)   서울에서 경세학회(經世學會)를 조직하여 건국이념(建國理念)을 연구하는 한편 일련의 강좌를 열었다.

그해 겨울 첫 저술이 될『화랑외사』를 구술했다. 제자였던 시인 조진흠(趙璡欽)이 파괴된 명동의 한구석에서 추위에 손을 불면서 구술을 받아 적어 원고를 만들었다. 조진흠은 그 뒤 한국전쟁 때 행방불명되었다. 이후 원고는 출판되지 못한 채 한동안 보관 상태에 있었다.

1950년(54세)   동래군(東萊郡)에서 제2대 민의원(民議員, 국회의원)으로 출마하여 당선되었다. 이후 4년간 민의원직을 수행했다.

대담기 「조선文化의 性格: 제작에 對한 對話秒(조선문화의 성격: 제작에 대한 대화초)」가 ≪新天地(신천지)≫(서울신문사), 제5권 제4호(1950. 4), 6~14쪽에 실렸다.

같은 해 말쯤에 「국민윤리특강」을 어떤 교육자 단체의 회원들 앞에서 강술했다. 연속적으로 진행된 5개의 강좌 내용은 속기록의 형태로 남겨졌다. 속기록은 후에 ≪현대와 종교≫, 창간호(1977. 11), 56~99쪽에 실렸다.

1954년(58세)   원고 상태로 보관되어 오던 『화랑외사』가 출판의 기회를 얻었다. 당시 해군 정훈감으로 있던 해군대령 김건(金鍵, 나중에 건국대학교 부총장)의 주선으로 해군본부정훈감실 간행으로 햇빛을 보게 되었다. 이 책은 당시 한국전쟁 직후 국군장병의 사상 무장을 위한 교재로 출간되었다. 초간본에는 김건 대령의 서문이 맨 앞에 실렸다.

「歷史와 暴力(역사와 폭력)」을 새벽사에서 펴내는 ≪새벽≫, 송년호(1954. 12), 7~11쪽에 발표했다.

1955년(59세)   경주 계림대학 학장에 취임했다. 계림대학은 후에 대구대학과 통합되어 지금의 영남대학교의 전신이 되었다. 현재 영남대학교의 도서관에는 범부문고가 설치되어 있다.

1958년(62세)   건국대학교에서 정치철학 강좌를 담당했다. 이와 동시에 같은 대학에 부설된 동방사상연구소 소장으로 취임했다. 건국대학교 유석창(劉錫昶) 이사장의 초청에 따른 것이었다. 연구소는 건국대학교 낙원동 캠퍼스에 위치해 있었다. 이 시기에 역학(易學)과 오행사상(五行思想)의 대의(大義)를 포함한 동방사상 강좌를 3년 동안 열었다. 이때 강의를 들은 사람은 오종식(吳宗植), 이대위(李大偉), 이종익(李鍾益), 이종규(李鍾奎), 황산덕(黃山德), 이항녕(李恒寧), 이종후(李鍾厚), 신소송(申小松) 등 교수와 학자 수십 명이었다.

1959년(63세) "經典의 現代的 意義: 병든 現代는 東方의 빛을 求하라(경전의 현대적 의의: 병든 현대는 동방의 빛을 구하라)"라는 제하의 짧은 글이 서울대학교의 ≪대학신문≫, 1959년 10월 26일 자 지면에 실렸다. 이 글은 대학생들을 대상으로 한 긴 강연의 내용을 발췌한 것이었다.

1960년(64세) ≪한국일보≫, 1960년 1월 1일~8일, 10일~11일자 지면에 겨울여행기 "雲水千裏(운수천리)" 10회분을 발표했다. 1회 "아리내(閼川)行", 2회 "昌林寺址", 3회 "北川椿事", 4회 "求忠堂 李義立", 5회 "龍潭을 바라보고서", 6회 "降仙臺", 7회 "五陵巡參", 8회 "온달城을 물어서", 9회 "懷墓를 보고", 10회 "壯義寺 옛터를 찾으니"(1회 "아리내(알천)행", 2회 "창림사지", 3회 "북천춘사", 4회 "구충당 이의립", 5회 "용담을 바라보고서", 6회 "강선대", 7회 "오릉순참", 8회 "온달성을 물어서", 9회 "회묘를 보고", 10회 "장의사 옛터를 찾으니")와 같은 소제목이 달려 있었다. 범부의 겨울여행기 "운수천리"는 황종찬이 엮은 『한국의 명문장 100선』(청목, 2002), 253~258쪽에 일부가 소개되었다.

「신라문화와 풍류정신: 풍류도론서언」을 한국사상강좌편찬위원회가 엮고 고구려문화사가 간행한 ≪한국사상≫, 제3호(1960. 4)에 발표했다. 같은 논문은 후일 한국사상연구회 편, 『한국사상총서 I: 고대인의 문화와 사상』(경인문화사, 1973), 221~231쪽에 실렸다.

「최제우론」을 국제문화연구소가 동학창도백주년기념특집으로 펴낸 ≪세계≫, 제2호(1960. 5), 227~240쪽에 발표했다. 이 글은 후에 ≪현대와종교≫, 제7호(1984. 2), 5~24쪽에 「최수운의 생애와 사상」으로 개칭되어 실렸다.

1961년(65세) 5·16 군사정변 직후 박정희 국가재건최고회의 의장이 군복 차림으로 범부의 서재를 방문하여 정치 자문을 구했다. 이후 박정희 의장과 군부 주체세력은 명동의 한 호텔 4층에 마련된 공간에서 범부를 중심으로 한동안 정치 학습을 했다.

대담기 "우리 民族의 長短: 自我批判을 위한 縱橫談(우리 민족의 장단: 자아비판을 위한 종횡담)"이 《조선일보》, 1961년 8월 27일 자 지면에 실렸다. 대담의 사회자는 최석채(崔錫采)였고 참여자는 김범부, 함석헌(咸錫憲), 유광열(柳光烈), 이희승(李熙昇)이었다. 이 대담에서 범부의 독특하고 해박한 견해가 드러나고 있다.

「邦人의 國家觀과 花郞精神(방인의 국가관과 화랑정신)」을 국가재건최고회의가 펴내는 《최고회의보》, 제2호(1961. 10), 132~135쪽에 발표했다. 이 글은 정변 주체세력을 의식하며 작성한 것으로서 그들에게 항일의사나 4·19 혁명의 주역들과 같은 위치를 부여하면서 동시에 높은 도덕성과 국가관을 요구하고 있다.

1962년(66세) 1월에서 7월까지 부산 동래에 칩거했다. 부산대학교에서 정치철학 강좌를 열었다. 이때 "建國政治의 性格(건국정치의 성격)"이란 제목으로 정치철학적인 논저를 저술했다. 결과물은 출판의 기회를 얻지 못하고 원고 상태로 보관되었지만 그 내용은 당시 국가재건최고회의에서 가지고 가 활용했다.

9월부터 서울의 동양의약대학(현 경희대학교 한의과 대학의 전신)에서 동방사상 강좌를 속개했다. 이 강좌는 학장인 이종규(李鍾奎) 박사의 초청에 의한 것이었으며 내용과 참여자는 이전의 동방사상연구소 때와 연속성이 있었다.

1963년(67세) 5·16 군사정변 세력의 외곽 단체인 오월동지회(五月同志會)의 부회장으로 취임했다. 이 단체의 회장은 박정희(樸正熙) 최고회의 의장이었다. 박정희 의장의 요청이 있을 때, 정치 자문을 위해 그의 집무실을 찾아갔다. 그가 대통령이 된 뒤에도 범부는 가끔 청와대를 출입했다.

「國民的 自覺의 振作을 爲하여: 各國國民運動의 諸例(국민적 자각의 진작을 위하여: 각국국민운동의 제례)」를 『자유문화』(자유문화연구센터, 1963)에 발표했다.

1964년(68세) 「東方文化의 類型에 對하여(동방문화의 유형에 대하여)」를 광주사범대학이 펴내는 《서광》(1964. 7)에 발표했다.

1965년(69세)	「우리는 經世家를 待望한다(우리는 경세가를 대망한다)」를 한국정경연구소가 펴내는 ≪정경연구≫, 제1권 제5호(1965. 6), 9~14쪽에 발표했다. 이 글에서 범부는 자신이 지난 3년 동안 자문역으로서 협조해온 군사정변 세력에 대한 실망감을 나타내면서 그들을 통렬하게 꾸짖고 있다. 나라의 사정은 건국기로서 신생국의 면모를 드러내고 있는데, 정치가 현실을 외면하고 선진국 정치를 모방하고 있다는 것이 글의 요지였다.
1966년(70세)	12월 10일 서대문 소재 적십자병원에서 병으로 세상을 떠났다. 병명은 간암이었다. 영결식은 조계사에서 있었으며 이때 제자였던 시인 서정주는 조시 「新羅의 祭主 가시나니: 哭凡父 金鼎卨 先生(신라의 제주 가시나니: 곡범부 김정설 선생)」을 지어 와 울면서 읽었다. 장지는 수유동 독립유공자 묘역이었다.

범부의 사망 소식을 듣고 박정희 대통령은 정중하게 조의를 표하고 상가로 비서진과 지관(地官)을 보내 묘지 선정을 포함하여 장례 제반 절차에 협조하게 했다.

범부의 사망 소식이 전해지자 여러 편의 조사가 신문 지상에 발표되었다.

· 김상기(金庠基), "高潔한 정신, 해박한 知識: 哭, 凡父先生(고결한 정신, 해박한 지식: 곡, 범부선생)", ≪한국일보≫, 1966년 12월 15일 자, 7면.

· 황산덕(黃山德), "방대했던 동방학의 체계: 김범부 선생의 영전에(방대했던 동방학의 체계: 김범부 선생의 영전에)", ≪동아일보≫, 1966년 12월 15일 자, 5면.

· 이항녕(李恒寧), "現代를 산 國仙: 金凡父의 人間과 思想(현대를 산 국선: 김범부의 인간과 사상)", ≪경향신문≫, 1966년 12월 17일 자, 5면.

범부의 동방학강좌(동방사상연구소, 동양의약대학)의 고정 멤버였던 황산덕의 첫 저서 『자화상』(신아출판사, 1966)이 출간되었다. 저자는 이 책의 「풍류정신」 꼭지(175~183쪽)에서 범부의 영향을 받았음을 밝히고 있다. 황산덕은 그 이후에 펴낸 『나의 인생관: 무엇이 돌아오나』(휘문출판사, 1971)와 『복귀』(삼성문화재단, 1975)에서도 범부의 영향을 일관되게 밝히고 있다. 그의 사후에 나온『복귀: 무엇이 돌아오나』(갑인미디어, 2003)에서도 같은 영향 관계가 지적되고 있다(14, 36, 50, 77쪽). 역시 황산덕의 저서인『삼현학』(서문당, 1979)에서는 범부와의 관계를 다음과 같이 적고 있다.

> 필자가 三玄學(삼현학)에 대한 말을 처음으로 들은 것은 4·19를 전후하여 4년 동안 故(고) 金凡父(김범부) 선생 밑에서 東方學(동방학)에 관한 공부를 할 무렵이었다. 선생께서는 우리의 얼을 찾아야 한다고 항상 강조하셨지만 동시에 삼현학에 대한 말씀도 자주 하셨던 것이다. …… 필자는 본래 이런 분야의 학문을 전공하는 사람이 아니다. 다만 凡父(범부) 선생의 지도를 받던 중에 어쩌다가 이 방면에도 흥미를 가지게 되었을 뿐이다(3~4쪽).

1967년(사후1년) 범부선생유고간행회에서 한동안 절판 상태에 있던『화랑외사』를 다시 펴냈다. 재판본은 1,000부 한정판으로 나왔으며 서문은 유고간행회 회장인 김상기 서울대학교 사학과 교수가 집필했다. 이 재판본은 제자 서정주의 시「新羅의 祭主 가시나니」를 맨 앞에, 아우 김동리(始鐘)의 발문을 맨 뒤에 실었다. 재판본의 출간은 성곡 김성곤(省谷 金成坤) 쌍용그룹 회장의 후원으로 이루어졌다.

1972년(사후6년) 범부 평생의 지기인 석천 오종식(昔泉 吳宗植)이「뒷전에서 감싸던 김범부 형」을 ≪신동아≫, 1972년 12월호, 214~217쪽에 발표했다. 궁핍했던 시절의 회상기이다.

1975년(사후9년) 김범부의 제자인 이종익 교수의 박사학위기념논문집인『동방사상논총(東方思想論叢)』이 나왔다. 출판사는 보련각(寶蓮閣)이었다. 이종익 교수는 간행사에서 이 논총은 김범부의 동방사상강좌를 중심으로 엮은 것이라고 밝혔다. 김범부의 글로는「동방사상강좌 십삼강(東方思想講座 十三講)」,「주역강의(周易講義)」,「풍류정신과 신라문화」이렇게 모두 세 편을 실었다. 앞의 두 글은 일찍이 김범부의 강의를 들은 이종익 교수가 그때그때 필기해두었던 강의노트를 정리하여 실은 것이었다. 세 번째 글은『한국사상강좌3』(고구려문화사, 1960)에 실렸던 것을 전재(轉載)한 것이었다. 이 논총의 출간은 자료 발굴 측면에서 큰 의의를 가지는 것이었다.

범부 평생의 제자인 시인 서정주는 「범부 김정설 선생의 일」을 ≪샘터≫, 1975년 9월호, 33~35쪽에 발표했다. 내용은 스승에 대한 회상기이다.

1976년(사후10년) 「五行說과 東方醫學의 原理(오행설과 동방의학의 원리)」가 영남대학교 동양문화연구소가 펴내는 ≪동양문화≫, 제17호(1976), 47~64쪽에 실렸다.

1977년(사후11년) 「국민윤리특강」이 현대종교문제연구소가 펴내는 ≪현대와 종교≫, 창간호(1977. 11), 56~99쪽에 실렸다. 이것은 1950년 이래 속기록의 형태로 전해져오던 강의의 내용이 처음으로 활자화되는 기회였다.

1978년(사후12년) 「국민윤리특강」이 한국국민윤리교육연구회가 펴내는 ≪한국국민윤리연구≫, 제7호(1978), 195~249쪽에 실렸다.

1981년(사후15년) 범부선생유고간행회에서 중간 이후 한동안 절판 상태에 있던 『화랑외사』를 다시 펴냈다. 삼간본의 출판은 대구의 이문출판사(사장 지경원(池景源))가 맡았다. 삼간의 서문은 범부의 제자이며 2대 유고간행회 회장인 이종후 영남대학교 교수가 집필했다. 이종후 교수는 서문에서 이 책이 비로소 일반 출판시장의 유통 경로를 통해 국민독본으로 배포되는 기회를 맞은 것을 자축했다. 삼간본의 특징은 중간본의 내용에 더하여 부록으로 54쪽 분량의 「국민윤리특강」을 싣고 있는 것이었다. 그것은 『화랑외사』의 사상적 배경을 이해하는 데 도움을 주기 위함이라고 했다. 이종후 교수는 서문에서 이 특강의 유래에 대해서도 간략하게 언급했다. 이 특강은 1950년대 초반에 어떤 단체 회원들에게 이루어진 연속강의였다고 한다.

문학평론가 조연현은 그의 책 『문장론』(형설출판사, 1981), 203~239쪽에 범부의 「국민윤리특강」 전문을 싣고 "이 글은 우리나라 글 중에서 내가 가장 感銘(감명)을 받았던 것의 하나다. 이 글이 주는 感銘(감명)

은 文章力(문장력)이 아니다. 이 글 속에 담긴 作者(작자)의 해박한 知識(지식)과 그 獨自的(독자적)인 解釋(해석)과 思想(사상) 때문이다"라고 평가했다.

1984년(사후18년) 「최수운의 생애와 사상」이 현대종교문제연구소가 펴내는 ≪현대와 종교≫, 제7호(1984. 2), 5~24쪽에 실렸다. ≪세계≫, 제2호(1960. 5)에 이미 발표된 「최제우론」을 이종후 교수가 새로 교정을 보아 게재한 것이다.

1986년(사후20년) 20주기에 즈음하여 범부선생유고간행회에서는 범부의 두 번째 저서가 되는 『범부유고』를 비매품으로 펴냈다. 같은 내용은 『정치철학특강』이라는 이름으로 동시에 상업 출판되었다. 출판은 대구의 이문출판사가 맡았다. 다른 이름을 가진 이 두 책에 실린 같은 내용의 원고는 24년 전인 1962년에 범부가 부산 동래에 칩거하며 「建國政治의 性格(건국정치의 성격)」이란 제목으로 집필했던 것을 제자인 이종후 교수가 그동안 보관해왔던 것이다. 책에는 본문인 '제1부 國民運動의 準備課題(국민운동의 준비과제)', '제2부 共産主義 批判(공산주의 비판)' 외에 부록으로 '五行說(오행설)에 대하여'가 실렸다. 책의 내용과 의의를 밝히는 간행사는 제자이며 유고간행회 회장인 이종후 영남대학교 교수가 집필했다. 책이 되기까지 원고 정리 작업은 이정호(李楨鎬), 이완재(李完栽), 신상형(申相衡), 정달현(鄭達鉉) 등 여러 학인들의 도움으로 이루어졌다.

역시 20주기에 즈음하여 『풍류정신』이 나왔다. 범부의 세 번째 책이었다. 출판은 정음사가 맡았다. 책은 본문으로 제1부 花郎(화랑), 제2부 崔濟愚論(최제우론), 제3부 陰陽論(음양론), 제4부 贅世翁 金時習(췌세옹 김시습)을 실었다. 본문 이외에 책의 맨 앞에는 김범부의 아우인 소설가 김동리의 '伯氏(백씨)를 말함'과 사위인 진교훈(秦敎勳) 교수의 '風流精神(풍류정신) 간행에 즈음하여'가 실렸다.

위의 두 책은 광화문 출판문화회관에서 열린 20주기 기념식장에서 처음 선을 보였으며 그 뒤에 서점에서도 시판되었다. 기념식은 성황이었다. 서울에서 온 황산덕 · 이종익 · 김동리 · 이용태 · 김두홍 · 김주

홍·진교훈·김을영·김재홍·김석장·김희장·김인장·최동식·조홍
윤·석우일·최덕환·김영술, 대구에서 온 이종후·이완재, 부산에서
온 김동주·정영도·김소영·김계영·이하천·김정근 등 여러 인사들
이 참석했다.

1987년(사후21년) 영남대학교 강사 정달현(鄭達鉉)은 「김범부의 국민윤리론」을 현대종
교문제연구소가 펴내는 ≪현대와 종교≫, 제10호(1987. 4), 281~299
쪽에 발표했다.
범부의 계씨인 김동리는 「귀동냥으로 사서삼경을 떼시고」를 ≪샘터≫,
1987년 7월호, 102~104쪽에 발표했다. 김동리는 이 글에서 자신과
범부의 어머니인 허임순을 회상하고 있다.

1990년(사후24년) 「五行說과 東方醫學의 原理(오행설과 동방의학의 원리)」가 한국도교학
회가 펴내는 ≪도교학연구≫, 제6호(1990. 10), 56~74쪽에 실렸다.
「周易講義(주역강의)」가 『도교와 과학』(비봉출판사, 1990)에 실렸다.

1993년(사후27년) 잡지 ≪다심≫(다심사)이 창간되었다. 창간 기념으로 '범부 선생 추모
특집'이 마련되었다. 범부에 대한 연구에서 자료로서 가치가 있는 다
섯 편의 글이 실렸다.
· 이종후, 「범부 선생과의 만남」
· 김동주, 「내가 모신 범부 선생」
· 신형로, 「내가 만난 범부 선생과 효당 스님」
· 김상무, 「범부문고」
· 김필곤, 「범부의 풍류정신과 다도사상」

1997년(사후31년) 소설가 김동리의 자전적 에세이집인 『나를 찾아서』(민음사, 1997)가
출간되었다. 이 책에는 범부가(家)의 내면을 들여다볼 수 있는 풍부한
자료가 실려 있다.

2002년(사후36년) 고려대학교 석좌교수 김용구는 저서인 『한국사상과 시사』(불교춘추
사, 2002)를 펴내면서 책의 일부로서 「범부 김정설과 동방 르네상스」

를 싣고 범부 사상 전반에 대해 서술했다(260~290쪽).

연변과학기술대학교 부총장으로 있는 이중(李中)은 중국에 관한 책을 펴내면서 범부와의 특별한 인연을 소개했다. 저자는 현대 중국의 지도자들에 관한 기행문 겸 평전인『모택동과 중국을 이야기하다』(김영사, 2002)의 서문에서 집필의 동기로 자신의 형이 남긴 편지지 43쪽 분량의 노트를 언급하고 그 노트는 자신의 형이 범부의 강의를 정리한 것이었다고 밝힌다. 범부의 예리한 역사 해석의 일단을 엿볼 수 있을 것 같아 이중의 언급을 일부 옮겨보면 다음과 같다.

> 노트엔, 중공이 한 번은 중국 전역을 점령하겠지만 점령이 완료되는 그날이 중공이 파괴되는 날이라고 쓰여 있었다. 또 중국의 문제는 공산주의 이데올로기에 의해서가 아니라 중국의 현실에 의해 해결될 것이라고도 쓰여 있었다. 역대 중국혁명의 특성은 위대한 파괴주의자가 한 시대를 휩쓸고 지나가면 그보다 덜 영웅적인, 그러나 건설적인 지도자가 나타나서 중국을 새롭게 평정한다는 것이었다. 진시황과 한고조가 그랬다는 것이다(4쪽).

> 이 노트는 나의 형님이 동양학과 국학의 대가이신 범부(凡父) 김정설(金鼎卨) 선생의 강의를 듣고 정리한 것이었다. 나는 아직도, 붉은 줄이 그어진 낡은 편지지 43쪽에 걸쳐 깨알 같은 글씨로 해방 공간의 고뇌를 몸으로 익히며 쓴 이 낡은 노트를 소중하게 간직하고 있다(5쪽).

2003년(사후37년) 다음의 논문이 지상에 발표되었다.

· 정달현, 「한국 전통 사상의 현대적 구현: 김범부의 풍류도론」, 『우리시대의 정치사회사상』(영남대학교출판부, 2003), 365~386쪽.
· 홍기돈, 「김동리의 소설 세계와 범부의 사상: 일제시기 소설을 중심으로」, ≪한민족문화연구≫, 제12호(한민족문화학회, 2003. 6), 213~252쪽.

경북대학교의 김주현 교수는 다음 논문을 발표하면서 김동리 사상의 배경으로서 그의 백형(만형)인 범부의 사상을 집중적으로 다루었다. 그는 이 논문에서 범부와 동리 사상이 공통적으로 동학사상과 관련을 맺고 있음을 지적했다.

・ 김주현, 「김동리의 사상적 계보 연구」, ≪어문학≫, 제79호(2003), 369~388쪽.

2005년(사후39년) 김범부의 막내 사위인 진교훈 서울대학교 교수는「범부 김정설의 생애와사상」을 발표했다. 지면은 ≪철학과 현실≫, 제64호(철학문화연구소, 2005. 봄), 216~228쪽이었다.

2007년(사후41년) 영남대학교의 철학 연구자들이 본격적이고 엄밀한 김범부 연구논문을 발표하기 시작했다.
・ 최재목・이태우・정다운, 「범부 김정설 연구를 위한 예비적 고찰」, ≪일본문화연구≫, 제24호(동아시아일본학회, 2007. 10), 241~266쪽.

2008년(사후42년) 영남대학교의 철학 연구자들의 다음 논문이 학술지에 발표되었다.
・ 최재목・정다운, 「'계림학숙'과 범부 김정설(1): '설립기'를 중심으로」, ≪동북아문화연구≫, 제16호(2008), 221~243쪽.
・ 최재목・이태우・정다운, 「'범부문고'를 통해서 본 범부 김정설의 동양학 지식의 범주」, ≪유학연구≫, 제18호(충남대학교 유학연구소, 2008. 12), 299~332쪽.
성균관대학교 동아시아학술원 연구교수 전상기의 논문이 학술지에 발표되었다.
・ 전상기, 「소설의 현실 구성력, 그 불일치의 의미: 김범부의『화랑외사』와 김동리의「무녀도」를 대비하여」, ≪겨레어문학≫, 40(겨레어문학회, 2008. 6), 315~355쪽.

2009년(사후43년) 한동안 절판 상태에 있던『풍류정신』이 복간되었다. 이전의 정음사본을 저본으로 했다. 출판은 영남대출판부가 맡았다. 머리글은 범부의 막내 사위인 진교훈 교수가 썼다. 독자들의 이해를 돕기 위해 책의 끝부분에 진교훈 교수가 이전에 발표했던「범부 김정설의 생애와 사상」을 부록으로 실었다.
제4회 동리목월문학제의 일환으로 범부 사상을 재조명하는 학술 심포지엄이 열렸다. 주제는 "김범부 선생과 경주 문학"이었다. 행사는 4월

24일 경주 불국사 맞은편에 위치한 동리목월문학관에서 열렸다. 이
때 발간된 자료집에는 다음과 같이 다섯 편의 글이 실렸다.

· 이완재, 「범부 선생과 동방사상」
· 진교훈, 「범부 김정설의 생애와 사상」
· 김정근, 「김범부를 찾아서」
· 김정숙, 「김범부와 다솔사의 문인들」
· 손진은, 「김범부와 서정주」

6월 6일 경상북도 경산에서 제1회 범부연구회 학술세미나가 열렸다.
이 자리에서 김정근(부산대학교 명예교수)의 새 글 「범부 연구의 새 지
평」이 발표되었다. 같은 자리에 이완재(영남대학교 명예교수), 최재목
(영남대학교 교수), 우기정(영남대학교 박사과정), 정다운(영남대학교 박사
과정) 등이 참석했다.

범부 평생의 제자이며 학문적 계승자인 이종후(1921~2007, 영남대학교
철학과 교수, 한국철학회 회장 역임)의 추모문집인『영원한 구도의 길』
(유헌 이종후 선생 추모문집간행위원회, 2009)이 출판되었다. 이 문집에
는 「나의 구도의 길(1)」과 「나의 청춘시절」을 포함하여 유헌과 범부
의 관계를 밝히는 여러 편의 글이 실렸다.

범부연구회 편『범부 김정설 연구』(범부연구회, 2009)가 100부 한정
비매품으로 발간되었다. 관계자들은 범부 연구의 '현재'를 점검하는
데 출간의 의의를 두었다. 범부연구회를 대표하는 최재목은 「범부 김
정설 연구를 위하여」라는 제하의 긴 간행사에서 향후 범부 연구를 위
한 이정표를 자세하게 제시했다. 책에는 다음과 같이 여덟 편의 논문
이 실렸다.

· 최재목 · 이태우 · 정다운, 「범부 김정설 연구를 위한 예비적 고찰」
· 진교훈, 「범부 김정설의 생애와 사상」
· 김정근, 「김범부를 찾아서」
· 이완재, 「범부선생과 동방사상」
· 최재목 · 정다운, 「'계림학숙'과 범부 김정설(1) — '설립기'를 중심
  으로」
· 최재목 · 이태우 · 정다운, 「'범부문고'를 통해서 본 범부 김정설의
  동양학 지식의 범주」

- 우기정, 「범부 김정설의 '국민윤리론' 구상 속의 '효'」
- 최재목·정다운·우기정, 「범부 김정설의 일본 유학·행적에 대한 검토」

영남대학교 범부 연구자들의 다음 논문이 학술지에 발표되었다.

- 우기정, 「범부 김정설의 '국민윤리론' 구상 속의 '효'」, ≪동북아문화 연구≫, 제19호(동북아문화학회, 2009. 6), 227~242쪽.
- 최재목·정다운·우기정, 「범부 김정설의 일본 유학·행적에 대한 검토」, ≪일본문화연구≫, 제3호(동아시아일본학회, 2009. 7), 449~468쪽.
- 최재목·정다운, 「범부 김정설의 『풍류정신』에 대한 검토」, ≪동 북아문화연구≫, 제20호(동북아시아문화학회, 2009. 9), 103~122쪽.
- 이태우, 「일제강점기 한국철학자 연구: 범부 김정설의 풍류도론」, ≪인문과학연구≫, 제12호(대구가톨릭대학교 인문과학연구소, 2009. 12), 169~195쪽.

최재목·정다운 엮음, 『범부 김정설 단편선』(선인, 2009)이 간행되었 다. 지금까지 잘 알려지지 않고 산재해 있던 범부의 짧은 글들이 발 굴·소개되었다.

10월 24일~25일 양일간에 걸쳐 영남대학교에서 제2회 범부연구회 학술세미나가 열렸다. 이 세미나는 범부 연구에서 새로운 이정표를 세운 행사였다. 세미나에서는 모두 14편의 논문이 발표되었다. 발표 된 논문들은 『범부 김정설의 사상세계를 찾아서』(제2회 범부연구회 학 술세미나, 2009. 10. 24~25)에 실렸다.

- 최재목, 「범부 연구의 현황과 과제 및 범부의 학문방법론」
- 진교훈, 「범부의 미발굴 자료 소개」
- 이완재, 「범부의 정신세계」
- 김정근, 「범부의 가계와 가족관계」
- 혜운, 「다솔사와 3범(범부, 범술, 범산)」
- 김화수, 「김범부 대차인(大茶人)을 탐구하며」
- 신주백, 「근대기 동양·동방 개념 성립의 의미」
- 김영수, 「근대기 한국정치사에 있어서 국민윤리 담론」
- 김석근, 「'신라정신'의 '천명(闡明)'과 그 정치적 함의」

- 이용주, 「범부 김정설의 사상 체계와 전통론의 의의」
- 박맹수, 「범부 김정설의 동학관」
- 손진은, 「김범부와 김동리, 그리고 서정주의 상관관계」
- 최재목·정다운, 「범부 김정설의 『풍류정신』에 대한 검토」
- 우기정, 「범부 김정설의 '국민윤리론' 구상 속의 '효'」

2010년(사후44년) 제5회 동리목월문학제의 일환으로 학술 심포지엄이 열렸다. 주제는 "동학 창시자 최제우와 한국의 천재 김범부"였다. 행사는 3월 26일 동리목월문학관에서 열렸다. 이때 발간된 자료집에 다음과 같은 여섯 편의 범부 관련 논문이 실렸다.
- 최재목, 「東의 탄생: 수운 최제우의 동학과 범부 김정설의 동방학」
- 박맹수, 「범부 김정설의 동학관」
- 우기정, 「범부 김정설의 '국민윤리론'에 대하여」
- 김석근, 「'국민운동' 재창과 그 이념적 지향: 범부 정치철학 연구」
- 이용주, 「범부의 종교관: 현대 비판과 전통 회복의 루트」
- 김정근, 「내가 보는 범부와 동학」

범부연구회 회원들의 다음 논문이 학술지에 발표되었다.
- 최재목, 「東의 탄생: 수운 최제우의 '동학'과 범부 김정설의 '동방학'」, ≪양명학≫, 제26호(2010. 8), 177~226쪽.
- 최재목, 「범부 김정설 연구의 현황과 과제」, ≪동북아문화연구≫, 제22호(2010), 37~59쪽.
- 이용주, 「풍류도의 발견과 문화 정통론 구상: 범부 김정설의 사상과 풍류도통론」, ≪동북아문화연구≫, 제24호(2010), 151~167쪽.
- 우기정, 「범부 김정설의 '국민윤리론'에 대하여: 「국민윤리특강」을 중심으로」, ≪동북아문화연구≫, 제22호(2010), 61~83쪽.
- 우기정, 「범부 김정설의 '정치철학'과 '국민운동': 『정치철학특강』을 중심으로」, ≪유학연구≫, 제21호(충남대유학연구소, 2010. 4), 85~133쪽.
- 정다운, 「범부 김정설의 '화랑외사'에서 본 화랑관」, ≪동북아문화연구≫, 제23호(2010), 129~143쪽.
- 정다운, 「범부 김정설의 양명학 이해에 대한 시론」, ≪양명학≫,

제27호(한국양명학회, 2010. 12), 61~87쪽.

두 사람의 범부연구회 회원이 범부 사상을 연구하여 박사학위를 받았다. 지도교수는 범부연구회 회장인 영남대학교 철학과의 최재목 교수였다.

· 정다운, 「범부 김정설의 풍류정신에 대한 연구: 멋 · 화 · 묘를 중심으로」(박사학위논문, 영남대학교 대학원, 2010)
· 우기정, 「한국에서의 국민윤리론 성립에 대한 연구: 범부 김정설의 '국민윤리론'을 중심으로」(박사학위논문, 영남대학교 대학원, 2010)

범부연구회 회원들의 다음 책이 출판되었다.

· 우기정, 『범부 김정설의 국민윤리론』(예문서원, 2010)
· 정다운, 『범부 김정설의 풍류사상: 멋 · 화 · 묘』(선인, 2010)
· 범부연구회 엮음, 『범부 김정설 연구논문자료집』(선인, 2010)
· 김정근, 『김범부의 삶을 찾아서』(선인, 2010)

2011년(사후45년) 제6회 동리목월문학제의 일환으로 학술 심포지엄이 열렸다. 주제는 "한국사상의 원류: 동학과 동방학"이었다. 행사는 4월 22일 동리목월문학관에서 열렸다. 이때 발간된 자료집에 다음과 같은 범부 관련 논문이 실렸다.

· 김태창, 「'공공(公共)하는 철학'으로서의 한 사상: 원효 · 수운 · 범부를 생각한다」
· 장윤익, 「김동리 문학에 나타난 동방사상」
· 김정근, 「김범부의 풍류정신 천명과 '화랑외사' 구상」

다음 논문이 학회지에 발표되었다.

· 손진은, 「서정주 시와 산문에 나타난 범부의 영향」, ≪국제언어문학≫, 제23호(국제언어문학회, 2011. 4), 141~162쪽.
· 최재목, 「범부 김정설의 '최제우론'에 보이는 동학 이해의 특징」, ≪동학학보≫, 제21호(동학학회, 2011. 4), 243~288쪽.
· 최재목, 「범부 김정설의 '동방학' 형성과정에 대하여: '동방학강좌' 이전 시기(1915~1957)를 중심으로」, ≪동학학보≫, 제22호(2011), 369~437쪽.

진교훈 서울대학교 명예교수는 서울대학교 사범대학 국민윤리학과 창설30주년 기념행사에서 초청강연을 했다. 강의 제목은 '김범부의 풍류정신과 국민윤리'였다.

같은 해 10월에 다음 논문이 학술지에 발표되었다.

- 김정근, 「김범부의 국민도덕 세우기와 '화랑외사' 구상」, 《아태연구》, 제10호(위덕대학교 아시아·태평양연구소, 2011), 41~65쪽.

2012년(사후46년) 4월 14일 영남대학교에서 제3회 범부연구회 학술세미나가 열렸다. 발표된 여덟 편의 논문은 『범부 김정설 연구의 새로운 지평과 심층』(제3회 범부연구회 학술세미나, 2012. 4. 14)에 실렸다.

- 이완재, 「범부 선생과 유헌 선생 그리고 나」
- 진교훈, 「범부의 통합론: 서양의 이원론을 넘어 통합으로」
- 김정근, 「내가 보는 범부와 박정희의 사승(師承) 관계: 박정희 집권 초기의 정치 기획과 관련하여」
- 최재목, 「김범부와 박정희: 이념적 연결고리, 공명(共鳴)과 차이, 그리고 좌절」
- 성해준, 「일본 국학(國學)과 범부 김정설의 국학사상 고찰」
- 김석근, 「신라와 고구려를 바라보는 두 시선: 단재 신채호와 범부 김정설의 역사인식」
- 이태우, 「범부와 서양철학: 칸트와 헤겔 이해를 중심으로」
- 정다운, 「범부의 민족 정체성 담론에 대한 이해: 일제강점기 친일주의자의 담론과의 비교를 통해」

다음 논문이 학술지에 발표되었다.

- 김석근, 「'국민운동' 제창과 그 이념적 지향: 범부 김정설의 정치철학 탐색」, 《동북아문화연구》, 제31호(2012), 271~287쪽.
- 이태우, 「범부 김정설과 서양철학: 칸트와 헤겔 이해를 중심으로」, 《인문과학연구》, 제17호(대구가톨릭대학교 인문과학연구소, 2012. 6), 169~188쪽.
- 최재목, 「풍류도·국풍·화랑도의 사상가, 범부 김정설」, 《동리목월》, 제9호(동리목월기념사업회, 2012. 가을), 74~96쪽.
- 박희진, 「고운 최치원과 범부 김정설: 풍류도와 관련하여」, 《동리목월》, 제9호(동리목월기념사업회, 2012. 가을), 113~139쪽.

· 김건우, 「토착 지성의 해방 전후: 김범부와 함석헌을 중심으로」, ≪상허학보≫, 제36호(상허학회, 2012. 10), 55~85쪽.

11월 22~23일 충북대학교에서 한국윤리학회와 한국윤리교육학 회가 공동으로 '공공윤리'를 주제로 국제학술대회를 열었다. 이 자리에서 범부 사상의 심층을 해석하는 다음 논문이 발표되었다. 이 논문은 후에 일본말로 번역·소개되었다.

· 진교훈, 「범부 김정설의 풍류정신에 나타난 통합론과 공공윤리」

2013년(사후47년)   김범부 지음·김정근 풀어씀, 『풍류정신의 사람, 김범부의 생각을 찾아서』가 출간되었다. 이 책에는 김범부의 문제작인 「국민윤리특강」, 「최제우론」, 「신라문화와 풍류정신」이 각기 '풀어쓰기'라고 하는 가공 과정을 거쳐 독자 앞에 선을 보이고 있다. 어려운 한문 투의 표현이 쉬운 우리말로 옮겨졌고 그밖에 오늘의 독자와 소통에 장애가 된다고 판단되는 요소들이 최대한 걸러졌다.

【 찾아보기 】

지은이 | 김범부

1897년에 경주에서 태어나 1966년에 세상을 떠났다. 일제 때는 사상범으로 몰려 많은 고초를 치렀다. 해인사 사건에 연루되어 1년여 동안 일제 경찰의 감방 신세를 졌다. 유불선에 두루 능했으며 동학에도 조예가 깊었다. 일생을 야인정신으로 살면서 독서와 사색, 강의와 저술 활동을 했다. 민족재생의 동력을 찾기 위해 남들이 부러운 눈으로 서양을 바라볼 때, 우리 민족의 오랜 역사에서 사상의 뿌리를 찾는 데 천착했다. 그러한 작업의 일환으로 풍류정신, 화랑, 국민윤리, 국민운동, 새마을운동과 같은 과제에 몰입했다. 제2대 민의원(국회의원)을 지냈으며 계림대학 학장, 동방사상연구소 소장, 5월동지회 부회장(회장은 박정희 국가재건최고회의 의장)을 역임했다. 지은 책으로 『花郎外史』, 『풍류정신』, 『정치철학특강』, 『凡父 金鼎卨 단편선』이 있으며 그 밖에 「國民倫理特講」, 「花郎과 風流道」와 같은 강의 속기록이 남겨져 있다. 영남대학교 도서관에 범부문고가 설치되어 있으며, 범부연구회(회장 최재목, 선임연구원 정다운)를 중심으로 그의 사상에 대한 재해석 작업이 활발하게 진행되고 있다.

풀어쓴이 | 김정근

경주에서 태어나 서울대학교를 졸업하고, 미국 도미니칸 대학교에서 석사, 캐나다 토론토 대학교에서 석사와 박사학위를 받았다. 부산대학교 도서관장과 대학원장을 역임했으며, 현재 부산대학교 명예교수(문헌정보학)이며 범부연구회의 자문위원으로 활동하고 있다. 한국도서관협회 연구상(1990년)과 부산시문화상(2012년 인문과학 부문)을 수상했다. 지은 책과 논문으로 『金凡父의 삶을 찾아서』와 「金凡父의 풍류정신 천명과 ‘花郎外史’ 구상」 등 다수가 있다. 단독 또는 제자들과 공동으로 집필한 저작 가운데 지금까지 모두 7권이 대한민국학술원, 문화관광부 등이 주관하는 우수학술도서에 선정되었다.

한울아카데미 1589

풍류정신의 사람, 김범부의 생각을 찾아서

ⓒ 김정근, 2013

지은이 ∣ 김범부
풀어쓴이 ∣ 김정근
펴낸이 ∣ 김종수
펴낸곳 ∣ 도서출판 한울

편집책임 ∣ 이교혜
편집 ∣ 백민선

초판 1쇄 인쇄 ∣ 2013년 8월 5일
초판 1쇄 발행 ∣ 2013년 8월 12일

주소 ∣ 413-756 경기도 파주시 파주출판도시 광인사길 153(문발동 507-14)
        한울 시소빌딩 3층
전화 ∣ 031-955-0655
팩스 ∣ 031-955-0656
홈페이지 ∣ www.hanulbooks.co.kr
등록번호 ∣ 제406-2003-000051호

Printed in Korea.
ISBN   978-89-460-5589-6 93100